Kirchlicher Einsatz für verfolgte Juden im Dritten Reich

Die Erzbischöfliche Hilfsstelle für nichtarische Katholiken in Wien

Die Dokumentation des Pater Ludger Born SJ
bearbeitet und ergänzt durch
Pater Lothar Groppe SJ

Wir danken Frau Dr. Maier
von der Katholischen Akademie in Wien
für die Genehmigung zur Veröffentlichung.

Die im Anhang befindlichen Bilder
sind dem persönlichen Archiv von Pater Groppe entnommen.
Sie wurden von den betreffenden Personen für die Erstellung der
Dokumentation zur Verfügung gestellt.

Neuauflage
Copyright © 2016 by Gerhard Hess Verlag,
Bad Schussenried
Satz | Michael Maria Hübner

Printed in Germany 2016
ISBN 978 – 3 – 87336 – 582 - 7

Inhalt

Teil 1

Teil 2

Die Erzbischöfliche Hilfsstelle für nichtarische Katholiken

1

Teil 3 - Anhang

Vorwort zur Neuauflage

Kirche und Juden im Dritten Reich

Die meisten unserer Zeitgenossen werden sich darin erinnern, wie die Fernsehserie „Holocaust" die Menschen zutiefst erschütterte. Zugleich fragten sich selbst papst- und kirchentreue Christen, wie sich denn die katholische Kirche gegenüber dem Massenmord an den Juden verhalten habe. Rolf Hochhuth glaubte, mit seinem „Stellvertreter" Papst Pius XII. eine gehörige Mitschuld am Massenmord an den Juden anlasten zu dürfen. In seinem angeblich wissenschaftlich erarbeiteten Pamphlet lässt er den jungen Jesuiten P. Ricardo sagen: „Ein Stellvertreter Christi, der das vor Augen hat und dennoch schweigt, der sich nur einen Tag besinnt, nur eine Stunde zögert, die Stimme seines Herzens zu erheben zu einem Fluch, der noch den letzten Menschen dieser Erde erschauern lässt, ein solcher Papst ist ... ein Verbrecher." - Wie das „Handelsblatt" schrieb, wurde die Uraufführung des „Stellvertreter" zu einem Welterfolg, weil Hochhuth die Frage aufwirft, ob Papst Pius XII. und die katholische Kirche eine Mitschuld an der Judenverfolgung in NS-Deutschland treffe (27.1.2004).

Trotz der zahllosen inzwischen erschienenen Veröffentlichungen über die Unhaltbarkeit seiner Anschuldigungen, schrieb die Herausgeberin der sich als liberal verstehenden Wochenzeitung „Die Zeit", Marion Gräfin Dönhoff, in ihrem Beitrag „Eine deutsche Geschichtsstunde": „Gegen die Verfolgung der Juden hingegen - die langsam und sukzessive gesteigert worden ist: erst wurden sie lächerlich gemacht, dann misshandelt, dann in Lager gesteckt und schließlich zur Vergasung abtransportiert - wurden keine Proteste laut, weder von den Kirchen noch von den Bürgern. Weder im Lande noch draußen (2.2.78)."

Es ist völlig ungeschichtlich und geht an der historischen Wirklichkeit vorbei, Vorgänge in einer Diktatur mit der Elle der Rechtsstaatlichkeit messen zu wollen, wo jeder Bürger, der sich benachteiligt fühlt, die ordentlichen Gerichte anrufen kann. Bevor ich einige Tatsachen bringe, die auch älteren Lesern nicht mehr vollständig in Erinnerung sein dürften, möchte ich ein Erlebnis anführen, das ich 1968 in Yad Vashem hatte, dem weltweit größten Dokumentationszentrum der Judenverfolgungen.

Nach einem Gespräch mit dem Direktor, Benjamin Armon, führte mich dieser zu einem Abteilungsleiter, der aus Hamburg stammte, wo ich damals tätig war. Der Empfang war korrekt, aber merklich kühl, bis eine zufällige Bemerkung ergab, dass ich katholischer Priester sei. Mein Gesprächspartner, Dr.Ophir, sprang auf, entschuldigte sich für seine distanzierte Kühle und sagte, er habe geglaubt, dass ich protestantischer Pfarrer sei, da ich aus Hamburg komme. Mein Erstaunen war begreiflich groß, was dies mit seinem Verhalten zu tun haben könnte. (Wegen der großen Hitze hatte ich Khakihose und ein entsprechendes Hemd an.) Dr.Ophir wies mich auf die Wand seiner Karteikästen hin und sagte: „Seit vielen Jahren beschäftige ich mich mit dem Schicksal der Juden in Bayern. Mit Ausnahme von drei oder vier Ortschaften wurden sämtliche Juden aus den katholischen Gemeinden Bayerns vergast."

Natürlich war ich verblüfft, warum gerade diese grausige Tatsache für die Katholiken sprechen solle. Aber Dr.Ophir fuhr fort: „Sie müssen das richtig verstehen. Als die Nazis 1933 an die Macht kamen, sagten sich die Juden in Bayern, die in katholischen Gemeinden lebten, die Katholiken werden uns schützen. Die werden uns nicht boykottieren. Und so blieben sie, im Gegensatz zu den Juden in nichtkatholischen Gemeinden. Sie wanderten nicht aus, wurden eines Tages schlagartig verhaftet und deportiert. Aus meiner langjährigen Arbeit kann ich sagen, dass es nur zwei wirkliche Gegner der Nazis gab: Die Kommunisten und die katholische Kirche." - Wenngleich ich diese Behauptung auch ein wenig differenzieren möchte - schließlich gab es u.a. den 20. Juli 1944 -, so ist doch viel Wahres dran.

Ich stieß auf einen Brief vom 21.11.1961 von Frau Dr. Margarete Sommer, der ehemaligen Leiterin des Berliner Hilfswerkes für die

Juden, an P. Born, den Leiter der Hilfsstelle in Wien. In ihm heißt es: „Je länger ich über diesen Auftrag nachdenke - sie sollte über das Berliner Hilfswerk schreiben - umso mehr bedrückt er mich. Allerdings, als ich heute zufällig im Radio einen Auszug aus einem Grüber-Artikel über seine Rolle in Jerusalem im Eichmann-Prozess hörte, da wurde der Widerstand gegen diese „Schuld-Tiraden", diese Beschuldigung der Christen, der Kirchen, gestärkt. Es sieht nachgerade so aus, als ob die Christen - als Christen - die Juden verfolgt haben. Schon die Gegenüberstellung: Juden-Christen ist falsch! Für die Verfolgungszeit muss die Gegenüberstellung heißen: Juden und Nichtjuden! Die Verfolger waren wirklich alles andere als Christen, auch wenn sie zufällig in einer Kirche getauft worden waren. - Die Entchristlichung der Menschen, der Zeit, hat diese Verfolgung erst möglich gemacht!"

Dass Frau Dr. Sommer zu diesem Urteil kompetent ist, zeigt das Beileidsschreiben des Vorstands der Jüdischen Gemeinde zu Berlin, Heinz Galinski, anlässlich des Todes von Frau Dr. Sommer an den Berliner Generalvikar, veröffentlich im Petrusblatt vom 11.7.1965: „Die Jüdische Gemeinde schuldet Frau Dr. Sommer für ihr beispielhaftes Verhalten zum Wohl der ehemals Verfolgten des NS-Regimes Dank, denen sie unter größter Selbstaufopferung Hilfe und Unterstützung gewährt hat. Die Jüdische Gemeinde zu Berlin wird das Andenken an Frau Dr. Sommer stets in Ehren halten."

Wie Sie wissen, begeht die Welt alljährlich den Holocaust-Gedenktag zur Erinnerung an die Befreiung des Konzentrationslagers Auschwitz durch die Rote Armee am 27. Januar 1945. Er soll mahnende Erinnerung an den millionenfachen Massenmord der Juden durch das Nazi- Regime sein und die Welt vor weiteren Massenverbrechen an Minderheiten bewahren. Immer wieder werden sich zahlreiche Menschen, denen „die Gnade der späten Geburt" zuteilwurde, fragen, ob zutrifft, was Hochhuth mit seinem „Stellvertreter" Papst Pius XII. vorwirft, mitschuldig am Holocaust zu sein, oder was Gräfin Dönhoff mit ihrem Beitrag zur „deutschen Geschichtsstunde" schreibt, dass gegen die

Verbrechen an den Juden keine Proteste laut wurden, weder von den Kirchen noch von sonst jemandem.

Hochhuth unterstellt ja, dass ein Fluch des Papstes gegen die Massenmörder diese von ihren Verbrechen hätte zurückschrecken lassen. Gab es wegen der Hetze, Diskriminierung und Morde der Juden tatsächlich keinerlei Proteste? Diejenigen, die in einem Rechtsstaat aufgewachsen sind, wissen vielfach nicht, ob die Vorwürfe gegen den Papst berechtigt sind - der „Stellvertreter" wurde ja weltweit gepriesen, weil Hochhuth Pius XII. als verbrecherischen Sündenbock entlarvt hatte. Und die Behauptung, es habe keine Proteste gegen die Verbrechen an den Juden gegeben, lässt viele fragen, ob und eventuell inwiefern dieses „Verstummen" den Vorwurf einer Kollektivschuld nahelegt oder sogar rechtfertigt. Weil dies praktisch keinem Zeitgenossen möglich ist - die Zahl der Dokumente ist Legion - hat sich der Verfasser entschlossen, in einem gerafften Vortrag (Anhang S. 175) aufzuzeigen, dass die katholische Kirche einmal überhaupt etwas getan hat, und eindeutige Beweise dafür vorliegen, dass nicht wenige ihr Engagement unter Einsatz ihres Lebens leisteten.

Wenn ich zu Ihnen über die Erzbischöfliche Hilfsstelle für nichtarische Katholiken in Wien spreche, bewegen mich ein wenig zwiespältige Gefühle. Möglicherweise befinden sich unter ihnen einige, die gespannt sind, was ich über „den Innitzer" sagen werde. Werde ich mir den Slogan von „inserm Unnitzer" zu eigen machen, werde ich ihn zum Heiligen erklären? Natürlich kann ich den verstorbenen Kardinal nicht aus meinen Überlegungen ausklammern, ist doch die Erzbischöfliche Hilfsstelle sein ureigenstes Werk. Aber wie man auch immer zum Buch von Viktor Reimann „Innitzer, Kardinal zwischen Hitler und Rom" stehen mag, die Worte, mit denen er sein 1967 veröffentlichtes Buch abschließt, dürften wohl kaum bestritten werden (S. 321 f.):

„Das Urteil über Innitzer wird auch weiterhin zwischen Extremen schwanken. Wohl kaum ein Bischof des 20. Jahrhunderts war so sehr der Liebe und dem Hass, der Achtung und Verachtung, der Verehrung und Erniedrigung preisgegeben wie der Wiener Kardinal. War der Politiker Innitzer, ungeachtet der lauteren Motive seines Handelns, ein Versager, bleibt er als Bischof der kleinen und armen Leute unvergessen. Diese liebten ihn und halten auch heute noch sein Andenken in Ehren, gleich dem eines Heiligen und rufen sogar seine Fürbitte in Not und Krankheit an. Für sie war Innitzer ein großer Kardinal, besaß er doch drei Charakterzüge, die in den Augen der Welt wenig zählen mögen, in den Augen des gläubigen Volkes aber den höchsten Rang verleihen: Hingabe, Güte und Erbarmen."

In einer Zeit, die den Mangel an Vorbildern beklagt, darf ich Ihnen das Beispiel einiger Menschen vor Augen stellen, die ungeachtet der jahrelangen Gefährdung, die sie stets bedrohte, jahraus, jahrein Verfolgten geholfen haben, deren einziges Verbrechen darin bestand, nicht der germanischen Herrenrasse anzugehören und die von den Anhängern des Rassenwahns zu Untermenschen degradiert wurden. Natürlich gehen die Ansichten über ein solches Unterfangen weit auseinander. Diejenigen, die damals den Einsatz ihres Lebens wagten, vertraten fast durchweg den Standpunkt, dass die Rechte nicht wissen solle, was die Linke tut. Dies ist zwar biblisch gut fundiert, wenngleich auch nur ein Aspekt des geistlichen Lebens. Der Herr hat uns auch aufgefordert, unser Licht vor den Menschen leuchten zu lassen, „damit sie unsere guten Werke sehen und den Vater im Himmel preisen."

P. Lothar Groppe

Vorwort zur 1. Auflage, zur Arbeitsweise des Verfassers:
„Wir gedachten der Menge der Zahlen und der Schwierigkeiten, die aus der Stofffülle erwächst, wenn man sich in die Einzelereignisse des Berichtes hineinarbeiten will. So waren wir darauf bedacht, den Lesefreunden eine angenehme Unterhaltung, den Studierenden eine Stütze des Gedächtnisses, kurz allen Lesern einen Nutzen zu verschaffen.

Freilich war für uns der Auszug, den wir gemacht haben, nichts Leichtes, sondern eine Arbeit, die Schweiß und Nachtwachen kostete. Aber wie ein Gastgeber keine leichte Arbeit hat, die Gäste zufriedenzustellen, so wollen auch wir gern die Mühe auf uns nehmen, weil viele uns dafür dankbar sein werden. Jedoch überlassen wir die genaue Untersuchung der Einzelheiten dem Geschichtsschreiber.

Wir selber bemühen uns nur um einen regelrechten Auszug. Wie der Baumeister eines neuen Hauses für den ganzen Bau zu sorgen hat, während dem Anstreicher und Maler nur die passende Ausschmückung obliegt, so, will mir dünken, ist es auch bei uns der Fall. Es ist Sache des Geschichtsschreibers, zu forschen, allseitig Kritik zu üben und die Einzelheiten genau zu untersuchen. Dem Bearbeiter des Buches muss es gestattet sein, sich kurz zu fassen und auf eingehende Darstellung zu verzichten.

So wollen wir jetzt mit der Erzählung beginnen, da wir das Vorwort schon allzu lang gemacht haben. Es wäre doch töricht, wollte man in der Vorrede zur Geschichte weitläufig sein und in der Geschichte selbst sich kurz fassen (2 Makk 2, 24-32)."

Vorwort zur 2. Auflage von Prof. Franz Loidl

„Vor vierzig Jahren…" lautete die Vortragsreihe, die die Ereignisse aus Österreichs dunkelster Zeit in Erinnerung rief. Hierbei ging es nicht um Sensationshascherei, auch nicht um Anklage oder Rechtfertigung, sondern darum, Hintergründe und Zusammenhänge aus der Zeit des Niedergangs der Menschenrechte und Menschenwürde aufzuzeigen, und einen Beitrag zur historischen Wahrheitsfindung zu leisten. Es sollte deutlich gemacht werden, wie es zur Zerschlagung des Rechtsstaates kommen konnte, welcher Mittel sich die damaligen Machthaber bedienten, welche Ziele sie verfolgten. Deshalb der historische Bericht über die Feierstunde in St. Stephan am 7. Oktober, den Sturm auf das erzbischöfliche Palais und den Überfall auf das Churhaus am Stephansplatz, am 8. Oktober 1938, den Kirchenkampf im Dritten Reich und die erzbischöfliche Hilfsstelle für nichtarische Katholiken in Wien. Über dieses imponierende Werk des damaligen Wiener Erzbischofs, Kardinal Dr. Theodor Innitzer, berichtete ein Mitbruder des P. Born SJ, des ehemaligen Leiters der Hilfsstelle.

Allzu lange mussten wir auf eine Dokumentation über dieses einzigartige Werk christlicher Caritas warten. Die Schwierigkeiten, die zu überwinden waren, schienen übergroß. Der zeitliche Abstand zum damaligen Geschehen war bereits beträchtlich, nur mehr wenige Überlebende konnten befragt werden, manchen von ihnen verschloss Bescheidenheit den Mund. Hinzu kam, dass die Gesundheit P. Borns bereits so erschüttert war, dass er das begonnene Werk nicht mehr zu Ende führen und auch keine Auskünfte mehr erteilen konnte.

Umso erfreulicher ist das Engagement, mit dem sich der Vortragende, P. Lothar Groppe SJ, in die schwierige, schwer durchschaubare Materie einarbeitete und eine Dokumentation vorlegte, die für weitere Forschungen von großer Bedeutung sein dürfte. Dass er sich dieser Arbeit, obwohl nicht Fachhistoriker, unterzog, verdient um so mehr Anerkennung, als er noch weitere, bisher unbekannte Quellen erschloss und durch statistische Unterlagen und Streiflichter aus den Kriegsjahren erst richtige Vergleichsmöglichkeiten schuf.

Der vorliegende Text von Pater Lothar Groppe SJ fasst einige der wichtigsten Geschehnisse und Hilfsaktionen jener Zeit zusammen, macht Hintergrund und Zusammenhänge der Verfolgungsjahre transparent und ist ein Hohelied tätiger Nächstenliebe jener stillen Helfer, die unermüdlich und allen Gefahren trotzend, den Einsatz ihres Lebens für die Verfolgten wagten.

Neun der insgesamt 23 Mitarbeiterinnen der Hilfsstelle mussten selbst den Weg ins Vernichtungslager antreten. Von ihnen, wie auch von den noch Lebenden gilt das Wort des Herrn, dass niemand eine größere Liebe hat, als wer sein Leben hingibt für seine Freunde.

Der Beitrag dürfte bei historisch Interessierten das Verlangen wecken, nach der umfangreichen Dokumentation zu greifen, die bei der Wiener Katholischen Akademie erschienen ist.

Zum Gedächtnis an den am 26.11.1980 verstorbenen ehemaligen Leiter der „Hilfsstelle" geben wir den Vortrag über dieses Werk christlicher Caritas in überarbeiteter Form erneut heraus.

Wien, Januar 1981
Franz Loidl, Universitätsprofessor

Nachruf auf P. Ludger Born

„Er war ein wunderbarer Mensch!" Diese Spontanreaktion von
Simon Wiesenthal auf meine Nachricht vom Tode P. Borns
darf wohl als typisch für das hohe Ansehen gelten,
dessen sich P. Born erfreuen durfte (s. Foto S. 283 - 285).

Ich selber traf häufig mit mehreren seiner ehemaligen Mitarbeiterinnen
und Schützlingen zusammen und weiß, wie sehr sie alle ihn schätzten,
ja verehrten. Ludger Born wurde als zweites von zehn Kindern des
Buchbindermeisters und Küsters Wilhelm Born und seiner Ehefrau
Maria am 15.6.1897 in Duisburg geboren. Am 26.Juni 1915 begann
er sein Noviziat, wurde aber am 14. September aufgrund seiner
Freiwilligenmeldung zum Militär einberufen. Er war Soldat bis zum
Kriegsende, wurde Vizefeldwebel und erhielt das Eiserne Kreuz. Nach
dem Studium der Philosophie und Theologie wurde er am 27.8.28 zum
Priester geweiht. Von 1929 bis 1933 war er Mitarbeiter in der „Rurag"
für religiös-wissenschaftliche Zeitfragen. Anschließend wurde er
als Studentenseelsorger nach Hamburg versetzt, wo er auch an der
Hochschule für Lehrerbildung dozierte. Im Schreiben des Reichsführers
SS vom 12.1.1937 finden wir ihn auf der Liste für den SD neben P.
v. Nell-Breuning und 12 weiteren Priestern als „Wanderprediger".
1939 kam er nach Wien. Als P. Bichlmair, der sich der bedrängten
Judenchristen angenommen hatte, im November 1939 verhaftet und
später nach Beuthen/OS verbannt wurde, kam es im Dezember 1940 zur
Gründung der Erzbischöflichen Hilfsstelle für nichtarische Katholiken
durch Kardinal Innitzer. Dieser betraute P. Born mit der Leitung und
wies ihm Räume im Palais zu, die bald - da ehedem Kutscherwohnung
- „der Stall" genannt wurden. Diese Tätigkeit war zweifelsohne der
Höhepunkt des priesterlichen Wirkens P. Borns und verdient wegen
ihrer herausragenden Bedeutung einige Aufmerksamkeit.

Offiziell durfte nur die Israelitische Kultusgemeinde (IKG) die
Rechtsvertretung und Fürsorge für die Juden wahrnehmen. Sie war

die einzige behördlich eingesetzte und anerkannte Vertretung aller Juden, unbeschadet des religiösen Bekenntnisses. Verständlicherweise lag der IKG vor allem die Vertretung der Glaubensjuden am Herzen. Deshalb wurde zunächst die „Auswanderungshilfsorganisation für nichtmosaische Juden in der Ostmark" gegründet. Sie war offiziell nicht anerkannt, konnte aber eine Zeitlang die Interessen der Nicht-Glaubensjuden hinsichtlich Auswanderung, Evakuierung und Fürsorge in Zusammenarbeit mit der IKG wahrnehmen. Immerhin gab es am 31.12.1941 in Wien noch insgesamt 7.917 Nicht-Glaubensjuden, von denen 3.836 römisch-katholisch waren. Die anderen gehörten einem anderen Bekenntnis an oder waren konfessionslos. Die Bemühungen um Auswanderung erstreckten sich bis Mitte 1941. Durch die Gestapo wurde auch dieser Fluchtweg versperrt.

Wer die damaligen Verhältnisse nicht kennt, kann sich von dieser Aufgabe keine Vorstellung machen. Nicht nur war die Aufnahmebereitschaft für Juden im Ausland sehr gering, sondern, wenn doch Einzelne das begehrte Visum erhielten, hatten sie horrende Geldsummen aufzubringen. Wer von einer brasilianischen Delegation für die Einwanderung ausgewählt wurde, musste einen Betrag von 39.000 RM hinterlegen. Ein lediger Studienrat (Mittelschulprofessor) erhielt damals 400 RM im Monat.

Wunder konnten weder P. Born noch die Hilfsstelle wirken, aber mit einer Energie, einem unvorstellbaren Organisationstalent und einer Todesverachtung, die aus der lebendigen Bindung an Gott kam, versuchte er mit seinen Mitarbeiterinnen, deren Einsatzbereitschaft der seinen in nichts nachstand, das Los der Verfolgten im Rahmen des Menschenmöglichen zu erleichtern. So wurden sämtliche Ordenshäuser und Pfarreien um Nahrungsmittel - es war ja die Zeit der Lebensmittelkarten - für die Verfolgten gebeten. Kein Wiener Kloster verschloss sich der Hilfe. Insgesamt 51 Häuser leisteten mehr oder weniger umfangreiche Unterstützung. Die Mitarbeiter der Hilfsstelle waren eine verschworene Gemeinschaft engagierter Christen, die zur Hilfe um jeden Preis, auch den des eigenen Lebens, entschlossen war. Von den 23 Mitarbeiterinnen wurden im Laufe der Jahre neun ins Vernichtungslager deportiert, nur eine von ihnen kehrte von dort zurück.

P. Born war von Anfang an klar, dass trotz der heute unvorstellbaren, materiellen Not, die seelische Bedrängnis noch größer war. Das Gefühl, Ausgestoßene, Verfemte zu sein, bedrückte die Verfolgten noch mehr als die bittere Armut, die im krassen Gegensatz zum ehemaligen Wohlstand gerade vieler Wiener Juden stand. Deshalb stand die Seelsorge seit Beginn der Arbeit im Mittelpunkt des Bemühens. Für die Kinder und Jugendlichen, die angesichts der chaotischen Zustände besonders der Gefahr der Verwahrlosung ausgesetzt waren, wurden Religionsunterricht und Gruppenstunden gehalten, eine eigene Schule gegründet, deren Leistungsstand weit über dem der damaligen Schulen stand.

Von nicht geringerer Bedeutung war die Sorge um die Alten und Kranken. Immer wieder gab die Feier der Gemeinschaftsmesse in der Universitätskirche (Jesuitenkirche) den Ausgestoßenen das Bewusstsein, dass ihre Kirche sie nicht vergessen hatte. In vielen ergreifenden Zeugnissen brachten die Ausgestoßenen ihre Dankbarkeit zum Ausdruck: „Dass ihr uns nicht allein gelassen habt in unserer Angst. … Dass wir zu euch kommen durften, wenn wir nicht mehr weiter wussten. … Dass ihr immer wieder zu uns gekommen seid, obgleich unsere Wohnungen als Juden-Wohnungen gekennzeichnet waren. … Dass ihr einfach für uns da wart, hat uns aufrecht gehalten, hat uns als Hoffnung und Trost begleitet ins Lager, in die Deportation und ins grausame Ende."

Mit großer Umsicht bereitete P. Born mit seinen Mitarbeiterinnen die Schützlinge auf eine ungewisse harte Zukunft vor, ein christliches Leben in gottloser Umgebung ohne Priester und Gottesdienst und auf ein christliches Sterben. Zeugnisse aus Konzentrationslagern bekunden, dass bei allem begreiflichem Versagen Einzelner angesichts des sicheren Todes zahlreiche Gläubige aus P. Borns Gemeinde das religiöse Leben in Theresienstadt entscheidend geprägt und mitgetragen haben. Und wenn einer seiner Schützlinge und die gewiss herausragende ehemalige Mitarbeiterin der Hilfsstelle, Liselotte Fuchs, die Tochter eines Generalstabsarztes, den der „Dank des Vaterslands" zusammen mit der Familie ins Lager Theresienstadt gebracht hatte, schreibt, dass sie zum „Symbol des Christen" schlechthin wurde, so war dies neben der unauslotbaren Gnadenführung Gottes sicher ganz entscheidend der beharrlichen Seelenführung P. Borns zu danken.

Durch Briefe, später durch Postkarten – mehr wurde nicht erlaubt – suchte Pater Born mit den Deportierten Kontakt zu halten. Etwa 150 waren es, denen man so ein wenig Halt geben konnte, die anderen kamen gleich ins Vernichtungslager. Ab Weihnachten 1942 begannen Lebensmittelsendungen nach Theresienstadt und vereinzelt auch in die Konzentrationslager Ravensbrück, Buchenwald, Birkenau und Ausschwitz. Insgesamt 9.000 Pakete konnten versandt werden, eine staunenswerte Leistung. Es ging nicht nur um die Beschaffung rationierter Lebensmittel, sondern viele Postämter weigerten sich, „Judenpakete" anzunehmen. Wenn es damals zu wenig „Gerechte" gab, so ist der Einsatz P. Borns und seiner Mitarbeiterinnen, wie auch zahlreicher unbekannter und unbesungener Helfer um so bemerkenswerter, die heimlich Geld und Lebensmittel brachten, oder geflüchtete Juden als sogenannte „U-Boote" versteckten.

Nach dem Krieg wurde P. Born gebeten, eine Dokumentation der Hilfsstelle zu erarbeiten. Er selbst konnte noch die entscheidende Vorarbeit leisten, besaß aber nicht mehr die Kraft, das Werk zu Ende zu führen. So brachte ich auf Wunsch der Obern die Arbeit zum Abschluss. Wenn sie auch nur in äußerlich bescheidener Form erscheinen konnte, so ist sie doch ein beredtes Zeugnis des kirchlichen Einsatzes für die verfolgten Juden, der von Kardinal Innitzer begonnen und mit Hilfe seiner Getreuen bis zum Ende mit Schrecken durchgestanden wurde. Unter ihnen nimmt P. Born einen herausragenden Platz ein.

Wenn Gott einst dem Abraham verheißen hat, um zehn Gerechter willen Sodom zu verschonen, so dürfen wir darauf vertrauen, dass er unserer Zeit um dieser beispielhaften Menschen willen, die tagaus, tagein ihr eigenes Leben für die Verfolgten aufs Spiel setzten, die Chance eines Neubeginns im christlich-jüdischen Verhältnis schenken wird.

In den letzten Kriegstagen konnte P. Born noch Hervorragendes für Wien leisten. Das Gebiet um den Stephansdom wechselte mehrmals den Besitzer zwischen Deutschen und Russen. Zweimal konnte P. Born durch persönlichen Einsatz Funkenherde am Dom, hoch im Dachstuhl, löschen. Die endgültige Brandkatastrophe konnte er freilich nicht verhindern.

Da alle Häuser ringsum zerstört waren, richtete P. Born im Palais Kardinal Innitzers eine Küche ein, die täglich bis zu 300 Mittagessen ausgab. Landpfarreien und Klöster spendeten großzügig Lebensmittel für die hungernden Wiener. P. Born brachte diese auf Lastwagen mit russischen(!) Chauffeuren und den eigenen Mitarbeitern in die Stadt. So wichtig und gefährlich die Hilfe P. Borns für die nichtarischen Katholiken war, würde man seiner priesterlichen Haltung nicht gerecht, wenn man seinen Einsatz für die heimatvertriebenen Volksdeutschen, die zu Tausenden nach Österreich flüchteten, mit Stillschweigen überginge. Sie mussten mit dem Lebensnotwendigsten versorgt werden. Psychologisch ungemein erschwerend war das Gerücht, die Flüchtlinge seien „Nazis".

P. Born nutzte seine Beziehungen zu ausländischen Hilfsorganisationen, die er noch aus der Zeit seiner Arbeit für die nichtarischen Katholiken hatte, um die „Schweizer Spende" ins Leben zu rufen. Mit ihrer Hilfe wurden 1,5 Millionen Frühstücksrationen an Kinder in 24 Flüchtlingslagern ausgegeben. Im Jahr bevor er nach Deutschland zurückkehrte, wurden über 80.000 Kinder mit der Bahn, mit Flugzeug oder Schiff ins Ausland verschickt. Sie konnten sich dort bis zu 1 ½ Jahre erholen und überstanden so, gut versorgt, die schlimmsten

Hungermonate im ausgebluteten Wien. Mit diesen Unternehmungen war die Flüchtlingsseelsorge der Caritas geboren. Ihre Mitarbeiter waren von der priesterlichen Haltung P. Borns, der sich von der Betreuung der „Juden" nunmehr den „Nazis" zuwandte, zutiefst beeindruckt. Zum ersten Mal in der Geschichte Wiens gelang es, dank der Initiative P. Borns, staatliche, private und konfessionelle Organisationen an einen Verhandlungstisch zu bringen, um gemeinsame Aktionen zu besprechen und durchzuführen. Viele Wiener haben es ihm zu verdanken, dass zahlreiche Care-Pakete dank seines Verhandlungsgeschicks und seines hohen Ansehens, den Weg zur hungernden Bevölkerung fanden. Der Aufbau der Caritas in Wien nach dem Krieg war weitgehend P. Borns Werk.

1966 zeichnete ihn der österreichische Bundespräsident für Verdienste um die Republik Österreich mit dem großen Ehrenzeichen aus. Bei dieser Gelegenheit betonte Minister Dr. Piffl-Percevic, er bedaure, dass P. Born aus protokollarischen Gründen nicht die höchste Stufe erhalten könne. Verdient hätte er sie zweifelsohne. Zwei Jahre später erhielt er das Bundesverdienstkreuz I. Klasse und schließlich 1973 die Ehrennadel der österreichischen Widerstandsbewegung. Die Laudatio hielt der spätere Bundespräsident Dr. Rudolf Kirchschläger.

Der WDR brachte 1961 eine Sendung über die Hilfsstelle unter dem Titel: „Das Büro im Hinterhaus". Einige Tage später wurde sie noch einmal ausgestrahlt, und im August 1964 und im November 1966 wiederholt. - Am 13. März 1980 wurde in Ö 1 das Hörspiel „Die Kinder der Geächteten" gesendet, das sich auch mit ehemaligen Schützlingen P. Borns befasste. Am 27.Mai 1980 schließlich strahlte das österreichische Fernsehen die Dokumentation „Der Stall" aus.

P. Born, den ich auch aus seiner persönlichen Korrespondenz kennenlernen durfte, war ein beispielhafter Jesuit, der ganz aus dem Glauben lebte und etwa bei der Arbeit in der Hilfsstelle keineswegs seiner persönlichen Neigung folgte.

Wenn der „Eichmann-Jäger" Simon Wiesenthal ihm 1975 zu seinem 60. Ordensjubiläum schrieb: „Ich weiß zu schätzen, was Sie in der Zeit ohne Gnade für meine Glaubensbrüder getan haben, und seien Sie versichert, wir werden ihnen das niemals vergessen!", so dürfen wir in diesen Worten den Ausdruck höchster Wertschätzung seitens der ehemaligen Verfolgten erblicken (s. Foto S. 290).

Und wenn unsere heutige Jugend auf der Suche nach Vorbildern ist, hier hat sie eines: Einen ganzen Mann, der nicht nur außergewöhnlich tüchtig war, einen Jesuiten von echtem Schrot und Korn, der seine aus dem Glauben gespeiste Nächstenliebe nicht mit hohlem Pathos, sondern durch die überzeugende Beredsamkeit der Tat bekundete.

Am 26. November 1980 gab Ludger Born im Altersheim seines Ordens seine Seele in die Hände seines Schöpfers zurück.

P. Lothar Groppe

Teil 2

Die Erzbischöfliche Hilfsstelle für nichtarische Katholiken

Einleitung von P. Groppe SJ

Es hat sehr lange gedauert, bis das segensreiche Wirken der „Erzbischöflichen Hilfsstelle für nichtarische Katholiken in Wien" dokumentarisch festgehalten und einer breiteren Öffentlichkeit zugänglich gemacht werden konnte. Hierfür gibt es mannigfache Gründe, die in den abschließenden „Gedanken zur Dokumentation" (S. 172) dargelegt werden. Aber es scheint doch um der Glaubwürdigkeit des Zeugnisses willen angebracht, den Nachweis zu erbringen, dass die sog. „Amtskirche", wie viele sie heute zu nennen belieben, nicht nur Nächstenliebe gepredigt, sondern sich auch ganz „offiziell" der Not der Verfolgten, Geächteten und dem Tode geweihten jüdischen Mitbürger angenommen hat.

P. Ludger Born SJ, der ehemalige Leiter der Hilfsstelle, der am ehesten dazu berufen war, die Geschichte der Hilfsstelle der Nächstenliebe zu schreiben, wurde sehr bald von seinen Obern für dringende Arbeiten in Deutschland abberufen. Als er nach vielen Jahren die Gelegenheit erhielt, das vorhandene Material zu sichten und dokumentarisch festzuhalten, kam es zu mehreren Fassungen und Neuansätzen. Es wurde hier und da verbessert, geändert und noch einmal neu begonnen. Erst nachdem nahezu zwei Jahrzehnte ins Land gegangen waren, konnte sich P. Born erneut an die Sichtung und Verarbeitung des vorhandenen Materials begeben.

Jetzt stellte sich allerdings heraus, dass seine Kräfte schon so stark geschwächt waren, dass sie die Vollendung und den Abschluss der Dokumentation in Frage stellten. Deshalb beauftragten 1976 der Erzbischof von Wien, Kardinal König, und die Ordensobern den Verfasser mit der Fertigstellung der vorhandenen Unterlagen.

Es gab eine Fülle von Schwierigkeiten. Nicht die geringste war, dass der Verfasser die Wiener Zeit nicht miterlebt hatte und die meisten Zeugen jener Epoche bereits gestorben waren. Sodann gab es mehrere Fassungen, die sich teils überschnitten, teils in nicht unwesentlichen Details voneinander abwichen. Verständlicherweise sollte die Dokumentation die Arbeit P. Borns bleiben. Gewisse Fragen sollten genauer präzisiert und die Arbeit in einer den heutigen Leser ansprechenden Form herausgebracht werden. Wenn in dieser Dokumentation gewiss nicht alle Anforderungen erfüllt werden, die man für gewöhnlich an eine wissenschaftliche Arbeit stellt, so möge der Leser den etwas verschlungenen Werdegang dieser Veröffentlichung berücksichtigen. Bei den Überlegungen, diesen oder jenen Text, das eine oder andere Schriftstück aufzunehmen oder wegzulassen, spielte auch der Gedanke eine Rolle, dass die Dokumentation nicht nur dem Fachhistoriker dienen, sondern auch einer breiteren Öffentlichkeit zugänglich gemacht werden sollte. Den Nicht-Fachkundigen sollte auch eine Vorstellung des damaligen „Klimas" vermittelt werden.

Kardinal Innitzer beauftragte kurz nach dem Krieg P. Born, einen kurzen Bericht über die Tätigkeit der Hilfsstelle zu erstellen. Diesen Bericht, der durch eine Analyse der Lage der nichtmosaischen Juden in Wien ergänzt wurde, und der zu der Zeit entstand, da die Erinnerung an die Jahre des Schreckens noch lebendig war, stellen wir an den Anfang der Dokumentation. Da er gewissermaßen die Quintessenz der geleisteten Arbeit darstellt, glaubten wir, ihn in seiner ursprünglichen Fassung belassen zu sollen. Weil aber immer wieder der Wunsch nach einer detaillierteren Schilderung der Arbeit der Hilfsstelle geäußert wurde, werden die verschiedenen Aufgabenbereiche des erzbischöflichen Liebeswerkes im Lauf der Dokumentation entfaltet. Gewisse punktuelle Wiederholungen sind hieraus zu erklären. Der Leser möge dies gütig entschuldigen.

Die Tatsache, dass selbst nach langen Jahren des Abstandes, wo die Parteileidenschaften eigentlich abgekühlt sein sollten, immer wieder unseriöse und teilweise auch bösartige Verzerrungen des damaligen Zeitgeschehens vorgenommen werden, scheint die Veröffentlichung über das Werk Kardinal Innitzers und seiner Mitarbeiterinnen besonders notwendig zu machen. Allen Helferinnen und Helfern aus der Zeit der Verfolgung, sowie allen, die durch Hinweise, Überlassung von Dokumenten und Bildern, wie auch bei der Durchsicht der Unterlagen und Schreibarbeiten bei der Fertigstellung der Dokumentation geholfen haben, möchte ich an dieser Stelle, zugleich im Namen von P. Born, herzlich danken. Wenn ich Schwester Verena von der Caritas Socialis namentlich hervorhebe, geschieht das deshalb, weil ohne ihre tatkräftige Unterstützung die Fertigstellung der Dokumentation nicht möglich gewesen wäre.

Ein besonderer Dank gilt Frau Dr. Maier, der Leiterin der Wiener Katholischen Akademie, die als Eigentümerin und Verlegerin der Dokumentation die Genehmigung zur Veröffentlichung erteilt hat.

Verschiedene Umstände verzögerten eine Veröffentlichung der Dokumentation. Nur die Unterstützung meines bewährten Freundes, Dr. Bernd F. Pelz, hat durch sein arbeitsintensives Engagement verhindert, dass die Veröffentlichung der Dokumentation auf den St. Nimmerleinstag verschoben wurde. Dafür möchte ich ihm ganz herzlich danken.

Bericht über die Tätigkeit der „Erzbischöflichen Hilfsstelle für nichtarische Katholiken in Wien", von P. Born SJ (s. Foto S. 282)

Eines der traurigsten Kapitel unter der Herrschaft des Nationalsozialismus in Österreich von 1938-1945 war der Antisemitismus der NSDAP mit all seinen beklagenswerten Folgeerscheinungen. Der 12. März 1938 brachte mit dem Einmarsch der Wehrmacht und in ihrem Gefolge des Sicherheitsdienstes (SD) und der Geheimen Staatspolizei (Gestapo) die Juden in Österreich um Freiheit, Heimat und Recht. Über Nacht wurden sie aus der Sicherheit ihrer Existenz gerissen und zu Enterbten und Geächteten. Dies galt besonders für Wien. Österreich hatte laut Volkszählung vom Jahr 1934 bei einer Gesamtbevölkerung von 6.760.233 insgesamt 191.481 Juden. Der bei weitem größte Teil, 176.034, entfiel auf Wien, das damals eine Bevölkerung von 1.874.130 hatte.

Das Inkrafttreten der Nürnberger Gesetze auch auf österreichischem Boden traf die Mehrzahl der von diesen Gesetzen betroffenen Juden und jüdischen Mischlinge - dazu gehörten auch alle Christen und Konfessionslosen jüdischer Abstammung - als unerwarteter Schlag und völlig unvorbereitet. Wer immer in der Lage war, wanderte aus. So sank die Zahl der Juden in Wien bis 1939 auf 86.677. Wer nicht auswandern konnte oder wollte, musste freiwillig oder erzwungenermaßen ein schweres Schicksal auf sich nehmen.

Am laufenden Band wurden den Juden Einschränkungen und Verbote auferlegt, die ihre Bewegungsfreiheit und persönliche Rechte immer mehr einengten, sofern sie ohnehin nicht der zwangsweisen Verschleppung zum Opfer fielen.

Erinnert sei an das Verbot der Eheschließung mit Personen deutschen oder artverwandten Blutes, an das zwangsweise Ausscheiden aus dem Öffentlichen Dienst und anderen Berufen, an die Arisierung jüdischer Betriebe, die Deklarierung in- und ausländischen Vermögens, die 25%ige Sühneabgabe im Dezember 1938 für die Ermordung des deutschen Legationssekretärs Ernst von Rath am 7. November 1938 in Paris, an die Ablieferungspflicht für Edelmetalle und Edelsteine, die Aberkennung der deutschen Staatsbürgerschaft, die Verpflichtung zum Führen des Zusatznamens Israel bzw. Sara, das Verbot des Empfangs von Rundfunksendungen, die Aufhebung des Mieterschutzes, das Zusammenlegen in Wohngemeinschaften bzw. in einzelne Wiener Bezirke, die Beschränkung des Schulbesuchs auf eigene jüdische Schulen und dann im August 1942 das Unterrichtsverbot für alle jüdischen Kinder.

Die schwerste Einschränkung der persönlichen Freiheit brachte jedoch die Polizeiverordnung vom 1. September 1941, die alle Juden, die das 6. Lebensjahr vollendet hatten, zum Tragen des gelben Judensterns in der Öffentlichkeit verpflichtete, der deutlich sichtbar auf der linken Brustseite des Kleidungsstückes fest aufgenäht zu tragen war. Dazu kamen noch für Juden fest vorgeschriebene Einkaufszeiten in nur für Juden bestimmten Geschäften, jüdische Lebensmittelkarten, zeitweiliges Ausgehverbot, das Verbot des Betretens von Park- und Ringanlagen, Unterhaltungsstätten wie Kinos, Theater, Gast- und Kaffeehäuser, der Benützung von Straßenbahnen usw.

Vergehen gegen alle diese Verordnungen wurden mit Gefängnis bzw. Deportation bestraft. Die Lage der Juden war trostlos. Viele befanden sich in großer materieller Bedrängnis. Die allermeisten waren sehr gedrückt und infolge der ständigen Aufregungen, der dauernden Umzüge, der latenten Angst vor Evakuierung und einer ungewissen Zukunft, der völligen Verzweiflung nahe.

Die Isolierung von der übrigen Bevölkerung wurde immer bedrückender. Selbstmorde waren an der Tagesordnung. Hilfe in dieser ausweglosen Not war schwierig, gefährlich - und doch so notwendig.

Wie kam es zur Gründung der Hilfsstelle?

Offiziell durfte nur die Wiener Israelitische Kultusgemeinde (IKG) die Rechtsvertretung und Fürsorge für Juden ausüben, weil sie die alleinige behördlich eingesetzte und anerkannte Vertretung aller Juden war, sowohl der Glaubensjuden wie der Nicht-Glaubensjuden. Ihr lag verständlicherweise vor allem die Vertretung der Glaubensjuden am Herzen. So kam es in Wien zur „Auswanderungshilfsorganisation für nichtmosaische Juden in der Ostmark", die aus der Auswanderungsaktion von „Gildemeester" hervorging. Obwohl nicht offiziell anerkannt, nahm sie die Interessen und Belange der Nicht-Glaubensjuden in Zusammenarbeit mit der Kultusgemeinde hinsichtlich Auswanderung, Evakuierung und Fürsorge wahr.

Laut Statistik dieser Stelle vom 31. Dezember 1941 betrug die Zahl der Nicht-Glaubensjuden insgesamt 7.917 Hiervon waren:

3.836 römisch-katholisch
1.425 evangelisch
  135 altkatholisch
   71 gehörten anderen Konfessionen an, und
2.434 waren konfessionslos.

Um den evangelischen Teil der Nicht-Glaubensjuden bemühte sich zusätzlich die „Schwedische Mission", während sich die „Society of Friends" (Quäker) besonders der Konfessionslosen annahm. Die Sorge für die bedrängten nichtarischen Katholiken übernahmen zunächst private Kreise, viele Pfarreien und Klosterkirchen. Ganz besonders kümmerte sich um sie, mit Einverständnis und Unterstützung durch Kardinal Innitzer, P. Georg Bichlmair SJ von der Universitätskirche bis zu seiner Verhaftung im November 1939. Anfang 1940 wurde er dann durch die Gestapo nach Beuthen/Oberschlesien verbannt. P. Bichlmair hatte sich mit einem Helferstab unter der Leitung von Emanuela Gräfin Kielmansegg opferfreudig und tatkräftig dieser Menschen angenommen. Bei den Verhören durch die Gestapo ergab sich, dass er längere Zeit hindurch sorgfältig überwacht worden war.

Mitte 1940 entschloss sich das Caritas Institut Wien zur Gründung einer „Erzbischöflichen Diözesanstelle für nichtarische Katholiken", die ihre Diensträume im Haus der „Auswanderungshilfeorganisation für nichtmosaische Juden in der Ostmark", Wien I, Habsburgergasse 2, bezog, wo die Caritas in Verbindung mit dem St. Raphaelsverein Hamburg auch eine „Beratungsstelle für katholische Auswanderer" unterhielt. Ende 1940 gründete dann Kardinal Innitzer die „Erzbischöfliche Hilfsstelle für nichtarische Katholiken" zur fürsorgerischen und seelsorgerischen Betreuung aller nichtarischen Katholiken.

Die große Zahl der Betroffenen, es waren über 4.000, und ihre außerordentliche Not machten diese Gründung notwendig. Privater Hilfsbereitschaft und persönlichem Mut allein durfte die Hilfe in dieser Ausnahmesituation nicht überlassen bleiben. Es bedurfte dazu einer offiziellen kirchlichen Einrichtung, die in aller Öffentlichkeit versuchte, ungeachtet aller persönlichen Gefährdung der Mitarbeiter, ihre schwierige Aufgabe zu erfüllen. Kardinal Innitzer nahm diese Hilfsstelle, die ihm unmittelbar unterstellt war, in sein Palais in der Rotenturmstraße 2 auf und wies ihr im 2. Hof einige Räume zu. Mit der Leitung betraute er P. Ludger Born SJ.

Wie vielen konnte sie helfen?

Unsere Hilfsstelle stand allen Rat- und Hilfesuchenden jederzeit offen. Und es gab wohl keinen Notstand, der nicht an uns herangetragen wurde. Bis Mitte 1941 waren die brennendsten Probleme vor allem Beratung und Hilfe bei der Auswanderung, bis Ende 1942 die Sorge für die Evakuierten. Hinzu kamen immer allgemeine Fürsorge und seelsorgerischer Beistand.
Solange eine Auswanderung möglich war - bis zur zweiten Hälfte 1941 - nahmen Beratung und Hilfe in allen Auswanderungsangelegenheiten

einen breiten Raum ein. Bis Mitte des Jahres waren es 50 bis 60 Fälle täglich. Wir haben alles daran gesetzt, den nichtarischen Katholiken zur Auswanderung zu verhelfen, zusammen mit der Society of Friends, der Schwedischen Mission und der Auswanderungshilfeorganisation. Vor allem bemühten wir uns um engen Kontakt mit dem St. Raphaelsverein Hamburg und den übrigen Katholischen Hilfskomitees in Rom, Lissabon, New York und Buenos Aires. Aber diese Arbeit war mit den denkbar größten Schwierigkeiten verbunden. Es war eine große Tragik, dass das umfassendste Projekt der Auswanderungshilfe trotz aller Bemühungen des Raphaelsvereins scheiterte. 3.000 Visa, die Brasiliens Präsident Papst Pius XII. in Aussicht stellte, verfielen, weil mannigfache Gründe die Ausfertigung so lange verzögerten, bis es zu spät war.

In der Zeit völliger Telegrammsperre vermittelten wir über den Raphaelsverein 90 Telegramme nach Übersee, die in vielen Fällen die notwendigen Voraussetzungen zur Ausreise schufen. Ferner waren beträchtliche Reichsmarkbeträge zur Deckung der Reiseunkosten von Wien bis zur Grenze und zum Ankauf von Dollar notwendig. Es galt, letztere zu einem möglichst günstigen Kurs zu erwerben. Dann waren Affidavits bzw. Arbeitsverträge durch die ausländischen Komitees zu besorgen. Über den Raphaelsverein wurden für 106 Personen Dollarbeträge besorgt - durchschnittlich pro Person 200 bis 350 Dollar - zum Ankauf für Schiffsplätze bei 13 Buchungen. Um weitere 41 Buchungen bemühte sich der Raphaelsverein, als ihn am 25. Juni 1941 die Auflösung durch die Gestapo traf.

Evakuierungen

Von Ende 1940 bis Ende 1942 wurden in 48 Transporten je 1.000 Juden in das Generalgouvernement, nach Litzmannstadt (Lodz) und nach Theresienstadt verschleppt. 1943 folgten kleinere Transporte. Insgesamt waren hiervon etwa 2.000 Katholiken betroffen. Die Aushebungen erfolgten bei Tag und Nacht ohne vorherige Verständigung. Den

Betroffenen blieben zwei bis drei Stunden zum Packen der wenigen Habseligkeiten, die sie mitnehmen durften. Bis zum Abtransport wurden sie in Sammellagern konzentriert, in denen unglaubliche Zustände herrschten.

Alle Versuche des Kardinals, über kirchliche und außerkirchliche Stellen die Transporte zu verhindern, blieben erfolglos. In einzelnen Fällen gelang es uns, Schützlinge von den Transportlisten streichen zu lassen oder einen Aufschub zu erwirken. Viele versorgten wir vor der Abreise mit einem größeren Geldbetrag, mit Wäsche, Kleidung und Decken. Mit den nach Polen Evakuierten standen wir bis Mitte 1942 in Briefwechsel, dann ging dieser zurück und brach ganz ab. Wir halfen auch mit Paketsendungen nach Polen von Wien, aus der Provinz, dem Altreich und dem Protektorat. Es war nicht leicht, weil viele Postämter sich weigerten, solche Pakete anzunehmen.

Von Theresienstadt kam zunächst sehr spärlich Nachricht. Bis Ende 1942 waren uns etwa 20 Anschriften bekannt, bis Ende 1943 etwa 150. Wir pflegten die Korrespondenz mit unseren Schützlingen, die ihnen sehr viel bedeutete, wenn sie auch auf eine Postkarte beschränkt blieb. Ab Weihnachten 1942 begannen wir mit Paketsendungen nach Theresienstadt. Anfangs waren es 20 bis 30 monatlich, ab Juli 1943 stieg die Zahl auf 200 und mehr im Monat. Im zweiten Halbjahr 1943 waren es nach unseren Aufzeichnungen 1.398 Pakete, im Jahr 1944 insgesamt 7.277, zumeist 2 kg-Pakete, aber auch größere bis zu 15 kg. Einzelne Pakete gingen auch in die Konzentrationslager Ravensbrück, Buchenwald, Birkenau und Auschwitz.

Fürsorge

Von Anfang an halfen wir auch in allen übrigen Notlagen nach besten Kräften. Bis zu 300 Bedürftige wurden allmonatlich mittels finanzieller Beihilfen - jeweils bis zu 7.000 Reichsmark für Mietbeihilfen, ärztliche Behandlung, Spitalskosten, Übersiedlungszuschüsse, Begräbniskosten usw. unterstützt. Wir vermittelten Wohnung, Arbeit, Rechtsberatung, Privatunterricht, ärztliche Betreuung, Aufnahme ins Spital und Altersheim. Wir halfen mit Wäsche, Kleidung, Schuhen und in der letzten Zeit des Krieges immer mehr mit Lebensmitteln. Wir schufen Kindergarten, Nähstube, Kinderhort und ein Altersheim. Wir bemühten uns um die Gründung einer Schule für nichtmosaische Kinder, nahmen uns der „U-Boote" an, d.h. solcher Juden, die sich der Zwangsevakuierung entzogen, untertauchten und unangemeldet lebten. Ebenso auch der Juden aus Ungarn, die in Lagern in Wien und Niederösterreich unzulänglich untergebracht waren und zu hartem Arbeitseinsatz gezwungen wurden. Selbst Kinder waren von der Zwangsarbeit nicht ausgenommen.

Das Begräbnis von Juden war durch Verordnung des Wiener Magistrates auf Gemeinde- bzw. kirchlichen Friedhöfen untersagt. Durch Verhandlungen mit dem Ältestenrat der Juden in Wien, der seit Ende 1942 die offizielle Vertretung aller in Wien verbliebenen Juden wahrnam, erreichten wir, dass die nichtarischen Katholiken auf dem jüdischen Friedhof in einer eigenen Halle kirchlich eingesegnet, vom Priester zum Grab begleitet und dort kirchlich beerdigt wurden.

Seelsorgehilfe

Hand in Hand ging unsere seelische und seelsorgerische Betreuung. Fast alle, die zu uns kamen, suchten auch Trost in ihrer seelischen Not, sie verlangten nach Aussprache und Zuspruch. Unsere Helferinnen besuchten nicht nur unsere finanziell Befürsorgten regelmäßig, sondern suchten systematisch nach und nach alle uns bekannten rassisch Verfolgten auf, um nach ihnen zu schauen, sie zu beraten, aufzurichten und in Kontakt zur Kirche zu bringen. Alle waren unendlich dankbar für diese Besuche, um das Wissen, dass die Kirche sich um sie sorgt, dass eine Stelle da war, an die sie sich in aller Not wenden konnten. Die

Besuche gaben oft den Anstoß, Austritte aus der Kirche rückgängig zu machen, Ehen zu ordnen, Konversionen anzubahnen und in die Wege zu leiten. Jeden Monat hielten wir für alle eine Andacht bzw. eine hl. Messe in der Universitätskirche. Eine Gruppe größerer Mädchen, zumeist geltungsjüdische Mischlinge, erhielt jeden Donnerstag eine Glaubensstunde. Sie wurden bald die „Donnerstagskinder" genannt. Dazu kam regelmäßiger Konvertitenunterricht. Die Aufnahme in die Kirche gestalteten wir so festlich, wie es eben nur ging. Manchem unserer Konvertiten erteilte der Kardinal die Firmung.

Aus dem Gedanken heraus, dass unsere Schützlinge früher oder später ganz auf sich allein angewiesen und ohne jeden priesterlichen Beistand leben und sterben müssten, riefen wir in der Zeit der Evakuierungen allwöchentlich einen Kreis geeigneter Persönlichkeiten zusammen, um sie auf die bevorstehende Situation vorzubereiten. Einigen gaben wir im Einverständnis mit dem Kardinal das Allerheiligste mit, besonders für Kranke und Sterbende.

Wir wissen aus der Korrespondenz mit den Deportierten und aus den Berichten der wenigen, die nach dem Krieg heimkehrten, dass unsere Mitarbeiter im Lager Theresienstadt Andachten und Gottesdienste organisierten und gestalteten, Vorträge hielten, sich der religiösen Betreuung von Kindern, Kranken und Sterbenden annahmen und die verstorbenen Glaubensbrüder zu Grabe trugen.

Wieso wurde die Hilfsstelle von der Gestapo geduldet?

Wir haben seit Ende 1940 in aller Öffentlichkeit gearbeitet. Wir waren uns bewusst, dass dies ein gefährliches Unternehmen war und rechneten mit Überwachung, Bespitzelung und entsprechenden Maßnahmen. Die Gestapo wusste selbstverständlich um unsere Arbeit, stand doch unsere Adresse sogar im öffentlichen Telefonbuch.

1941 wurde die „Schwedische Mission" verboten. Ihre Mitarbeiter mussten nach Schweden zurückkehren. Die Tätigkeit der Society of Friends erlosch im Wesentlichen mit dem Eintritt Amerikas in den

Krieg. Die ihr noch verbliebene Arbeit, welche die Quäker übernahmen, wurde schließlich von der Gestapo verboten. Frau Malla Granat/Horn, die nach Auflösung der Schwedischen Mission mit einem kleinen Helferkreis die evangelischen und konfessionslosen Juden betreute, wurde 1944 ausgewiesen.

Ich persönlich wurde öfter vor einer drohenden Verhaftung gewarnt. Man riet mir, Wien zu verlassen. Ich blieb. Weder der Hilfsstelle noch mir geschah etwas. Warum? Vielleicht, weil es sich um eine rein kirchliche Stelle handelte, die unmittelbar dem Kardinal unterstand. Vielleicht - weil der Herr seine Hand über uns hielt.

Was wäre noch zu berichten?

Von einzelnen Fällen möchte ich nicht sprechen. Dies würde zu weit führen. Zutiefst erschüttert war ich jedoch von der Haltung und Tapferkeit so vieler in ihrem Leid, noch mehr vom Heroismus vieler Mitarbeiterinnen, denen in ihrer schweren, aufreibenden Arbeit nichts zu viel war, die bis zuletzt andere vor der Evakuierung aufrichteten und trösteten - und als sie selbst den schweren Weg der Deportation gehen mussten, auch im Lager und wohl auch im Sterben anderen Halt und Stütze waren.

Die Erzbischöfliche Hilfsstelle war in den Jahren 1940 bis 1945 ein Zentrum caritativer Arbeit und hat auf einem der schwierigsten Gebiete kirchlicher Liebestätigkeit in gefahrvoller Zeit eine historisch denkwürdige Arbeit geleistet. Viel hat sie versucht und gewagt. Alles in allem genommen war es bitter wenig, ein Tropfen auf einen heißen Stein. Was aber geschah, war nur möglich durch die enge Gemeinschaft, die alle Mitarbeiter der Hilfsstelle verband, nicht zu vergessen durch die großzügige und mutige Unterstützung so vieler Laien, Pfarrer, Klöster und durch die gute Zusammenarbeit mit allen evangelischen und jüdischen Stellen.

Letztlich gebühren Verdienst und Dank Kardinal Innitzer, der auch hier seinem Wahlspruch treu blieb „In caritate servire". Er war wohl der einzige Bischof im gesamtdeutschen Raum, der in seinem Palais eine Hilfsstelle für rassisch Verfolgte einrichtete. Von Ende 1940 bis Ende des Krieges blieb sie im 2. Hof des erzbischöflichen Palais trotz des großen Parteienverkehrs, den sie mit sich brachte. Sie blieb auch in seinem Haus, als die Juden den gelben Stern tragen mussten.

Der Kardinal nahm an der Arbeit seiner Hilfsstelle persönlich starken Anteil, ließ sich ständig berichten, stellte zum größten Teil die erforderlichen Mittel zur Verfügung. Keine Summe war ihm zu hoch, oft genug half er mit Lebensmittelmarken aus. Er versuchte wiederholt, die Deportationen zu verhindern und eine großzügige Auswanderung zu erreichen. Als die Juden den Stern tragen mussten, ließ er von allen Kanzeln verkünden, dass „alle katholisch getauften Christen, auch die nichtarischen Christen, nach wie vor am religiös-kirchlichen Leben teilnehmen können". Alle rassisch Verfolgten hatten jederzeit beim Kardinal Zutritt. Jeden nahm er mit wahrhaft väterlicher Liebe auf. Niemand ging ungetröstet von ihm. Gestärkt durch sein Wort und seine Güte gingen viele mit seinem Segen in die Fremde, in ein dunkles Schicksal, in den sicheren Tod.

Der größte Trost und ein Lichtblick in der verzweifelten Lage seiner hart geprüften Gläubigen war für den Kardinal das Wissen um die große Anteilnahme und die unablässigen Bemühungen um wirksame Hilfe von Papst Pius XII.

P. Ludger Born SJ

Zur Lage der nichtmosaischen Juden in Wien

Nach dem Umbruch im März 1938 fanden in Österreich die Nürnberger Rasse-Gesetze dieselbe Anwendung wie in Deutschland. Von ihnen wurden nicht nur die Angehörigen der Israelitischen Kultusgemeinde betroffen, also die „Bekenntnis"-Juden, sondern auch all jene, die selbst einmal dem Glaubensjudentum angehörten oder deren Vorfahren Glaubensjuden waren (Rasse-Juden).

Nach der Statistik des Jahres 1934 betrug die Zahl der Glaubensjuden in Wien 176.034 bei einem Gesamtbevölkerungsstand von 1.874.130. „Rasse"-Juden tauchen in der Bevölkerungszahl bis zum Jahr 1938 begreiflicherweise nicht auf.

Die Kultusgemeinde war die von den Behörden eingesetzte alleinige Vertreterin aller Juden, sowohl der Glaubensjuden wie der Nicht-Glaubensjuden. Weil die Interessen der Nicht-Glaubensjuden von der Kultusgemeinde nicht entsprechend vertreten wurden, bildete sich in Wien die sogenannte „Auswanderungshilfsaktion", die Ende 1942 aufgelöst wurde, als die großen Deportationen, denen ein Großteil der eigenen Funktionäre zum Opfer fiel, zum Stillstand gekommen waren.

Für die in Wien nach den Evakuierungen verbliebenen Glaubens- und Rassejuden übernahm Ende 1942 der Ältestenrat, dessen Vorstand sich nach wie vor aus Mitgliedern der IKG zusammensetzte, die offizielle Vertretung. Obwohl die Nicht-Glaubensjuden den überwiegenden Teil der in Wien zurückgebliebenen Juden darstellten, wurden sie ausschließlich von Glaubensjuden vertreten, die als Funktionäre der Kultusgemeinde sich so durch die Gestapo vor der Deportation sichern konnten. Trotz mehrfacher Interventionen konnte eine Berücksichtigung einer Vertretung von Nicht-Glaubensjuden im Rahmen des Ältestenrates nicht erzielt werden.

Laut offizieller Statistik vom 31. Dezember 1941 waren von den 7.917 Nicht-Glaubensjuden sog. Nicht-Privilegierte, also Sternträger und Inhaber von jüdischen Lebensmittelkarten, ohne Kleiderkarte:

ledig, geschieden, verwitwet	2.818
verheiratet mit Juden	998
verheiratet mit Ariern	736
	4.552

Privilegierte, d.h. keine Sternträger und Inhaber von arischen Lebensmittelkarten und Kleiderkarten waren:

geschieden und verwitwet	697
verheiratet mit Ariern	2.668
	3.365

Nach Abschluss der Evakuierungen und Auflösung der Auswanderungshilfsorganisation betrug die Zahl der Nicht-Glaubensjuden errechnet aus den Deportationslisten:

römisch-katholisch	2.827
evangelisch	927
alt-katholisch	135
andere Konfessionen	23
konfessionslos	1.742
	5.654

Die Lage der Nicht-Glaubensjuden in den Jahren 1938-1945 unterschied sich in keiner Weise, soweit es sich um Nicht-Privilegierte handelte, von der Lage der mosaischen Juden. Sie war umso schwieriger, als ihre Interessen nur von Glaubensjuden wahrgenommen wurden, die sich in erster Linie für ihre Glaubensgenossen eingesetzt und bemüht haben. In vielen Fällen kam sogar ihre Abneigung den „Abtrünnigen" gegenüber klar zum Ausdruck.

Mit der Befreiung Wiens im April 1945 hörte der Ältestenrat auf zu existieren. Die Liquidierung des Ältestenrates hat nicht stattgefunden. Das 1942 vom Ältestenrat übernommene Vermögen und Inventar der „Auswanderungshilfsorganisation" verblieb bei der Kultusgemeinde. Die Kultusgemeinde betrachtet sich heute ausschließlich als Glaubensgemeinschaft und nimmt sich als solche nur der Glaubensjuden an...

Durch Aufhören der Nürnberger Rassegesetze haben die Nicht-Glaubensjuden aufgehört, als Juden zu gelten und sich als solche zu betrachten. Ihre unzureichende bzw. ungleiche Behandlung, die sie im Verhältnis zu den im gleichen Ausmaß geschädigten Glaubensjuden von Seiten der jüdischen Glaubensgemeinschaften bzw. Hilfsorganisationen erfuhren, hat die Organisation der Caritas der Erzdiözese Wien, des Evangelischen Oberkirchenrates und der Quäker veranlasst, neuerlich einen Arbeitsausschuss zu bilden, zu dem auch Vertreter der ehemaligen Gildemeester-Organisation eingeladen wurden. Der Ausschuss hat es sich zur Aufgabe gesetzt, die Interessen der Gruppen der nichtmosaischen Juden in jeder Weise zu vertreten. Die Tätigkeit dieses Ausschusses ist zeitlich begrenzt. Sie erlischt in dem Augenblick, wo es gelungen sein wird, der dringendsten Not der Schützlinge, die durch die besonderen Schicksalsschläge der letzten Jahre bedingt ist, abzuhelfen. So wie die Kultusgemeinde als reine Glaubensgemeinschaft nur Bekenntnisjuden kennt, so kennen die christlichen Gemeinschaften nur Christen, d.h. Angehörige des christlichen Bekenntnisses, unabhängig von Rasse und Nationalität. Es liegt nicht im Sinn des christlichen Bekenntnisses, innerhalb der Gemeinschaft eine judenchristliche Gruppe zu pflegen. Sie betrachtet bei ihrer Fürsorge die ihr Anvertrauten nicht als die Gebrandmarkten der Nürnberger Rassegesetze, sondern sieht in ihnen lediglich eine Gruppe von Menschen, die wegen außergewöhnlicher Notlage besonderer Hilfe bedürfen.

Das Aufgabengebiet des Arbeitsausschusses umfasst:

- Lebensmittelbeihilfen,
- Kinderlandaktionen,
- Vermittlung von Studienmöglichkeiten und Stipendien,
- Berufsberatung,
- Wiedergutmachung (Wohnung, Realbesitz, Vermögen, Beruf),
- Auswanderung,
- Rückwanderung.

Zur Durchführung dieses Programms werden vom Ausschuss außer den konfessionellen Organisationen auch die übrigen Hilfsorganisationen des In- und Auslandes herangezogen.

Wien, den 18. Februar 1946   *P. Ludger Born SJ*

(Der Text wurde nur insofern gekürzt, als aus dem „Tätigkeitsbericht" wörtlich übernommene Passagen gestrichen wurden.)

Die Erzbischöfliche Hilfsstelle für nichtarische Katholiken

Am 1. Dezember 1940 begann die „Erzbischöfliche Hilfsstelle für nichtarische Katholiken" ihre Tätigkeit. Vor ihr hatte die Hilfsaktion P. Bichlmairs auf Weisung Kardinal Innitzers vom Frühjahr 1938 bis Juni 1940 insgeheim an der Universitätskirche für die verfolgten Juden gearbeitet. Von Juni bis Dezember 1940 arbeitete die erzbischöfliche Diözesanstelle für nichtarische Katholiken in den Räumen der Auswanderunshilfsorganisation (AHO) in der Habsburgergasse. Die neugegründete Hilfsstelle zog sofort in das erzbischöfliche Palais und blieb dort bis zum Ende der Judenverfolgung. Es war offenbar die beste Lösung, die Hilfsstelle gerade dort unterzubringen. Hierdurch wurde der offizielle Charakter dieser Organisation deutlich betont. Der Kardinal hatte sie aus seiner Verantwortung als Oberhirte geschaffen und nannte sie „Meine Hilfsstelle" (1). Im Palais des Kardinals war aller menschlichen Voraussicht nach ein Zugriff der Gestapo am wenigsten zu befürchten.

Als der Berliner Dompropst Bernhard Lichtenberg 1941 verhaftet wurde, erklärte Bischof Graf Preysing im Kreis seiner Mitarbeiter: „Ich riskiere jetzt keinen Domherrn mehr, sondern übernehme die Leitung des (Berliner) Hilfswerkes persönlich. Nun soll man, wenn man weiter verhaften will, mich verhaften" (2). Die zentrale Lage der Hilfsstelle in der Innenstadt machte sie für alle Hilfesuchenden leicht zugänglich. Da dort starker Parteienverkehr herrschte und viele Besucher zum Kardinal, zum Ordinariat, zum Archiv oder zum Museum kamen, konnten die rassisch Verfolgten unauffällig ein- und ausgehen. Jedenfalls galt dies bis zur Polizeiverordnung über das Tragen des Judensterns in der Öffentlichkeit. Mit einer einzigen Ausnahme übernahm die Hilfsstelle alle früheren Mitarbeiter von P. Bichlmair (3) . Sie brachten aus dieser Tätigkeit und der Arbeit mit der Gräfin Emanuela Kielmansegg die nötige Erfahrung und das erforderliche Fingerspitzengefühl mit. Neu hinzu kam M. Tintara von den Englischen Fräulein, die zunächst die Leitung der Fürsorge übernahm.

Die Hilfsstelle übernahm die Kartei und Akten der Auswanderungs-beratungsstelle (4).

Die Hilfsstelle war aus christlicher Verantwortung und Nächstenliebe entstanden, um der grenzenlosen Not der vom Nationalsozialismus verfolgten Juden zu begegnen und überall da zu helfen, wo es irgendwie möglich war. Grundsätzlich war sie für alle rassisch Verfolgten da, ganz gleich, welchem Bekenntnis diese angehörten. Jedoch stets wandten sich die Glaubensjuden, d.h. die Juden mosaischen Bekenntnisses, an die Israelitische Kultusgemeinde (IKG) und deren Einrichtungen, während sich die nichtmosaischen Juden an die Fürsorgeaktion für christliche Nichtarier wandten, die von der „Auswanderungs-Hilfaktion für nichtmosaische Juden in der Ostmark" (Gildemeester) unterhalten wurde.

Nichtarier evangelischer Konfession wandten sich an die „Schwedische Mission" (5), konfessionslose Nichtarier an die Society of Friends (Quäker) (6) . So wurde die Hilfsstelle fast ausschließlich von nichtarischen Katholiken in Anspruch genommen.

Das blieb so bis zur Auflösung der Schwedischen Mission am 15. Juni 1941 und der Society of Friends mit dem Eintritt der USA in den Krieg am 11. Dezember 1941 (7). Nach einem Abkommen mit Malla Granat, geb. Horn, übernahm die Hilfsstelle alle ihre bisherigen Schützlinge, als ihr die Gestapo 1944 die Ausreise „nahelegte". Bisweilen baten auch Glaubensjuden die Hilfsstelle direkt um Hilfe (8).

Von 1938 bis 1940 hatte sich die Lage der Juden katastrophal verschlechtert. Ihre Not beschränkte sich nicht nur auf ein Gebiet, etwa Verarmung, Hunger, Obdachlosigkeit, Mangel an Kleidung, Krankheit, Arbeitslosigkeit oder die Unmöglichkeit, sich fortzubilden. Sie umfasste vielmehr alle Lebensbereiche. Ihre Situation war ausweglos, denn es ging um gezielte Maßnahmen gegen sie, die von Anfang an auf ihre völlige Vernichtung ausgerichtet waren. Die außergewöhnlichen politischen und militärischen Erfolge der Nazis steigerten noch deren Hybris und führten zu einer immer rücksichtsloseren Unterdrückung der Juden bis zur „Endlösung".

Den betroffenen Opfern, die völlig rat- und hilflos waren, stand die Hilfsstelle jederzeit zur Verfügung. Die Nichtarier konnten sich jederzeit schriftlich oder auch persönlich an sie wenden. Die Möglichkeit eines persönlichen Kontaktes war der große Vorteil der neuen Hilfsstelle gegenüber den Anfängen der Arbeit unter P. Bichlmair. Zu seiner Zeit konnten die Schützlinge ihr Anliegen nur schriftlich oder über eine Mitarbeiterin vorbringen. Die Briefe wurden an der Universitätskirche abgegeben. Dort holten sich die „Klienten" auch die Antwort ab, die in verschlossenen Briefen hinterlegt wurde, falls die Schützlinge nicht von einer Mitarbeiterin aufgesucht wurden.

Die Hilfsstelle war sogar telefonisch zu erreichen, ein für damalige Verhältnisse außerordentliches Phänomen. Der Anschluss war im amtlichen Telefonbuch eingetragen unter: Erzbischöfliche Hilfsstelle für katholische Nichtarier, I Rotenturmstraße 1, Tel. R21162 B (9).

Das Telefon hat unschätzbare Dienste geleistet. In dringenden Fällen wie Krankheit, Beschlagnahmung von Wohnungen oder bei Aussonderungen zur Deportation konnte die Hilfsstelle schnell verständigt werden und, so weit möglich, etwas unternehmen.

Beratungsstelle

Bei der Fülle von Maßnahmen und Verordnungen gegen die Juden, die sich oft überstürzten und Schlag auf Schlag erfolgten, ja, sich von einem Tag zum anderen änderten, kamen viele zur Hilfsstelle, um sich über den neuesten Stand informieren zu lassen. Über Möglichkeiten zur Auswanderung, über Transporte in den Osten, über das Ziel dieser Transporte, die Möglichkeit, mit den verschickten Angehörigen in Verbindung zu treten, über die geplanten Aktionen gegen Mischlinge und Mischehen (10) .

Viele kamen zur Hilfsstelle, um sich persönlich in ihren vielerlei Schwierigkeiten beraten und helfen zu lassen. Um dem Leser eine gewisse Vorstellung zu vermitteln, in welch auswegloser Not sich die Schützlinge befanden, seien einige der Fragen, um die es damals ging, angeführt. Gerade der Bürger eines Rechtsstaates kann sich wohl kaum vorstellen, wie rechtlos und deshalb auch hilflos die rassisch Verfolgten damals waren (11).

So erbaten die Schützlinge Rat, wie sie sich bei behördlichen Mitteilungen und Vorladungen verhalten sollten. Es ging um Rechtsfragen in Wohnungs-, Schul- und Erziehungsangelegenheiten, die Vermittlung von Arbeit und Wohnung, ärztlicher und zahnärztlicher Behandlung (arische Ärzte durften ja keine Juden behandeln), Hilfe in Krankheit und bei Sterbefällen. Wo etwa konnte ein „Nichtarier" bestattet werden? Es ging um den Versuch, gegebenenfalls Aufnahme in ein Kinder- oder Altersheim zu erhalten. Gab es die Möglichkeit, bei schwerer Krankheit Aufnahme in ein Krankenhaus zu finden? Hilfe wurde erbeten bei der Beschaffung von Dokumenten für den Arier- oder doch wenigstens Mischlingsnachweis und dann gegebenenfalls um die Anerkennung als Mischling, die vor dem Tod in der Gaskammer bewahren konnte.

Es wurde um Intervention bei der Aushebung und Zurückstellung von Transporten in den Osten gebeten. Vielleicht gelang es so, dem nahezu sicheren Tod zu entgehen oder ihn doch noch hinauszuzögern. Medikamente oder Brillen wurden erbeten - alles Dinge, die einem „Juden" nicht zustanden.

Das Vertrauen in die Hilfsstelle war grenzenlos, auch wo es sich um Beratung und Hilfe zur Flucht oder um Unterbringung und Unterstützung von „U-Booten" (12) handelte. Viele suchten auch in ihrer großen Not und Verlassenheit nur menschliche Nähe und Gelegenheit zu einem persönlichen Gespräch, ein Wort des Trostes, ein mitfühlendes Herz. Sie wussten genau, dass in sehr vielen Fällen keine Hilfe möglich war - von niemandem. Je länger die Verfolgung dauerte, desto mehr Schützlinge kamen zum seelsorglichen Gespräch, etwa um eine Ehe in Ordnung zu bringen oder zu konvertieren.

Fürsorge, materielle Hilfe

Die finanziellen Bedürfnisse der rassisch Verfolgten waren groß und stiegen von Jahr zu Jahr. Viele Verordnungen und Maßnahmen der damaligen Machthaber führten zu zunehmender Verarmung. Juden verloren Wohnungen und Wohnungseinrichtungen, Betriebe und Geschäfte, ihre bisherige Stellung, wohlerworbene Versorgungsansprüche aus Renten und Pensionen. Die Ersparnisse zumal älterer Mischehepaare schrumpften mehr und mehr zusammen.

Es gab keine Möglichkeit, Geld zu verdienen. Wer im Arbeitseinsatz stand, konnte mit 6 - 12 RM „Lohn" pro Woche für 50 - 60 Stunden Heimarbeit oder 12 - 18 RM als Hilfsarbeiterin oder 18 - 22 RM als Hilfsarbeiter nicht auskommen. Diese lächerlichen Beträge reichten weder zur Bestreitung des Lebensunterhaltes noch der Miete. Auch eine Reihe anerkannter Mischlinge, die von keiner anderen Seite Unterstützung fand, brauchte Hilfe. Alle brauchten Geld und immer wieder Geld.

So wurde die finanzielle Lage immer dringlicher. Deshalb nahm die finanzielle Unterstützung durch die erzbischöfliche Hilfsstelle von Anfang an, ja schon unter der Vorläuferin P. Bichlmairs in den Jahren 1938-40 noch über Kriegsende hinaus immer einen breiten Raum ein. Bei den Akten der Hilfsstelle befindet sich eine alphabetische Liste derjenigen, die regelmäßig oder doch von Zeit zu Zeit unterstützt wurden. Sie enthält 413 Namen (13).

An regelmäßiger finanzieller Hilfe wurde insgesamt 205.424,34 RM ausgegeben (14). Zu den regelmäßigen Unterstützungen kommen in einer ganzen Reihe von Fällen einmalige außerordentliche Beihilfen. Da der Gesundheitszustand der Schützlinge meist sehr schlecht war, brauchten viele Verfolgte ärztliche Behandlung und Betreuung. Sie erfolgte zum Teil auf Kosten der Hilfsstelle. Diese kam auch für Zuschüsse bei Zahnbehandlung und für Medikamente auf. Ferner wurden Beihilfen für Ausspeisung, Übersiedlung, Ferienaufenthalte für Kinder, Wöchnerinnen und Krankenhauskosten erforderlich (15). Zahlreiche Spenden befähigten die Hilfsstelle, Menschen, die seit Jahren keine Kleiderkarte hatten, Wäsche, Kleider, Schuhe, Strümpfe, Bettwäsche und Bettzeug zu besorgen.

Je länger der Krieg dauerte, umso knapper wurden Lebensmittel. Der Hunger nahm immer mehr zu. Juden erhielten besondere Lebensmittelmarken. Sie waren ernährungsmäßig wesentlich schlechter gestellt als die übrige Bevölkerung. Sie erhielten u.a. keine Vollmilch (selbst für Kleinkinder nicht), kein Obst, nur minderwertiges Gemüse, kein Wild und Geflügel, weder Fisch- noch Räucherwaren, keine Sonderzuteilungen an Kaffee, Süßwaren, Alkohol usw.

Die Einkaufszeit wurde auf bestimmte Stunden beschränkt, was Lebensmitteleinkäufe sehr erschwerte. So verlagerte sich das Schwergewicht der Betreuung in den Jahren 1944/45 auf Lebensmittelbeihilfen. Außer mit Geld wurden über 200 Einzelne mit kleinen Mengen an Brot und Kartoffeln versorgt. An Ostern 1944 erhielten die Kinder 100 große Biskuithasen, was großen Jubel unter ihnen auslöste. Die Schwestern vom Guten Hirten sorgten für diese liebevolle Überraschung. Ostern 1945, als ein Laib Brot bereits eine große Kostbarkeit war, wurden Alte, Kranke und Kinder bedacht. So konnten sie sich wenigstens einmal wieder „an Brot satt essen."

Sorge für Kinder und Jugendliche

Die Judenverfolgung traf nicht nur die Erwachsenen schwer, noch härter wurden die Kinder betroffen. Sie lebten in ihren Familien in einer Atmosphäre ständiger Aufregung, Sorge, Angst und Verzweiflung (16). Sie standen wie die Erwachsenen unter der Drohung, in ein KZ oder nach Polen verschickt zu werden. Bereits im Alter von 6 (sechs!) Jahren mussten sie den Judenstern tragen. Für sie gab es keine Kinderbeihilfen. Ihre Ernährung war schlechter als die jedes anderen Kindes. Für sie galten die gleichen Einschränkungen wie für Erwachsene. Ihnen war das Betreten von Parks und Grünanlagen verboten, sie durften sich nicht auf Bänke setzen. Zunächst wurde ihnen der Besuch deutscher Schulen verboten, später jeglicher Schulbesuch (17). Wegen des Arbeitseinsatzes der Erwachsenen konnten die Kinder zu Hause nur mangelhaft beaufsichtigt werden.

Oft blieben sie den halben, wenn nicht sogar den ganzen Tag in der Wohnung allein oder trieben sich auf der Straße herum. Die Gefahr der körperlichen, geistigen und sittlichen Verwahrlosung war groß. Als besondere Härte für viele Kinder aus sog. Mischehen wirkte sich aus, dass die Nürnberger Gesetze, die am 15.9.35 verkündet wurden, in Österreich uneingeschränkt zur Geltung kamen. Auch für sie galt der Stichtag 16.9.1935. Wer an diesem Tag der jüdischen Religionsgemeinschaft angehört hatte, zwei jüdische Großeltern hatte und Staatsangehöriger war, war sogenannter „Geltungsjude".

Diese Verfügung stellte deshalb eine besondere Härte dar, weil viele Eltern nach dem bis 1938 geltenden österreichischen Recht ihre Kinder zwischen dem 6. und 14. Lebensjahr nicht aus der jüdischen

Religionsgemeinschaft abmelden konnten. Die Angehörigen der Hilfsstelle taten alles, was in ihren Kräften stand. Sie vermittelten alleinstehende Kinder in Heime oder Pflegestellen, manchen Kindern Privatunterricht. Die Helferinnen gingen Verwahrlosten nach und versuchten, positiven Einfluss auf die Verhältnisse zu nehmen. Besonders lag ihnen am Herzen, eine Schule und einen Hort bzw. einen Kindergarten zu schaffen.

Schulwesen

Ein Erlass des Reichserziehungsministers vom 15.11.1938 schloss jüdische Kinder vom Besuch deutscher Schulen aus. Man hatte hierfür eine infame „Begründung": Es könne der deutschen Schuljugend nicht zugemutet werden, zusammen mit jüdischen Kindern in einer Klasse zu sitzen. Juden durften nur jüdische Schulen besuchen. Zum Besuch dieser Schulen waren sie nach Maßgabe der allgemeinen Vorschriften über die Schulpflicht gehalten. Später wurden auch die jüdischen Schulen geschlossen, selbst Privatunterricht für jüdische Kinder wurde verboten. Die Schule der Hilfsstelle in der Grüngasse wurde am 15.8.1942 auf Anordnung von Berlin geschlossen. Laut Verfügung des Reichssicherheitshauptamtes (RSHA) Berlin vom Juli 1942 im Einvernehmen mit dem Ministerium für Wissenschaft, Erziehung und Volksbildung wurden alle jüdischen Schulen geschlossen.Nach Auflösung der öffentlichen jüdischen Schule in der Sperlgasse unternahm die glaubensjüdische Seite keinen Versuch mehr, eine private jüdische Schule zu gründen.

In Deutschland waren alle Juden in der „Reichsvereinigung der Juden in Deutschland" mit dem Sitz in Berlin zusammengefasst. Diese war ein rechtsfähiger Verein, dessen Ziel es war, die Auswanderung zu fördern. Die „Reichsvereinigung" war außerdem Träger des jüdischen Schulwesens und der freien jüdischen Wohlfahrtspflege. Die von der Vereinigung unterhaltenen Schulen waren Privatschulen. In der sogenannten Ostmark (also Österreich) kamen diese Aufgaben der Israelitischen Kultusgemeinde (IKG) zu. Nach Schließung der öffentlichen Volks- und Hauptschule für jüdische Kinder am 30.11.1940 gelang es der Auswanderungshilfsorganisation, die Genehmigung für eine private Volks- und Hauptschule für christliche und konfessionslose nichtarische Kinder zu erhalten (18).

Die Gemeinde Wien stellte im 5. Bezirk, Grüngasse 14, Schulräume zur Verfügung. Die Mittel zur Führung der Schule wurden größtenteils von der Erzbischöflichen Hilfsstelle, der Schwedischen Mission, der „Gesellschaft der Freunde" (Quäker) und der Auswanderungshilfsorganisation aufgebracht, der Rest durch Schulgeld. Der Schulausschuss, dem je ein Vertreter der genannten Organisationen angehörte, wählte unter dem Vorsitz von Prälat Dr. Wagner das Lehrpersonal aus, bewilligte den Haushaltsplan und bestimmte den Anteil der Leistungen der einzelnen Organisationen nach dem Anteil der Kinder. Die Schule begann ihre Tätigkeit am 16.12.1940. Sie hatte bis zu 300 Schüler.

Ein großer Teil der Lehrer waren Mittelschulprofessoren. - Diese Schule wurde am 15.8.1942 auf Befehl aus Berlin aufgelöst, wie alle jüdischen Schulen. Die Aufwendungen der Hilfsstelle im Lauf des knapp zweijährigen Bestehens der Schule betrugen etwa RM 15.000 (19). Während dieser Zeit verlor die Schule zahlreiche Kinder und Lehrer, die ins KZ kamen oder nach Polen deportiert wurden. In den Monaten, da die Kinder in eine richtige Schule gehen konnten und während dreier Jahre behelfsmäßigen Unterrichtes wurden sie nicht nur erfolgreich erzogen, sondern hatten sogar den Vorteil, nach altem österreichischen Lehrplan unterrichtet zu werden, da es keine Beeinflussung seitens der Nazis gab. Da Lehrer und Erzieher ihr Bestes gaben und vielfach Mittelschulprofessoren waren, lag das Niveau weit über dem einer damaligen öffentlichen Schule. Dies kam den Schülern, soweit sie überlebten, im späteren Leben zugute. Es war eine Ironie des Schicksals, dass es ausgerechnet in dieser Schule obligatorischen Religionsunterricht gab.

In Kaplan Josef Witt von der benachbarten St. Josefs-Pfarrei besaß die Schule einen Katecheten von großem Format. Unter Missachtung jeder Gefahr hatte er den Mut, in der noch nicht ganz durch den Naziungeist verseuchten Umgebung für die Kinder der Grüngasse zu werben. So konnte er den Kindern manch gute Bissen und manches sonstige Geschenk, das damals besonders kostbar war, heimlich zustecken. Er hatte immer etwas für sie.

Alle Kinder, auch die wenigen, die evangelisch waren, nahmen an seinem Religionsunterricht teil. Einige Eltern baten Dr. Bondy, auch ihre jüdischen Kinder in die Schule aufzunehmen. Neben ihm gehörten noch zum Lehrkörper: Gerson, Bamberger, Wurzel (20) .

Der Kinderhort

Im Lauf des Jahres 1941 gelang es, einen Kinderhort für alle Kinder, die außerhalb der Schule ohne Aufsicht waren, einzurichten. Die Auswanderungshilfsorganisation stellte in der Wollzeile 7 zunächst einen Raum zur Verfügung, später einen weiteren. Die Hilfsstelle kam für alle Unkosten auf. Die Zahl der Kinder stieg von ca. 45 bis auf 50. Sie schwankte, weil immer wieder Kinder mit ihren Eltern ins Lager mussten, um von dort in den Osten deportiert zu werden.

Die Leitung des Kindergartens übernahm Edith v. Fössl, die sich ihrer Aufgabe mit großer Liebe und Hingabe widmete. Ihr standen zwei jugendliche Helferinnen zur Seite. Die Kinder kamen nach Beendigung des Schulunterrichts in den Hort. Dort erhielten sie eine unentgeltliche Mahlzeit und ihre Schularbeiten wurden überwacht. Um ihren Eifer zu wecken, veranstaltete die Leiterin bisweilen Wettbewerbe, vor allem im Rechnen.

Für drei richtige Antworten gab es Preise. Nach den Schularbeiten wurde gespielt oder gebastelt. Geschickte Kinderhände zauberten mit der Laubsäge viele schöne Dinge: zu Weihnachten geschnitzte und bemalte Christbäume und Krippen, zu Ostern Kreuze und Ostereier.

Sie waren fieberhaft bei der Arbeit und vergaßen hierüber für einige Stunden die Außenwelt. Doch schon im Kinderhort wechselten Freud und Leid miteinander ab. Eines der Kinder empfing mit der Leiterin zusammen in St. Stephan die hl. Firmung. Nicht lange danach wurde das Kind aus dem Hort geholt und mit seinen Angehörigen ins KZ gebracht. „Wie gut, Tante Edith", sagte die Kleine, „dass ich noch die Firmung erhalten habe." Solche Vorgänge wiederholten sich öfter. Das Gebet der Zurückgebliebenen begleitete Kinder und deren Eltern auf ihrem schweren Weg. SA-Männer kamen zu Razzien in die Wollzeile, kontrollierten alles, verhörten die Leiterin des Hortes, überprüften ihre Arbeitsbewilligung usw.

Freudig war das Lebewohl, wenn Kinder den Hort verließen, um mit ihren Eltern auszuwandern. Oft gelang es durch die Güte und Opferbereitschaft vieler Menschen, den Kindern an Festtagen mit einer Bescherung Freude zu bereiten. Wie strahlten die Augen der Kinder, wenn sie die guten Sachen sahen, die ihnen sonst vorenthalten waren. Oft fand „Tante Edith" auf dem Tisch ihres Zimmers im Schwesternheim, wo sie wohnte, Lebensmittel für ihre Hortkinder, die sich die Insassen des Altersheimes und die Ordensschwestern, die es leiteten, vom Munde abgespart hatten. Sie verstaute diese in ihre Aktentasche und teilte sie im Hort aus. Die stets hungrigen Kinder stürzten sich auf die guten Sachen. Am Geburtstag der Leiterin 1942 - es sollte ihr letzter in Österreich sein - überraschten die Kinder sie mit wundervollen Blumen. Alle gaben ihre ersparten Groschen dafür.

Im Kinderhort wurden auch Taufe und Firmung von Kindern vorbereitet und gefeiert. Für alle Kinder, deren Eltern im Arbeitseinsatz standen, und die sich außerhalb der Schule ohne Aufsicht befanden, war der Kinderhort eine segensreiche Einrichtung. Als nach den letzten großen Transporten in den Osten die Auswanderungshilfsorganisation für nichtmosaische Juden in der Ostmark aufgelöst wurde, schlug im Oktober 1942 auch die Stunde der Auflosung des Kinderhortes in der Wollzeile.

Im November 1942 richtete der „Ältestenrat der Juden in Wien" in der Mohapelgasse 3 (jetzt Tempelgasse) im 2. Bezirk ein Heim für jüdische Kinder ein. Diesem Heim wurde der Hort der Hilfsstelle als Kindertagesheimstätte einverleibt. Die Leitung übernahm Dr. Bondy. Ihm standen Robert Nagel und Fritz Taussig für den Hort und Frl. Ditta Löw für den Kindergarten zur Seite. „Das Bedürfnis nach einem nach christlichen Grundsätzen und pädagogisch richtig geführten Tagesheim für Kinder, denen die Eltern entweder ganz fehlten oder deren Eltern aus verschiedenen Gründen als Erzieher nicht in Frage kamen, war schon während der Bestandszeit der Schule in der Grüngasse gegeben, wurde aber von größter Wichtigkeit nach der Auflösung der Schule, wollte man die Kinder vor arger Verwahrlosung bewahren (Bondy)."

Die Hilfsstelle pflegte engen Kontakt mit dieser Kinder-Tagesheimstätte und trug die Kosten für den gesamten Unterhalt. Insgesamt wurden 9.940 RM (21) ausgegeben.

Die Hilfsstelle sorgte auch für die Einrichtung von Seelsorgestunden in der zuständigen Pfarrei St. Nepomuk durch Kaplan Dr. Richard Kremser. An Oktober 1943 wurden diese nach Rücksprache mit dem Ältestenrat der Juden (22) aus praktischen Gründen in das Kinderheim in der Hobelgasse verlegt. Dort trug die Hilfsstelle auch zur Bescherung und zur Weihnachtsfeier bei.

Ein besonders harter Schlag war die fast gänzliche Zerstörung des Kinderspitals und die starke Beschädigung des anschließenden Kinderheims im Oktober 1943. Glücklicherweise kam bei diesem Luftangriff niemand ums Leben. Das Kinderspital wurde behelfsmäßig im Kinderheim untergebracht.

Wer dort einen Luftangriff erlebte, kann nicht genug die heroische Haltung aller verantwortlichen Leiter und Helfer rühmen, insbesondere von Dr. Bondy, den beiden Ärztinnen Dr. Reiter und Dr. Weisz und den Schwestern. Sie standen in ständigem Dienst und dauernder Bereitschaft. Während der Luftangriffe wurden sie in den unzulänglichen Kellerräumen wiederholt durch den Luftdruck detonierender Bomben zu Boden geschleudert. Aber inmitten der Feuerbrände, ohne genügend Wasser und Licht mit höchst unzulänglichen Heiz-, Koch- und sanitären Möglichkeiten sorgten sie in rührender Selbstverleugnung für die Kinder und behielten selbst noch deren kindliche Unterhaltungen und Zerstreuungen im Auge. So wurde trotz aller Schwierigkeiten und Behinderungen mit den Kindern selbst noch 1944 eine wohlgelungene Nikolausfeier veranstaltet und ein schönes Weihnachtsfest verlebt.

Mehrere Klöster, besonders die Schwestern vom Guten Hirten in Theresienfeld, Wr. Neudorf, schenkten reichlich Backwerk und Äpfel. Der Kardinal, großzügig wie immer, und die namhafte finanzielle Hilfe vieler Wiener Pfarreien trugen auch noch Weihnachten 1944 zur Bereicherung des Gabentisches von Kinderheim und Kinderspital bei.

Die Nähstube

Ein Herzensanliegen von Liselotte Fuchs war die Einrichtung einer Nähstube für die betreuten Menschen. Die Mehrzahl der Schützlinge hatte ja keine Kleiderkarte. Was sie am Leibe trugen, verschliss immer mehr. Mitte Mai 1941 kam es zur Einrichtung einer Nähstube in den Räumen der „Auswanderungshilfsorganisation für nichtmosaische Juden in der Ostmark" im 1. Stock der Wollzeile. Die meisten der zahlreich gespendeten Kleidungsstücke mussten geändert oder ausgebessert werden. Freiwillige Helfer, darunter auch junge Mädchen, kamen dort mindestens einmal in der Woche zusammen, gewöhnlich donnerstags von 14 bis 18 Uhr. Unter der Anleitung einer gelernten Schneiderin wurden die Kleidungsstücke hergerichtet. Sie lernte die jungen Mädchen an und gab ihnen Anregungen. Schwierige Arbeiten übernahm sie selbst.

Nur wenige derer, die in der Nähstube arbeiteten, haben das Grauen überlebt. Ende Oktober 1942 wurde auch die Nähstube aufgelöst, zusammen mit der Auswanderungshilfsorganisation.

Ein Auszug aus dem Tagebuch einer Helferin vermag vielleicht einen gewissen Eindruck der Atmosphäre der Nähstube zu vermitteln: „Das Warten hinter dem roten Vorhang (in der Hilfsstelle) ist friedlich und schön. Wie eine kleine Oase des Friedens empfinde ich diesen Ort, inmitten des Furchtbaren, das jetzt vorgeht. So viele arme verzweifelte Menschen können hierher um Hilfe kommen... Wegen der Notwendigkeit einer materiellen Hilfe war ich dann noch einmal bei ihr (Lotte Fuchs). „Könnte ich nicht für das Geld, das Sie mir geben, irgendetwas leisten, Frl. Fuchs?", fragte ich. „O ja, wir haben ja eine Nähstube. Können Sie nähen, Frl. G.?". „Nein, das kann ich leider gar nicht." „Ist das denn möglich? Eine Frau, die nicht nähen kann? Das ist doch eine Schande." Ich fange schon wieder an, verlegen zu stottern. „Ich meine... natürlich kann ich nähen, - halt so was alle können.--" „Na also", sagte sie und gab mir Ort und Zeit der Nähstube an. ...

Ich sitze in meiner Ecke neben dem Ofen und warte, ob Frl. Fuchs kommt. Die Näharbeit, die ich in der Hand habe, ist gemütlich und hat keine Eile. Neben mir knistert das Feuer, etwas Weihnachtliches liegt in der Luft, und draußen, ganz weit weg von uns, geht irgendetwas Grauenhaftes vor, das uns da drinnen gar nichts angeht. Wir arbeiten für Weihnachten. Das hat etwas Zauberhaftes. - Das Teewasser ist schon heiß, aber wir warten damit auf Frl. Fuchs, die gleich kommen muss. Sie muss jeden Moment hereinkommen, das erfüllt mich mit einer angenehmen Spannung. Wie hell, wie lebendig wird gleich alles, wenn sie eintritt. Was für ein wohltuender Kontrast ist ihr Äußeres, ihre Schönheit und Jugendfrische, ihr heiteres Wesen, gegen das, was wir alle angstvoll im Herzen tragen. Es ist wie ein Aufatmen unter uns, wenn sie erscheint."

Eines unserer Donnerstagskinder schrieb: Genau weiß ich es nicht mehr, war es einmal in der Woche oder zweimal, die Arbeit in der Nähstube. Sie war im ersten Bezirk, Wollzeile Nummer..., auch das weiß ich nicht mehr. Doch tut dies nichts zur Sache. Es war das „Gildemeesterhaus". Das war das Wichtigste. Ein Platz für einige

Beladene in dieser schweren Zeit. - Es war Krieg, und obwohl die ganze Menschheit zu bedauern war, so waren die Verfolgten die Ärmsten.

Im „Gildemeesterhaus" war die Nähstube untergebracht. Ein nicht zu großer Raum, ziemlich dunkel, immer mussten einige Lampen brennen, denn die Fenster gingen auf den Flur. Hier also wurde genäht. Die Schneiderinnen waren auch Verfolgte, teils Frauen, die durch „arische" Männer geschützt waren. Wie lange, das wusste kein Mensch. Alle waren sie aber Christen, die hier Liebesdienste taten.

Die Leitung hatte Fräulein Lotte Fuchs. Sie kam stets einige Zeit nach Beginn der Arbeit. Immer wenn es soweit war, blickte jeder zur Tür, ob sie denn noch nicht käme! Wenn sie dann endlich die Türe öffnete, da war es, als wehte eine Welle des Trostes über alle hin. Die Gesichter hoben sich von der Arbeit. Jeder wurde angesprochen, für jeden war ein liebes Wort bereit. Eine Wärme ging von ihr aus, ein Verstehen, welches uns alle beglückte. Sie war uns wohl von Gott gesandt, in dieser schweren Zeit.

Die Arbeit teilte uns Schwester Verena von der Caritas Socialis zu. Sie trug Zivil, denn eine Caritasschwester in Tracht hatte damals kein leichtes Leben. - Schwester Verena war immer guter Laune. Sie kam stets lachend, meistens mit Päckchen beladen, die neues Nähmaterial oder nahrhafte Köstlichkeiten wie Kekse oder Obst enthielten. Diese Herrlichkeiten verteilte sie zur Stärkung an die Näherinnen. Auch gab es immer Tee, diesen braute Schwester Verena in einem großen Topf. Dieser Tee war berühmt. Es war sozusagen der Mittelpunkt der Nähstube, denn es war in dieser Zeit eine große Kunst aus diversen Essenzen, die man bekam, einen guten Tee zu bereiten.

Auch einen Kindergarten gab es in diesem Haus. Es wimmelte nur so von Buben und Mädchen. In allen Größen. Sie lachten und spielten, was wussten sie vom Bösen in der Welt. Manche hatten keine Eltern mehr. Für die meisten gab es keine Zukunft, höchstens in den Tod.

Unter Schwester Verenas Anleitung und den geschickten Händen der Frauen entstanden die nettesten Kleidungsstücke. Alles aus alten gespendeten Sachen natürlich. Es war kaum zu glauben, was aus diesen hoffnungslos aussehenden alten Kleidern alles wurde: Blusen, Röcke, Kleider für Jung und Alt. Für Kinder: Schürzchen, winzige Höschen und vieles andere. Auch Tiere aus Stoff wurden „erzeugt." Sogar Hausschuhe für die Kleinen im Kindergarten sind den Näherinnen wunderbar gelungen. Manchmal bekam die Nähstube auch fast neue Sachen, die nur wenig zu ändern waren. Die schönste Arbeit war das Bügeln, und die noch schönere, die fix und fertige Arbeit zu liefern. Wir alle freuten uns über jedes gelungene Stück.

So sehr uns allen die Arbeit Freude machte, umso bitterer wurde sie jedes Mal, wenn wir in die Stube traten, denn es war die Zeit, wo man nie wusste, ob man den nächsten folgenden Tag noch sehen wird. So wurden wir immer weniger in der Nähstube. Wenn nach Beginn der Arbeit eine Maschine frei blieb, so wussten wir Bescheid. Es war wie ein stilles Gebet, das von einem zum andern ging. Wenn beim nächsten Mal noch alle da waren, atmeten wir auf. Jeder Tag, jede Stunde war ein Geschenk, in der man zusammen blieb. So wurden wir immer weniger. Zum Schluss blieben nur noch die „Geschützten" übrig. Auch vor dem Kindergarten wurde nicht halt gemacht. Eines Tages war auch dieser leer.

Etwas später musste das Haus geräumt werden, jede Tätigkeit darin wurde verboten. Es blieb aber die Hilfsstelle, dort ging die Arbeit weiter. Fräulein Lotte Fuchs blieb uns noch eine Weile, bis auch sie das Schicksal der anderen teilte.

Die Donnerstagskinder

Eine Gruppe von größeren Mädchen, etwa 10 bis 15, zumeist geltungsjüdische Mischlinge und Sternträger, wurde Ende 1941,

Anfang 1942 regelmäßig vom Leiter der Hilfsstelle betreut. Ein Teil von ihnen hatte bei P. Born konvertiert. Die jungen Menschen trafen sich wöchentlich jeweils donnerstags zu einem Arbeitskreis in der Universitätskirche, über der Sakristei in einem Raum neben der Kongregationskapelle.

Alle waren vor der Zeit „ausgeschult". Es war ihnen verboten, ihre Ausbildung fortzusetzen oder zu vollenden - sei es an Fachschulen, Gymnasien oder der Universität. Bange Sorge um die Zukunft erfüllte sie, Unsicherheit und Angst wegen des eigenen Schicksals und des Schicksals ihrer Angehörigen, wegen der Deportationen in den Osten.
Von 1942 an wurden sie zur Fabrikarbeit herangezogen, zum Teil zur Nachtarbeit. Die Bombardierung Wiens, vor allem im 2. Bezirk, traf viele von ihnen schwer.

So war das Leben dieser jungen Menschen gekennzeichnet durch ein hartes Schicksal, es verlief grau in grau, versank ganz darin, drohte sie zu verschlingen. Und dabei sehnten sich ihre jungen Herzen nach Freude und Glück, nach Liebe und Geborgenheit, nach einer schönen und sicheren Zukunft.
Der Sinn der Arbeitsgemeinschaft war, die jungen Menschen tiefer einzuführen in die Welt des Glaubens, sie zu einem echten religiösen Leben anzuhalten, alle aktuellen, sie persönlich berührenden und belastenden Fragen und Probleme mit ihnen durchzusprechen. Von Zeit zu Zeit vereinte sie die Feier der hl. Messe in der Kongregationskapelle oder in der Stanislauskapelle. Höhepunkte der Arbeit waren die Vorbereitung und Feier der Hochfeste des Kirchenjahres, besonders des Weihnachtsfestes, das in der Hilfsstelle im erzbischöflichen Palais von ihnen selbst gestaltet wurde. Der Kardinal ließ es sich nicht nehmen, persönlich daran teilzunehmen.
So wuchs der Kreis zu einer engen Gemeinschaft zusammen, in der Leid und Freud gemeinsam getragen wurde. Diese Gemeinschaft, die immer wieder genährt und vertieft wurde bei den liturgischen Feiern, die Vertiefung des Glaubenswissens, die Schau ihres Lebens und aller

ihrer Fragen an Gott, - mit einem Wort jeder Donnerstag, jede Donnerstagsrunde - halfen ihnen wieder, eine ganze Woche durchzuhalten, ihr Schicksal zu tragen, sicher und zuversichtlich durch die schweren Jahre hindurchzugehen und die Wirrnisse der Zeit zu überstehen.

Gedanken eines Donnerstagskindes

Gold mit grau - so müsste unser Wappen sein! Tiefes, nebliges, geheimnisvolles Grau wie ein Morgen im November und das Gold - oh!- es könnte nicht golden genug sein - vielleicht wie die Engel und Blumen über dem Altar in der kleinen, alten Kapelle – Gold mit grau! Doch - findet ihr nicht - es ist viel zu viel Grau - man versinkt beinahe darin - es verschleiert das Herz und man bekommt brennende Augen vor Sehnsucht nach dem kleinen Flecken Gold - nach dem Wunder im Dunkel… Findet ihr nicht - es könnte nicht schaden, wenn der große Maler da oben den Pinsel etwas tiefer in die goldene Schale getaucht hätte, damit unser kleines Wappen strahlender und lustiger wird, damit wir nicht so lange suchen müssten und so oft zweifeln an dem goldenen Wunder!

Ein kleiner Flecken grau würde uns wirklich genügen - wir haben zu viel davon, als dass wir es lieben könnten - ja manchmal droht es uns zu verschlingen - und dann hassen wir dieses Grau, das unser Schicksal ist! Könnte nicht unser Wappen ganz aus Gold sein - ganz Freude? Glocken und Blumen und die ganze Woche nur Donnerstag abends und vielleicht noch Sonntag? Und das ganze Leben nur Krippen bauen und Sterne malen und Kerzen anzünden. Bitte - lieber Gott - Du hast doch so viele Farben - nimm uns das Grau. Wir wollen dann auch viel schöner singen und noch viel mehr Lichter tragen für Dich. Sicher! - Aber alles bleibt still? Und es fährt kein Pinsel vom Himmel? Vielleicht hat Gott die Schale mit dem Gold verlegt - man könnte es beinahe glauben! Vielleicht sollten wir ihm suchen helfen? Aber wie? … Unser Wappen ist tot und grau mit einem kleinen blitzenden goldenen Punkt in der Mitte - dieser Punkt ist unser Wunder! Wisst ihr was! - Vielleicht genügt das kleine Wunder, um den ganzen Nebel zu durchleuchten - vielleicht genügt eine Stunde am Donnerstag, um die ganze Woche auszuhalten! Ja vielleicht ist das kleine goldene Licht tiefer als ihr denkt -, und vielleicht ist das Dunkel der richtige Rahmen dafür! - Lieber Gott, - lass unser Wappen wie es ist - tief und grau - mit einem kleinen goldenen Punkt in der Mitte!

Fürsorge für die Kranken
In den Tätigkeitsberichten ist darüber folgendes festgehalten:

Bericht von Dez. 1940 bis 1. Juni 1941:

„Sorge für die Kranken. Hier ergaben sich besondere Schwierigkeiten, zumal die ärztliche Hilfe und die Beschaffung der notwendigen Medikamente in der letzten Zeit von der Gemeinde verweigert wurde. Ebenso schwierig ist die Unterbringung der Kranken in ein Krankenhaus. Das Rothschild-Spital nimmt z.B. grundsätzlich keine nichtmosaischen Juden auf. Es wurden monatliche und fallweise Beträge für Medikamente gewährt, auch größere Summen wurden wiederholt für die Spitalskosten gegeben. Wir gewannen eine Ärztin, an die wir unsere bedürftigen Schützlinge weisen konnten. Dafür gaben wir einen bescheidenen Pauschalbetrag, der von Zeit zu Zeit erneuert wurde. - Ein Zahnarzt bot sich unaufgefordert an, unseren Befürsorgten kostenlos Zahnbehandlung zu gewähren."

Bericht von Juni 1941 bis Juni 1942:

„Kranke. Wir sorgen für Pflegepersonal, für Aufnahme in das Spital, tragen zu den Unkosten zum Teil oder ganz bei, suchen die Kranken auf. Eine Ärztin steht für unsere erkrankten Schützlinge völlig unentgeltlich zur Verfügung."

Tätigkeitsbericht vom 1. Juli bis 31. Dezember 1942:

„Durch die Überbelastung ist der Gesundheitszustand in den meisten Fällen sehr in Mitleidenschaft gezogen. Bei vielen Schützlingen ist ärztliche Behandlung und Betreuung nötig, die zum Teil auf unsere Kosten geschieht. Wir arbeiten ständig mit einer Ärztin zusammen. Anstelle der leider auch evakuierten Frau Dr. Lackenbacher trat Frau Dr. Becher. Auch Zahnbehandlungen erforderten große Zuschüsse, da der Ältestenrat nur einen geringen Beitrag beisteuert bzw. bei alten Leuten Zahnprothesen ablehnt. - Zu Weihnachten gaben wir an das Kinderspital 20 Pakete, an das Krankenhaus in der Malzgasse 10 Pakete."

Arbeitsbericht von 1. Januar bis 31. Dezember 1943:

„Wie aus der Jahresaufstellung hervorgeht, zahlten wir in einer ganzen Reihe von Fällen einmalige außerordentliche Beihilfen, so für Wöchnerinnen, Zahnbehandlungen, Krankenbehelfe, Spitalskosten in Ausnahmefällen. - Das Kinderspital wurde regelmäßig besucht, unterstützt. Die Kranken im jüdischen Krankenhaus in der Malzgasse wurden von unseren Mitarbeiterinnen laufend besucht, im Rahmen des Möglichen mit Lebensmitteln unterstützt und durch Zuspruch aufgemuntert. In allen seelsorglichen Fällen wurde der Kontakt mit der Pfarre hergestellt. - Zu Weihnachten sorgten wir im Kinderspital für die Bescherung der Kinder und trugen zur Weihnachtsfeier bei, auch das Krankenhaus wurde beschert."

Bericht vom 1.I. bis 31. XII. 1944, sowie erstes Halbjahr 1945:

„Ein besonders harter Schlag war die im Oktober erfolgte fast gänzliche Zerstörung des Kinderspitals und die starke Beschädigung des anschließenden Kinderheimes. Glücklicherweise ist dabei niemand ums Leben gekommen. Das Kinderspital wurde im Kinderheim behelfsmäßig untergebracht. - Trotz aller Schwierigkeiten und Behinderungen wurde auch 1944 eine gutgelungene Nikolofeier und ein sehr schönes Weihnachtsfest mit den Kindern gefeiert. Wir konnten auch maßgeblich zur Bereicherung des Gabentisches von Kinderheim, Kinderspital, Spital und Altersheim in der Malzgasse beitragen. Zu Ostern 1945, einem Zeitpunkt, in dem ein Laib Brot eine große Kostbarkeit war, haben wir die Kranken und Kinder in den Heimen bzw. Spitälern mit je einem Laib Brot und kleinen Beigaben beteiligt."

Soweit die Berichte. Es mag noch eigens hervorgehoben werden, dass alle unsere Kranken - sowohl in den Wohnungen wie auch in den Heimen - regelmäßig von unseren Mitarbeiterinnen besucht wurden. Besonders lag uns die seelsorgliche Betreuung am Herzen. Die PP. Serviten versahen die Seelsorge in der Seegasse 16, in der Malzgasse die Geistlichen von der Pfarre St. Leopold. Erstmals wurde Weihnachten 1943 in der Malzgasse eine hl. Messe gelesen, 1944 an allen hohen Feiertagen. An den Weihnachtsfeiern nahmen wir in der See- und Malzgasse sowie im Kinderspital teil, trugen zur Bescherung bei und hielten Ansprachen. Unsere Aufwendungen für die Kranken veranschaulicht folgende Aufstellung. (Die Abrechnungen für den Zeitraum von Dez. 1940 bis Juni 1942 enthalten keine detaillierten Angaben über die Ausgaben für die Betreuung unserer Kranken.)

1942, 2. Halbjahr	Ausgaben (in RM)
Spitäler	560,-
Ärztepauschale	185,-
Zahnprothesen und Krankenbehelfe	408,33
1943	
Spitäler	2.833,33
Wöchnerinnen und Ärztepauschale	700,-
Zahnprothesen und Krankenbehelfe	1.090,33

1944	
Spitäler	8.383,93
Wöchnerinnen	130,-
Ärztepauschale	350,-
Zahnprothesen und Krankenbehelfe	1.120,-
1945, 1. Halbjahr	
Spitäler	3.525,-
Zahnprothesen und Krankenbehelfe	100,-
Gesamtbetrag	19.385,92

Fürsorge für die Alten

Ein dringliches Anliegen bei der Zahl der alten Leute, ihrem schlechten Gesundheitszustand, den ungünstigen Wohnverhältnissen und der unzureichenden Betreuung, nicht zuletzt begründet im Zwangsarbeitseinsatz der Angehörigen. In Verbindung mit dem Caritasverband und der Auswanderungshilfsorganisation für nichtmosaische Juden in der Ostmark suchte die Hilfsstelle mehr Aufnahmemöglichkeiten zu schaffen.

Arbeitsbericht der Erzbischöflichen Hilfsstelle von Dezember 1940 bis 1. Juni 1941:

„Sorge für die alten Leute. Im nichtarischen Altersheim in der Töllergasse befinden sich 54 Personen, von denen 13 zum Teil oder auch zur Gänze von unserer Stelle aus erhalten werden. Auf unseren Vorschlag und unser Ersuchen hin wurde im Februar die Zahl der in diesem Altersheim Aufnahme findenden Personen erhöht. Durch Zusammenlegen wurde der notwendige Platz geschaffen. Die Betreuten sind dort gut aufgehoben und sind gerne dort. Die Frage nach einem zweiten Altersheim ist eine der dringlichsten Angelegenheiten. Leider blieb es bis jetzt bei der Einsicht der Notwendigkeit. Es ist bisher nicht gelungen, trotz mancherlei Bemühungen, ein solches Heim zu schaffen. Zur Zeit arbeitet die Auswanderungshilfsorganisation für die nichtmosaischen Juden in der Ostmark daran, ein zweites Heim ins Leben zu rufen. Es würde darin auch eine größere Zahl nichtarischer Katholiken Aufnahme finden."

Erzbischöfliche Hilfsstelle:
Bericht. Von Juni 1941 bis Juni 1942:

„Alte. Wir vermitteln die Aufnahme in ein Heim und tragen bei Mittellosigkeit die Kosten des Aufenthaltes. Unser eigenes Altersheim hatte einen Belag von 75 Personen."

Tätigkeitsbericht vom 1. Juli bis 31. Dezember 1942:

„Es kam zur Auflösung unseres Altersheimes in der Töllergasse in Leopoldau, wo ca. 60 bis 90 Leute Aufnahme gefunden hatten, die unter der Obhut der Karmelitinnen sich sehr wohl fühlten." In der Chronik der Töllergasse, verfasst von Mutter Immaculata, Nachfolgerin von Provinzialoberin Mutter Theresia, findet sich ein Kapitel „Altersheim, für nichtarische Katholiken, Oktober 1939 bis 1942":
„Mit der Eröffnung dieses Heimes wollten wir den Willen Gottes, der sich klar gezeigt hatte, erfüllen. - Wir mussten die beiden Frauen, die schon bei uns wohnten, wieder entlassen und die Anmeldungen rückgängig machen, weil Arier und Nichtarier nicht beisammen wohnen durften. Bis Mitte November waren 14 Personen in unser neues Heim gezogen. Dann kamen neue Schwierigkeiten. Die Parteileitung sperrte die weitere Aufnahme, weil der Kreisleiter im 21. Bezirk keine Juden haben wollte. Nun versuchte hochw. Herr Caritasdirektor Steiner, eine Lösung zu finden. Er sprach bei der Gemeinde Wien vor, fand dort Unterstützung und erreichte so, dass der Kreisleiter von seinem

Standpunkt abging. Mit Ende Februar wurde die Aufnahme wieder freigegeben. Bald füllte sich das Heim; es war durchschnittlich mit 70 Personen belegt, weil alle Vorzimmer und jede verfügbare Ecke besetzt wurden. Es waren Männer und Frauen, zwischen 40 und 70 Jahren, einige Ärzte, Juristen, Ingenieure, ehemalige Angehörige des Offizierstandes; der Direktor der Creditanstalt-Bankverein; Lehrerinnen, Künstlerinnen wie auch einfache und arme Menschen. Alle fühlten sich als eine große Gemeinschaft, vom gleichen Leide heimgesucht. Insgesamt sind 147 nichtarische Katholiken durch unser Heim gegangen.

Kardinal Innitzer zeigte größtes Interesse. Er hatte im erzbischöflichen Palais eine Hilfsstelle für nichtarische Katholiken eingerichtet, wo jene sich Hilfe und Rat holten, die wegen ihrer Rassenzugehörigkeit, die sich oft erst im 3. Gliede nachweisen ließ, Arbeit und Wohnung verloren. Oft und oft wurden diese armen Menschen an unser Heim verwiesen, und als wir einmal sagten, dass wirklich kein Platz mehr frei sei, kam Kardinal Innitzer selbst an das Telefon und sagte, dass Platz gemacht werden müsse, die Leute sollen zusammenrücken, so gut es geht. Viele dieser armen Menschen wurden damals durch die Aussichtslosigkeit ihrer Lage in den Selbstmord getrieben. Die in unser Heim kamen, fanden den Frieden. Manche, die dem Christentum mehr äußerlich angehörten, lernten bei uns die verborgenen Schätze des hl. Glaubens kennen und damit auch die große Kunst, ihr Leid geduldig zu tragen. Durch Katechismusrunden, Lichtbilder, dreitägige Exerzitien und einen monatlichen Einkehrtag suchten wir das religiöse Leben der uns Anvertrauten zu heben.

Bald sollten wir erfahren, welche Schwierigkeiten uns dieses neue Unternehmen einbringen sollte. Die Lebensmittelkarten unserer Pfleglinge wurden mit einem „J" gezeichnet, es kam die Weisung, dass wir das Brot für die Nichtarier im 2. Bezirk zu holen hätten. Nachdem vier Wochen lang eine Frau aus dem Heim täglich zu diesem Zweck in den 2. Bezirk gefahren war, gelang es unserem Bäcker, die Erlaubnis zu erhalten, das Heim wieder beliefern zu dürfen. Auch die

Lebensmittelrationen wurden für die Nichtarier verkürzt; Volljuden sollten auf das Existenzminimum gesetzt werden, während Mischlinge etwas milder behandelt wurden. Dazu kam, dass viele Menschen unserer Umgebung unsere neue Tätigkeit nicht verstehen wollten und uns als Helfer der „Staatsfeinde" ansahen.

Es kam der 21. März 1942. Um 3 Uhr nachmittags fuhr ein großes Lastauto vor. Zwei Männer der Gestapo legten uns eine Liste vor, auf welcher die 19 jüngsten unserer Pfleglinge standen, alle unter 55 Jahren, meistens Frauen. Diese sollten sich bereit halten, um in einer Stunde in ein Lager des 2. Bezirkes überstellt zu werden. Ein Handkoffer durfte mitgenommen werden. Nun halfen wir alle zusammen beim Einpacken. Während einige unserer armen Pfleglinge fassungslos weinten, trugen andere, vorbildliche, ja heiligmäßige Katholikinnen ihr schweres Los mit gänzlicher Hingabe an den Willen Gottes und halfen durch ihr Beispiel und aufmunterndes Wort ihren Leidensgenossinnen. Um 4 Uhr standen alle gedrängt auf dem Lastwagen und winkten uns zum letzten Mal. Nach 14 Tagen ging der Transport nach Polen. Von dort erhielten wir eine kurze Nachricht; dann blieben unsere Briefe unbeantwortet. Aber wir erfuhren es doch; von einer Gaskammer aus hat Gott der Herr seine armen Kinder aus der Unrast dieses Lebens in seinen ewigen Frieden heimgeholt.

Die Zurückgebliebenen lebten nun in ständiger Angst. Am 9. Juli wurden gegen 50 Pfleglinge in gleicher Weise aus dem Haus geholt; am folgenden Tag die noch Übrigen. Alle wurden aus dem Durchgangslager des 2. Bezirks nach Theresienstadt verschleppt. (Nur zwei kamen nach dem Krieg wieder nach Wien zurück.) Das Heim füllte sich rasch wieder. Am 31. August fand eine neuerliche Verschleppung statt; am 5. November wurden die letzten abgeführt. Möge Gott der Herr sie alle gnädig aufgenommen haben. Einige unserer Pfleglinge, die noch nicht gefirmt waren, empfingen dieses heilige Sakrament von Kardinal Innitzer im Laufe des Sommers 1942. „Nicht um dem Kreuz zu entgehen", sagte ihnen der Kardinal, „empfangt ihr die Salbung des Hl. Geistes, sondern um die Kraft zu erhalten, mit Christus das Kreuz zu tragen." Mit dem 5. November hatte auch das Altersheim für nichtarische Katholiken sein Ende gefunden."

Soweit die Chronik. Was sie berichtet, ist die Geschichte mutiger christlicher Liebe, die den verfemten, heimatlosen Konvertiten Zuflucht und Geborgenheit schenkte, getreu dem Motto der Schwestern: Heimat den Heimatlosen. Die Karmelitinnen konnten ihre Schützlinge nicht retten vor der Evakuierung in den Osten. Sie mussten hilflos zuschauen, wie ihre Heiminsassen fortgeholt und weggeschleppt wurden - zur Vernichtung. Wohl haben sie einigen, die sich durch die Flucht ins Ausland der Deportation entzogen, auf vielfache Weise geholfen, auch durch ihre Beziehung zu anderen Klöstern in Italien. Sie haben es ihnen ermöglicht, dort unterzukommen und die schweren Jahre zu überstehen. - Das Haus der Karmelitinnen in der Töllergasse mit seinem großen schönen Garten stand auch immer unseren Mitarbeiterinnen und Helferinnen zur Erholung offen. - Hier erlebte Lotte Fuchs, bevor sie mit den Eltern und ihrer Schwester in das Sammellager zum Transport in den Osten einrücken musste, mit einer Helferin noch einige Tage der Ruhe, Besinnung und Erholung. Die Tat der Karmelitinnen in der Töllergasse war einmalig. Sichtlich ruhte auch der Segen des Herrn in den letzten Kriegsjahren und in der Russenzeit über dieser Stätte des Gebetes und der Liebe.

Seegasse 16, Altersheim und Spital

Das Altersheim in der Töllergasse reichte nicht aus, um alle alten Leute unterzubringen. In der zweiten Hälfte des Jahres 1941 gelang es der Auswanderungshilfsorganisation für nichtmosaische Juden in der Ostmark, in der Seegasse 16, in den Räumen der Schwedischen Mission, die von der Gestapo ausgewiesen war, ein zweites Altersheim einzurichten. Dort fand eine ganze Reihe unserer alten Leute Aufnahme. Bei Mittellosigkeit trugen wir die Kosten. Die alten Leute wurden regelmäßig besucht und betreut, die Seelsorge von den Patres Serviten versehen. Zu Weihnachten hielten wir eine Weihnachtsfeier mit Ansprache. Mit den letzten großen Transporten Oktober 1942 wurde auch ein großer Teil der Alten und Kranken evakuiert. Ohne Rücksicht auf ihren Gesundheitszustand wurden sie in die Transporte eingeteilt und verschleppt. So gut wir konnten, standen wir ihnen bei. Ich (P. Born) feierte mit ihnen eine hl. Messe und spendete ihnen die hl. Sakramente. Diese Stunde wird mir für immer unvergesslich bleiben.

Oktober 1942 (nach Auflösung der Auswanderungshilfsorganisation) gingen das Altersheim und Spital Seegasse 16 in die Verwaltung des Ältestenrates über. Weihnachten 1942 bedachten wir das Altersheim mit 45 kleinen Lebensmittelpaketen (Keksen, Lebkuchen und Obst). Mitte 1943 Auflösung und Übersiedlung in die Malzgasse. Auch dort wurden unsere Alten regelmäßig betreut. Im 1. Stock war ein Weiheraum eingerichtet, in dem für Katholiken und Protestanten Vorträge stattfanden. Der Pfarrer von St. Leopold, Dr. Alexander Poch, der für dieses Heim zuständig war, besuchte jede Woche diese seine verlassensten und ärmsten Schäflein, die er besonders in sein Herz geschlossen hatte. Er sprach zu ihnen von der Liebe und Güte und Barmherzigkeit Gottes. Sie lauschten wie Kinder der Mutter, die ihnen von Gott erzählt.

Zuwendungen an die Altersheime
(nach unseren Aufstellungen)
Angaben in RM

1940/41: Töllergasse Für den Zeitraum Juni 1941 bis Sommer 1942 keine Angaben.	1.759,-

1942, zweite Hälfte:	
Töllergasse	490,-
Seegasse 16	1.729,70
Stadtgutgasse	140,78
1943:	
Seegasse (1. Halbjahr)	1.530,-
Malzgasse (2. Halbjahr)	1.530,-
1944:	
Malzgasse	2.167,50
1945:	
Malzgasse (1. Halbjahr)	1.286,04
Gesamt	10.633,02

Sorge für ein christliches Begräbnis auf dem jüdischen Friedhof

Durch Verordnung des Magistrates Wien wurde Katholiken jüdischer Abstammung ein Begräbnis auf Gemeindefriedhöfen bzw. kirchlichen Friedhöfen, das bisher möglich war, untersagt. Es war nur erlaubt auf jüdischen Friedhöfen, eine große Härte für die katholischen Angehörigen. Im Protokoll der Österreichischen Bischofskonferenz vom 25. Sept. 1941 in Wien heißt es zu Punkt 8 Polizeiverordnung vom 1. Sept. 1941 betreffend Kennzeichnung von Juden:

„Zu beachten ist, dass eine neue Verordnung die Beisetzung auf kirchlichen Friedhöfen verbietet. Demnach müssten nichtarische Katholiken auf jüdischen Friedhöfen beigesetzt werden (23)."

In Verhandlungen mit der Israelitischen Kultusgemeinde bzw. mit dem Ältestenrat trafen wir betreffend christliche Begräbnisse auf dem jüdischen Friedhof die Vereinbarung, dass katholische Nichtarier in einer eigenen Halle kirchlich eingesegnet, vom Priester zum Grabe begleitet und dort kirchlich begraben werden. Bei Mittellosigkeit kamen wir zur Gänze oder teilweise für die Unkosten auf, bis wir durch Übereinkommen mit dem Ältestenrat uns in solchen Fällen auf eine Pauschale in der Höhe von 165,- RM einigten (24).

Der Judenstern

1. Die Polizeiverordnung vom 1.9.1941 (25) verbot allen Juden, die das 6. Lebensjahr vollendet haben, sich in der Öffentlichkeit ohne Judenstern zu zeigen. Der handtellergroße, schwarz ausgezogene Stern (Judenstern, Davidstern), aus gelbem Stoff mit der schwarzen Aufschrift „Jude", musste deutlich sichtbar und stets unverdeckt auf der linken Brustseite des Kleidungsstückes fest aufgenäht getragen werden. Gleichzeitig wurde den Juden verboten, den Bereich ihrer Wohngemeinde zu verlassen, ohne eine schriftliche Erlaubnis der Ortspolizeibehörde bei sich zu führen. Sie durften keine Orden, Ehrenzeichen oder sonstige Abzeichen tragen. Die Übertretung dieser Verordnung wurde mit schweren Strafen geahndet. Die Polizeiverordnung trat am 19.9. 1941 im ganzen damaligen Reichsgebiet in Kraft. Sie galt auch im Protektorat Böhmen und Mähren. Bald mussten auch die Wohnungstüren durch einen Judenstern gekennzeichnet werden (26). Die Juden sollten mehr und mehr isoliert, der Verkehr mit ihnen erschwert, die noch kommenden Maßnahmen zur Vorbereitung der „Endlösung" erleichtert werden (Evakuierung, Aussiedlung, Deportation). (s. Foto S. 286)

Die Verpflichtung, den Judenstern zu tragen, war eine der härtesten Maßnahmen, auch durch die damit verbundene Ächtung und Diffamierung. Sie wirkte wie ein Schock. Viele getrauten sich nicht mehr, aus Furcht vor Belästigungen und Schikanen, ihre Wohnung zu verlassen. Viele Katholiken jüdischer Abstammung waren betroffen. „Ein Großteil der Konvertiten geht wegen des Kennzeichens nicht mehr zur Kirche, um Unannehmlichkeiten aus dem Wege zu gehen (Erzbischöfliche Hilfsstelle, Bericht 1941-1942)."

2. Die Polizeiverordnung trat am 1.IX.1941 in Kraft. Tausende Gläubige der Wiener Erzdiözese wurden von ihr hart betroffen und seelisch schwer belastet. Kardinal Innitzer fühlte sich gedrängt durch ein Hirtenwort zu dieser neuen Maßnahme gegen die Juden, Stellung zu nehmen. Dieses Hirtenwort, für dessen Inhalt und Vervielfältigung der Kardinal persönlich zeichnete, ließ er dem Klerus seiner Diözese durch die Dechanten übermitteln. Auf einer Dechantenkonferenz, wenige Tage vor Inkrafttreten der Polizeiverordnung, hat er das Hirtenwort persönlich erläutert und überreicht. Es lautet:

„Geliebte Diözesanen!

Am 19. September ist eine Polizeiverordnung in Kraft getreten, wonach es allen Juden, die das 6. Lebensjahr vollendet haben, verboten ist, sich in der Öffentlichkeit ohne Judenstern zu zeigen. Von dieser Maßnahme werden auch Tausende katholischer Christen getroffen, darunter solche, die seit der Geburt getauft sind, andere, die seit vielen Jahren unserem heiligen katholischen Glauben angehören. Diese staatliche Maßnahme berührt nicht das kirchlich-religiöse Leben. Ich erinnere Euch daran, dass alle, die auf den Namen Jesu Christi getauft sind, unsere Brüdern und Schwestern in Christus geworden sind. Der Apostel sagt: „Ihr alle, die ihr auf Christus getauft seid, habt Christus angezogen, jetzt gilt nicht mehr Jude und Grieche, Sklave und Freier, Mann und Weib: ihr alle seid einer in Christus Jesus" (Gal 3,27 f). Derselbe Apostel sagt: „In Christus Jesus hat weder die Beschneidung noch das Unbeschnittensein einen Wert, sondern nur ein neues Geschöpf." (Gal 6,15; 5,6)

Noch an eines möchte ich Euch in dieser Stunde erinnern, dass ein Christ ohne die Liebe, wie sie Christus der Herr versteht, nicht den Namen eines Christen verdient. Und diese Liebe, wie sie unser hl. Glaube im Auftrage Christi lehrt, kennt keine räumlichen Grenzen, sie macht keinen Unterschied der Person, sie wendet sich vor allem denen zu, die durch ihre größere Not und Hilfsbedürftigkeit uns Nächste geworden sind. Vergesst nicht, dass nach den klaren Worten Jesu Christi die Liebe der Maßstab beim Jüngsten Gericht sein wird, und dass wir nur dann Anteil erhalten am ewigen Leben, wenn wir das Wort des Herrn im Leben verwirklicht haben: „Was ihr dem Geringsten meiner Brüder getan habt, das habt ihr mir getan."

Mit Segensgruß
Wien, 17. September 1941   + *Th. Kard. Innitzer Eb.*
Verantwortlich für den Inhalt und Vervielfältigung:
Theodor Kardinal Innitzer, Erzbischof von Wien.

Das Hirtenwort des Kardinals ist ein Zeugnis seiner Hirtensorge und Hirtenliebe in schwerster Zeit. Die eindringlichen Worte, mit denen er seinen Diözesanen „Die Liebe, wie sie Christus der Herr versteht" ans Herz legt, „vor allem denen gegenüber, die durch ihre größere Not und Hilfsbedürftigkeit unsere Nächsten geworden sind", offenbaren uns einen Wesenszug des Kardinals. Das waren für ihn nicht nur schöne Worte. Das hat er uns allen vorgelebt in jenen Jahren, da so viele durch das Tragen des Judensterns geächtet, diffamiert - ja für die Vernichtung gezeichnet wurden. Auch dann noch durften sie in sein Palais, in seine Hilfsstelle, auch zu ihm persönlich kommen. Trotz mancher Beschwerden und Proteste hat er die Hilfsstelle weder geschlossen, noch verlegt.

3. Ein geheimer Lagebericht des Sicherheitsdienstes der SS Nr. 240 vom 24. November 1941 ist erhalten, der sich u.a. mit den Auswirkungen der Polizeiverordnung des Reichsministers des Inneren vom 1.9.1941 über Kennzeichnung der Juden beim Auftreten in der Öffentlichkeit beschäftigt. Dieser Abschnitt ist überschrieben: „Versuche der Kirche, die judengegnerische Haltung der Bevölkerung durch konfessionelle Arbeit zu untergraben (27). Die Lageberichte des Sicherheitsdienstes (SD) waren gedacht als Instrument für die

Führung des nationalsozialistischen Deutschland. Darin wird die Haltung der Geistlichkeit der Bekenntnisfront gekennzeichnet durch ein Flugblatt, das von einer mutigen Stadtvikarin in Breslau verfasst und in verschiedenen Teilen des Reichsgebietes verbreitet wurde. Es wurde zum Teil veröffentlicht. Ausführlich wird das Rundschreiben vom 17.9.1941 des Vorsitzenden der Fuldaer Bischofskonferenz Kardinal Bertram mit der Stellungnahme zum Erscheinen der Juden in Kirchen und kirchlichen Räumen wiedergegeben (28). Dann folgt ein Abschnitt über die Stellungnahme von Kardinal Innitzer, in dem es heißt: „In ähnlicher Weise wandte sich Kardinal Innitzer an den Klerus der Ostmark. (Offenbar handelt es sich um die Dechantenkonferenz, die wenige Tage vor Inkrafttreten der Polizeiverordnung über die Kennzeichnung der Juden stattfand.) Auch er lehnte die Kennzeichnung der Juden, obwohl sie durchaus mittelalterlich-christlicher Tradition entspricht, ab, ebenso die Zusammenfassung der jüdischen Katholiken zu besonderen judenchristlichen Gemeinden mit eigenen Kirchen und Kirchendienst, weil diese Maßnahme als Konzession an die nationalsozialistische Rassenlehre aufgefasst werden könnte.

Vorsprachen von Gläubigen in den Pfarrkanzleien wegen Entfernung der Juden aus den Kirchen seien scharf abzulehnen und die Petenten zu belehren, dass die Kirche bei ihren gottesdienstlichen Handlungen keine Rassenunterschiede machen dürfe. Gleichzeitig ließ der Kardinal unter Hinweis auf die Aussiedlungsaktion die Priester auffordern, für die jüdischen Glaubensgenossen, die gezwungen werden, demnächst Wien zu verlassen, zu beten (29). Gemeint sind die Deportierungstransporte österreichischer Juden ins Generalgouvernement. Die ersten fünf Transporte mit rund 5000 Senior-Juden erfolgten von Mitte Februar bis Mitte März 1942. Mitte Oktober 1941 begannen fünf Transporte nach Lodz (Litzmannstadt) zu je 1000 Personen. (Vgl. dazu auch Evakuierungen S. 28)

Wie kam der Sicherheitsdienst zur Kenntnis über die Ausführungen des Kardinals an seinen Klerus? Diese Frage wird sich wohl schwerlich noch beantworten lassen. Auffällig ist, dass weder das Hirtenwort des Kardinals noch die Mitteilung des Ordinariates über die Kanzelverkündigung im Bericht des SD erwähnt werden. Es ist wohl anzunehmen, dass die Ausführungen des Kardinals an seinen Klerus auf der oben erwähnten Dechantenkonferenz kurz vor Inkrafttreten der Polizeiverordnung erfolgten.

4. Eigenartig ist es, dass das Hirtenwort des Kardinals nicht zur Verlesung kam. Nach einer Anweisung des erzbischöflichen Ordinariates Wien vom 18.9.1941 war das durch die Dechanten übermittelte Hirtenwort des Kardinals über die Behandlung nichtarischer Katholiken zu vernichten (30). Vom Hirtenwort des Kardinals, das im Schreiben erwähnt wird, fand sich im Archiv des Ordinariates kein Exemplar, auch nicht in den Akten der Hilfsstelle. Auf eine Suchanzeige, die Generalvikar Weihbischof Dr. Weinbacher unter Mitteilungen des Wiener Diözesanblattes vom 1.6.1966 veröffentlichte, schickte als einziger Msgr. Joseph Engelbert Enzmann, Pfarrer von St. Joseph in Breitenfurt bei Wien, das gesuchte Dokument mit einigen Begleitzeilen dem Ordinariat am 7.6.1966.

Das erzbischöfliche Ordinariat Wien ließ Sonntag, den 21.9.1941 statt des Hirtenwortes folgende Mitteilung, die am 18.9.1941 ausgestellt und von Generalvikar Weihbischof Kamprath und Kanzleidirektor Prälat Wagner unterzeichnet war, von allen Kanzeln verkünden:

„Am 19.9.1941 ist eine Polizeiverordnung in Kraft getreten, wonach es allen Juden, die das 6. Lebensjahr vollendet haben, verboten ist, sich in der Öffentlichkeit ohne Judenstern zu zeigen. Auf viele Anfragen, die an kirchliche Stellen ergangen sind, wird den Gläubigen mitgeteilt, dass alle katholisch getauften Christen, auch die nichtarischen Christen nach wie vor am religiös-kirchlichen Leben teilnehmen können."

Diese Mitteilung wurde am Sonntag, den 21.9.1941, von allen Kanzeln der Erzdiözese Wien bekanntgegeben. Es ergaben sich keinerlei Störungen oder Unzuträglichkeiten. Sicherlich erfolgte diese Mitteilung des Ordinariates statt des Hirtenwortes im Einverständnis mit dem Kardinal. Offenbar waren seine Berater der Überzeugung, die kurze, nüchterne und sachliche Mitteilung genüge unter den gegebenen Verhältnissen.

5. Die Österreichische Bischofskonferenz vom 25.9.1941 in Wien beschäftigte sich in Punkt VIII. der Tagesordnung mit der Polizeiverordnung vom 1.9.1941 betreffend Kennzeichnung der Juden. Im Protokoll der Bischofskonferenz heißt es: „VIII. Polizeiverordnung vom 1.9.1941 betreffend Kennzeichnung von Juden: In Wien sind etwa noch 8.000 nichtarische Katholiken. Es wird gebeten, dem Herrn Kardinal von Wien Mittel zur Unterstützung zur Verfügung zu stellen. Diese Mittel können auch von dem Peterspfennig entnommen werden. Zu beachten ist, dass eine neue Verordnung die Beisetzung auf kirchlichen Friedhöfen verbietet. Demnach müssten nichtarische Katholiken auf jüdischen Friedhöfen beigesetzt werden. Eigene Gottesdienste für nichtarische (lebende) Katholiken sind nicht anzusetzen. Im inneren Raum der Kirche soll kein Unterschied gemacht werden (31)."

6. Der Erzbischof von Breslau, A. Card. Bertram, verschickte an alle hochwürdigsten Herren Oberhirten der Diözesen Deutschlands ein Rundschreiben vom 17.9.1941 C.A.5968 „Zur Polizeiverordnung vom 1. Sept. 1941 betr. Kennzeichnung der Juden". Es hat folgenden Wortlaut:

„Die Polizeiverordnung des Reichsministers des Inneren vom 1. September 1941 (RGBl. I. S. 547) verbietet den Juden, sich in der Öffentlichkeit ohne den sichtbar auf der linken Brustseite des Kleidungsstückes zu tragenden Judenstern zu zeigen. An diese Verordnung knüpfen sich verschiedene Fragen betreffend Erscheinen der Juden in Kirchen und sonstigen kirchlichen Gebäuden. Von zwei bischöflichen Ordinariaten wird gebeten, eine einheitliche Stellungnahme zu diesen Fragen anzustreben, vorausgesetzt, dass der Besuch der kirchlichen Gebäude, insbesondere die Teilnahme am öffentlichen Gottesdienste, als Erscheinen in der Öffentlichkeit aufzufassen ist, was wohl nicht bezweifelt werden kann. Zu den dieserhalb vorgetragenen Fragen glaubt das hiesige Ordinariat nach Beratung mit Pfarren folgende Gedanken unterbreiten zu sollen.

Die Auswirkung der Polizeiverordnung hinsichtlich der Haltung des katholischen Volkes zu den in Gottesdiensten erscheinenden Katholiken jüdischer Abstammung wird in den verschiedenen Orten verschieden sein, namentlich wegen des stärkeren oder geringeren Einflusses der in der öffentlichen Meinung verbreiteten Auffassungen.

1. Zu vermeiden sind daher übereilte Anweisungen, die für jüdische Katholiken als verletzend angesehen werden können, z.B. Einführung besonderer Judenbänke, Trennung bei Spendung der hl. Sakramente, Einführung von Sondergottesdiensten in bestimmten Kirchen oder in Privathäusern; Maßnahmen, bei denen auch das Gegenteil des Wünschenswerten eintreten kann.

2. Die kirchenamtliche Anordnung einer Absonderung der katholischen Nichtarier in der Kirche bzw. im Gottesdienst wäre gegen die christliche Liebe und gegen die Grundsätze, die St. Paulus im Römer- und Galaterbrief aufgestellt hat. Sie ist deshalb so lange als möglich zu vermeiden. Die Pfarrer werden aber bei gelegentlichen Anfragen diesen Katholiken empfehlen, möglichst die Frühgottesdienste zu besuchen.

3. Eine Mahnung zur brüderlichen Gesinnung und Meidung jeder geringschätzigen Behandlung der mit dem Stern bezeichneten katholischen Nichtarier in der Kirche im Sinne des hl. Paulus im Römer- und Galaterbrief ist erwünscht, aber erst dann, wenn Störungen sich wirklich bemerkbar machen. Es

steht zu hoffen, dass solche Störungen in beachtlichem Umfang nicht vorkommen werden.

4. Erst wenn sich größere Schwierigkeiten durch den Kirchenbesuch der nichtarischen Katholiken ergeben sollten (Fernbleiben der Beamten, Parteigenossen und anderer, ostentatives Verlassen des Gottesdienstes), ist mit den katholischen Nichtariern selbst die Abhaltung von Sondergottesdiensten zu erwägen.

5. Falls die unter 3. gedachte Mahnung sich als notwendig erweisen sollte, könnte etwa folgender Wortlaut in Anwendung kommen: In Anbetracht der Schwierigkeiten, welche für die in Deutschland wohnenden Juden durch die Polizeiverordnung vom 1. September d. Js. eingetreten sind, werden im Auftrage unseres Hochwürdigsten Herrn Bischofs die Katholiken ermahnt, besonders im Heiligtum der Kirchenräume die jedem Christen schuldige Rücksicht auch dem Christen jüdischer Abstammung zu erweisen, gemäß den Grundsätzen, die der Völkerapostel St. Paulus als Christenpflicht verkündet hat. Der hl. Paulus erklärt hinsichtlich der Stellung der Judenchristen in der kirchlichen Gemeinde im Briefe an die Römer 10,11: „Ein jeder, der an Jesus glaubt, wird nicht zu Schanden werden. Denn es gibt keinen Unterschied zwischen Juden und Heiden. Denn ein und derselbe ist der Herr über alle, bereit für alle, die ihn anrufen." Im gleichen Sinne sagt St. Paulus im Brief an die Galater (3,27 f) „Ihr alle, die ihr auf Christus getauft seid, habt Christus angezogen. Da gilt nicht mehr Jude oder Heide, nicht mehr Knecht oder Freier, nicht mehr Mann oder Weib. Ihr seid alle einer in Christus Jesus. "

Die Erfahrungen und Verhältnisse werden in den einzelnen Diözesen verschieden sein. Ein Gedankenaustausch über die pflichtgemäße Stellungnahme zu der Auswirkung der zitierten

Polizeiverordnung ist daher sehr wünschenswert. Obige Zeilen bitte nur als vorläufige Anregung betrachten zu wollen.

A. Card. Bertram e h

Sorge um die rassischen Mischehen

Ein Problem besonderer Art waren die rassischen Mischehen, d.h. Ehen zwischen einem „jüdischen" und einem „arischen" Partner im Sinne der Nürnberger Gesetze. War die Frau der jüdische Teil oder gehörten die Kinder bei Inkrafttreten der Nürnberger Gesetze (15.9.1935) nicht der jüdischen Religionsgemeinschaft an, galten diese Ehen als privilegierte Mischehen. Der jüdische Teil brauchte den Stern nicht zu tragen und erhielt arische Lebensmittelkarten und Kleiderkarten. Die sog. „Nürnberger Gesetze", die auf dem Reichspartcitag in Nürnberg am 15.9.1935 erlassen wurden, das „Reichsbürgergesetz zum Schutz des deutschen Blutes und der deutschen Ehre" waren schlimmer als viele andere Maßnahmen gegen die Juden. Man kann sich heute schwer vorstellen, wie tief diese Gesetze in das Leben vieler Familien, vieler Juden und Nichtjuden eingriffen, vor allem in das der rassischen Mischehen.

Schon P. Bichlmair erwähnt in der Denkschrift vom Mai 1938 „Pro Memoria" das Problem der arischen Ehegatten nichtarischer Christen. Ihre Zahl war groß, ihre seelische Situation trostlos (32). - Eine große Unsicherheit und Ungewissheit, drückende Sorge war das Los der rassischen Mischehen bis zum letzten Tag der nationalsozialistischen Herrschaft. Viele rassische Mischehen brachen unter den Gesetzen, unter der teuflischen Propaganda, unter dem unmenschlichen Druck zusammen. Manche Partner gingen auseinander. Dadurch wurde der jüdische Teil, der bis zu diesem Zeitpunkt vor dem KZ gesetzlich geschützt war, völlig schutzlos und hilflos, der Evakuierung und „Endlösung" preisgegeben. Aber es kann gesagt werden, dass die meisten Juden in einer rassischen Mischehe dem sicheren Tod entgingen, weil ihre christlichen Frauen und Männer in Not und Gefahr trotz des starken auf sie ausgeübten Druckes treu zu ihren Ehepartnern standen. Es gab Männer, die nicht wankten und wichen, die eisern zu ihren jüdischen Frauen standen, oft mit zusammengebissenen Zähnen. Und es gab Frauen, arische Frauen, die ebenso dastanden, bereit, den jüdischen Mann zu verteidigen, wie Tigerinnen ihre Jungen verteidigen.

Vielleicht war es in jener Zeit wirklich einfacher, Jude zu sein, als Arier in einer Mischehe. Mit dem anderen geächtet, mitgeächtet zu sein, für den anderen, mit dem anderen, durch den anderen so leiden zu müssen. Das setzte eine große, fast übermenschliche Liebe voraus, das ging bis an die Grenzen seelischer Tragfähigkeit.

Am 20. Jänner 1942 fand in Wannsee eine Besprechung über die „Endlösung der Judenfrage" statt. Dem Protokoll nach erklärte Heydrich über die Mischehen: „Bei jüdisch-deutschen Mischehen ist zu entscheiden, ob der Jude evakuiert oder unter Berücksichtigung auf die Auswirkungen einer solchen Maßnahme auf die deutschblütigen Verwandten dieser Mischehen einem Altersghetto überstellt wird (33)." Die Beschlüsse der Wannsee-Konferenz vom 20.1.1942 waren entscheidend für die Judenpolitik von Herbst 1941 bis zum Ende des Krieges. Es kann also kein Zweifel darüber bestehen, welches Schicksal den rassischen Mischehen zugedacht war - Evakuierung oder Überstellung in ein Altersghetto.

Es ist sicher, dass von nationalsozialistischen Stellen auch eine Scheidung der rassischen Mischehen gefordert und ein Gesetz über die Zwangsscheidung dieser Ehen geplant wurde. Es stand in der zweiten Hälfte des Jahres 1942 vor der Veröffentlichung. Damals kam es zu einer Vereinbarung zwischen Kardinal Bertram und einem Vertreter der evangelischen Kirche, einen scharfen gemeinsamen Hirtenbrief von allen katholischen und evangelischen Kanzeln zur Verlesung zu bringen, falls das Gesetz verkündet werden sollte. Bischof Preysing von Berlin protestierte bei der Regierung gegen das geplante Gesetz und drohte für den Fall einer Verkündigung mit der Verlesung eines gemeinsamen Hirtenbriefes von allen Kanzeln. Dieses Mal hatte er Erfolg (34).

Kardinal Innitzer berichtet in seinem Schreiben vom 3.4.1943 an Pius XII. nach einem zusammenfassenden Abschnitt über die Deportationen der Juden aus Wien über die Lage der Mischehen. „Zu allen bisherigen Maßnahmen gegen die Juden scheint nunmehr auch als letzte die zwangsweise Scheidung aller bestehenden Mischehen unmittelbar bevorzustehen. Davon würden in Wien ca. 5.000 Mischehen betroffen, von denen gut die Hälfte katholisch sind. Die Durchführung der Ehescheidung, die auf Grund eines neuen Gesetzes erfolgen soll, bedeutet für den nichtarischen Teil Evakuierung in den Osten, ein Zerreißen der bestehenden, zumeist kirchlich geschlossenen Ehe, ein unsicheres Schicksal der vielen Mischlingskinder aus diesen Ehen, natürlich auch in vielen Fällen für den zurückbleibenden arischen Teil schwere wirtschaftliche und seelische Not. Umso härter trifft alle Beteiligten dieses Los, weil sie sich durch die Mischehe einmal bisher irgendwie für gesichert gehalten haben, wenn sie auch oft in den letzten Jahren viel seelische Not durchmachen mussten. Dazu wurden sie in der letzten Zeit auch durch die Heranziehung des nichtarischen Teiles zum Arbeitseinsatz in ihrer ganzen Lebensführung aufs schwerste betroffen.

Ich gestatte mir, die vorher gemachte Mitteilung Eurer Heiligkeit zur persönlichen Information zu unterbreiten. Das mir stets nahegehende herzzerreißende Leid so vieler meiner Diözesanen und ihr namenloses Elend lässt mich Eure Heiligkeit innigst und inständig bitten und anflehen, alles, was etwa in der Macht Eurer Heiligkeit steht, zu veranlassen und zu versuchen, dass die geplanten Maßnahmen, wenn möglich unterbleiben oder durch Ausführungsbestimmungen Ehen vor dem drohenden Unheil bewahrt bleiben."

Das Staatssekretariat Sr. Heiligkeit beantwortete am 1. Mai 1943, Nr. 2649/43 das Schreiben des Kardinals von Wien:

„Eminenz, hochwürdigster Herr Kardinal!
Der Hl. Vater hat das Schreiben Euer Eminenz vom 3.4.v.M. erhalten, in welchem Sie ihm ausführlich über die in den

letzten zwei Jahren durchgeführten Deportationen berichteten. In diesem Schreiben haben Sie den Hl. Vater außerdem von der Möglichkeit in Kenntnis gesetzt, dass jetzt auch jene Juden, die mit Personen anderer Rasse verheiratet sind, deportiert werden sollen. Obwohl uns diese Nachricht bereits von verschiedenen Stelle erreichte, hat doch die maßgebliche Bestätigung durch Eure Eminenz den Hl. Vater wegen des mit der drohenden Deportation verbundenen schweren moralischen und materiellen Unglücks mit tiefem Schmerz erfüllt.

Seine Heiligkeit begreift sehr wohl die Angst, den Kummer Eurer Eminenz hierüber und daher auch die kindliche Zuflucht Ihres Herzens zum Heiligen Vater.

Euer Eminenz ist bekannt, wie sehr der Hl. Stuhl alles, was nur möglich war, getan hat und fortführt zu tun, um die traurige Lage der Juden in den verschiedenen Ländern zu erleichtern, und wie auch bisher nicht wenige Erfolge, besonders auf caritativen Gebiet zu verzeichnen sind. Was das Problem der Deportation betrifft, hat der Hl. Stuhl bis jetzt nicht aufgehört, alle in seiner Macht stehenden Mittel zu gebrauchen, damit ein so hartes Schicksal vielen Unglücklichen in den verschiedenen Ländern erspart bleibt. Es ist wohl nicht notwendig hinzuzufügen, dass der Hl. Stuhl auch weiterhin sich mit allem Nachdruck in dieser Angelegenheit einsetzen wird, besonders wenn es sich um katholische Juden oder mit Katholiken verheiratete Juden handelt.

Mit ehrerbietigem Handkuss
und dem Ausdruck tiefster Verehrung
Euer Eminenz geringster und ergebenster Diener

L. Card. Maglione e.h.

Die Plenarkonferenz der Bischöfe der Diözesen Deutschlands in Fulda vom 17.-19. August 1943 fasste in ihrer 6. Sitzung am Donnerstag, dem 19. August 1943, folgende Resolution:

„2.Resolution: In lebhafter Sorge um das Schicksal der katholischen Nichtarier in Mischehen beschließt die Konferenz eine Eingabe an die Reichsregierung und beauftragt ein Mitglied, einen Entwurf an den Vorsitzenden zu senden. Dazu soll besonders im Anschluss an die eindringlichen Vorstellungen des Kardinals Bertram vom 2.3.1943 gegen die willkürliche Scheidung der Mischehen Protest erhoben werden und um Erleichterung des Loses aller Nichtarier ersucht werden."

In den stenographischen Aufzeichnungen des Bischofs zum Protokoll heißt es dazu unter anderem: „Das Gesetz der Auflösung der Mischehen ist nicht beschlossen worden. Jetzt wird es ohne Gesetz durchgeführt durch Verhaftungen und polizeilichen Arbeitseinsatz durch welchen aufgerieben werden (35)."

Einen Entwurf für die Eingabe an die Reichsregierung betr. Scheidung der Mischehen übermittelte Dr. Wilhelm Berning, Bischof von Osnabrück am 3.XI.1943 Kardinal Bertram. Aus dem Antwortschreiben des Kardinals vom 19.XI.1943 C.A.5598 an den Bischof von Osnabrück erfahren wir, dass er eine geplante neue Eingabe - bereits am 11.XI.1942 und am 2.III.1943 waren wegen der geplanten Zwangsscheidungen der Mischehen durch Bertram namens des Gesamtepiskopates Vorstellungen erfolgt an die Reichsregierung unterließ, weil sich auch nach der Meinung von Bischof Berning die Voraussetzungen für eine solche Eingabe verändert hatten. Nur aus wenigen Pfarreien in Oberschlesien wurden einzelne Fälle von Maßnahmen gegen nichtarische Ehegatten aus Mischehen gemeldet.

„Als der Plan der Zwangsscheidung zunichte gemacht war, versuchten Parteistellen auf andere Weise, die rassischen Mischehen auseinanderzureißen. Die „arischen" Ehemänner wurden zu Zwangsarbeiten in KZ-ähnlichen Lagern unter Aufsicht der Organisation Todt verpflichtet. Die jüdische Frau blieb mit den Kindern (in den meisten Fällen) mittellos und schutzlos zurück. Ihr Abtransport ins Ghetto musste befürchtet werden (36)."

Aufschlussreich für die Einstellung gegenüber Mischehen ist die Verfügung des RSHA IV B 4a vom 18. Dezember 1943, unterschrieben von Gestapochef Müller. Sie lautet: „Der Reichsführer-SS hat auf Vorschlag angeordnet, die jüdischen Ehegatten aus nicht mehr bestehenden deutsch-jüdischen Mischehen, die vom Kennzeichnungszwang (Judenstern) befreit sind, in die Maßnahmen zur Wohnsitzverlegung von Juden nach Theresienstadt einzubeziehen. Ausgenommen bleiben zunächst die jüdischen Ehegatten

a) deren Söhne gefallen sind oder
b) wo mit Rücksicht auf vorhandene Kinder
   eine gewisse Unruhe hervorgerufen würde.

Das Erforderliche unter Zugrundelegung der Richtlinien zur Durchführung der Wohnsitzverlegung der Juden nach Theresienstadt vom 20.2.1943 IV B 4a 2537/42, die bis auf die genannte Erweiterung des Personenkreises unverändert bleibt, ist in der Zeit vom 5. Januar bis 10. Januar 1944 durchzuführen. Bei der schlagartig durchzuführenden Wohnsitzverlegung dieser Juden bitte ich dafür Sorge zu tragen, dass ihnen keine Gelegenheit zum Untertauchen gegeben wird. - In Zweifelsfällen, hinsichtlich einer eventuellen Zurückstellung wegen vorhandener Kinder, ist die Entscheidung des Reichssicherheitshauptamtes einzuholen. Abschlussbericht ist vorzulegen (37)."

Es ist auffällig, dass Hitler die rassischen Mischehen, obwohl die Wannsee-Konferenz sie in das Programm der Endlösung aufgenommen hatte, im Wesentlichen verschonte. Vielleicht hat die Erwägung eine Rolle gespielt, eine zwangsweise Trennung dieser Ehen würde in den betroffenen „arischen" Bevölkerungskreisen eine starke Missstimmung hervorrufen. Der starke Druck der christlichen Kirchen, namentlich der katholischen Kirche, die sich einer zwangsweisen Scheidung mit aller Macht widersetzte, wird nicht ohne Einfluss geblieben sein.

In einem gemeinsamen Hirtenbrief der westdeutschen Bischöfe und des Bischofs von Berlin vom 12. Dezember 1942 über dieses Recht, heißt es:

„Wer immer Menschenantlitz trägt, hat Rechte, die ihm keine irdische Gewalt nehmen darf... All die Urrechte, die der Mensch hat, das Recht auf Leben, auf Unversehrtheit, auf Freiheit, auf Eigentum, auf eine Ehe, deren Bestand nicht von staatlicher Willkür abhängt, können und dürfen auch nicht dem abgesprochen werden, der nicht unseres Blutes ist oder nicht unsere Sprache spricht (38)." Der gemeinsame Hirtenbrief der deutschen Bischöfe vom 19. August 1943 über „Die zehn Gebote als Lebensgesetz der Völker" erklärt:

„Auch die sogenannte rassische Mischehe (die der Nationalsozialismus so leicht scheiden lässt) hat, sofern sie nach göttlichem und kirchlichem Gesetz gültig geschlossen ist, den vollen Anspruch auf den göttlichen Schutz des sechsten Gebotes, auf die darin verbrieften Segensgüter: Einheit, Heiligkeit und Unauflöslichkeit, auf ihre natürliche Frucht der Nachkommenschaft (39)."

Kardinal Bertram erhob am 11.11.1942 und am 2.3.1943 im Namen aller deutschen Bischöfe eindringliche Vorstellungen gegen eine willkürliche Scheidung der Mischehen (40). Bischof Preysing von Berlin richtete 1942 ein Protestschreiben an die Regierung gegen das geplante Gesetz der Scheidung der rassischen Mischehen (41).

Im Auftrage der Gestapo hatte der Ältestenrat in Wien schon im Jahre 1944 mit einer Ergänzung und Überprüfung seiner Kartei begonnen.

Besonderen Wert legte die Gestapo auf die genaue Erfassung der in Mischehen lebenden Juden, insbesondere auf eine Liste aller in privilegierter Mischehe lebenden Juden, deren Ehen geschieden oder getrennt wurden bzw. deren „arische" Ehepartner gestorben waren, sowie auf eine detaillierte Kartothek auch der arischen Partner. Diese Zusammenstellungen für die Gestapo lassen vermuten, dass eine neue Aktion gegen die Juden in Mischehen geplant war (42).

Noch im Frühjahr 1945 wurden jüdische Partner aus Mischehen nach Theresienstadt deportiert, z.B. aus Frankfurt (Bericht Zittel), Augsburg (43). Vom 1. Januar 1945 bis 10. April 1945 trafen in Transporten 7906 Personen in Theresienstadt ein, davon waren 5.178 jüdische Partner aus Mischehen. Hätten sich die Kriegsereignisse im Frühjahr 1945 nicht so überstürzt, wären die Beschlüsse der Wannsee-Konferenz verwirklicht worden. Auch die Juden aus rassischen Mischehen sollten restlos der „Endlösung" verfallen. Es kam nicht mehr dazu. So entgingen die meisten Juden, welche in Mischehe lebten, dem sicheren Tode.

Nach den Deportationen im Jahre 1942 lebten in Wien
am 15. Oktober 1942 noch 8.100 Juden.
Sie setzten sich zusammen aus (44):

4.000 Personen, in privilegierter Mischehe lebend
2.200 Personen, in nicht-privilegierter Mischehe lebend
 700 Personen Geltungsjuden
1.200 Personen Volljuden,
davon 500 in KZs oder in Arbeitslagern in Deutschland.

Am 31.XII.1944 waren beim Ältestenrat in Wien registriert
5799 Juden, davon
3338 in privilegierter Mischehe lebend,
1358 in nicht-privilegierter Mischehe lebend (45).

Eine quälende Sorge: „U-Boote"

Ein schwieriges und heikles Kapitel war die Betreuung der sogenannten „U-Boote", d.h. aller derer, die sich dem Zugriff der Gestapo und der Deportation durch „Untertauchen" entzogen, d.h. sie verließen ihre Wohnung, lebten unangemeldet und im Verborgenen.

Juden war jede Änderung ihres ständigen Wohnsitzes untersagt, selbst die vorübergehende Entfernung aus dem Stadtgebiet:

1. Polizeiliche Anmeldung musste laut Verfügung vom 1.1.1941 binnen drei Tagen erfolgen.

2. In Wien waren sowohl Glaubensjuden als auch Nicht-Glaubensjuden verpflichtet, jede Wohnungsveränderung – unbeschadet der polizeilichen Meldung – der Zentralstelle für jüdische Auswanderung Wien IV., Prinz Eugenstraße 22, anzuzeigen. Durchschrift an die IKG Wien bzw. AHO.

Was das bedeutet, illegal, d.h. unangemeldet, ohne gültigen Ausweis, ohne Lebensmittelkarten und vor allem ohne feste Wohnung zu leben, davon kann sich schwerlich jemand eine Vorstellung machen. Viele irrten ohne Obdach umher, nächtigten im Freien, unter Brücken. Über Nacht wurden sie nur ungern längere Zeit behalten, besonders später bei Luftangriffen. Manche hielten es auf die Dauer einfach in den vier Wänden nicht aus – sie gingen auf die Straße, ins Kino, wurden gesehen, erkannt, angezeigt oder bei Kontrollen „geschnappt". Namentlich für Männer im wehrfähigen Alter war es gefährlich, in Zivil ohne gültigen Ausweis auf die Straße zu gehen.

Abgesehen von der Lebensmittelversorgung, der Sorge ernster Krankheit, war das Wohnungsproblem am schwersten zu lösen. Es gehörte schon Mut, großer Mut dazu, Juden zu verstecken. Ständige Belastung und Gefährdung für das eigene Leben, für Angehörige und Freunde. Nicht die Bomben verursachten größte Angst und Not, vielmehr der Gedanke an Entdeckung etwa durch den Luftschutzwart der ja berechtigt war, in der Wohnung nachzuschauen, ob alles in Ordnung war, ob alle Bewohner sich im Luftschutzraum aufhielten -, oder bei

Kontrollen; dazu kam der quälende Gedanke an alle Unannehmlichkeiten für den Gastgeber bei Krankheit und im Todesfall.

Trotzdem lebten laut Statistik der IKG im Jahre 1942 in Wien 2.282 Personen illegal. Sie wurden von der Gestapo gesucht, weil sie untergetaucht waren. Viele waren gezwungen, ihr Quartier öfter zu wechseln. Andere flüchteten ins benachbarte Ausland, wo sie später ihren Verfolgern in die Arme liefen (in Griechenland, Ungarn, Jugoslawien). Ein geringer Prozentsatz wurde entdeckt - auf der Straße, im Kaffeehaus, oder durch Verrat. Wenige überlebten die Schrecken der Nazi-Herrschaft und die Ängste der Illegalität, dank dem Mut, dem Heroismus ihrer Freunde und Nachbarn, die sich ihretwegen viele Einschränkungen in Wohnung und Lebenshaltung auferlegten (Priester, Klöster, Freunde usw.).

Einige von der Hilfsstelle betreute Fälle verdienen festgehalten zu werden:

1. Ein Verfolgter lebte sicher und geborgen bei einer Familie am Rande der Stadt. Er erkrankte schwer und starb. Ein Begräbnis war nicht möglich ohne Gefährdung der ganzen Familie. Heimlich wurde er im Dunkel der Nacht im Garten zur letzten Ruhe gebettet. Jetzt war er vor aller Verfolgung erlöst.

2. Ein jüdischer Ehemann ließ sich von seiner arischen Frau scheiden, um sie nicht zu belasten. Er tauchte unter, wurde entdeckt und verhaftet. Trotz der begleitenden Schergen gelang ihm die Flucht durch einen kühnen Absprung von der fahrenden Straßenbahn. Wieder tauchte er unter und überlebte Verfolgung und Krieg - in der Wohnung seiner tapferen Frau.

3. Eines Tages kam ein kleiner untersetzter Mann in die Hilfsstelle. „Ich bin der Josef", stellte er sich vor. Abgesehen von dem, was er auf dem Leibe trug, besaß er nur eine Blechdose, in der außer seinen

Dokumenten noch sein Rasierzeug war. Sie diente ihm auch als Trinkgefäß und Rasierschale. Er hatte auf dem Lande gelebt und in einem Kloster gearbeitet. Um dem Kloster wegen seiner nichtarischen Abstammung keine Unannehmlichkeiten zu bereiten, tauchte er unter. In der guten Jahreszeit wohnte er in einer Gruft auf einem Friedhof und lebte von gelegentlichen Aushilfen in Gärtnereien in der Nähe des Friedhofes oder bei Straßenarbeiten. Abends ließ er sich im Friedhof einschließen und schlief in seiner Gruft friedlich bei den Toten. Als der Winter kam, konnte er auf dem Friedhof nicht bleiben, ohne entdeckt zu werden. Die Spuren im Schnee hätten seine Unterkunft verraten. So kam er in die Hilfsstelle, die ihm Aufnahme in einem Kloster vermittelte, wo er sich nützlich machte und furchtlos nach den Bombenangriffen bei Aufräumungsarbeiten half. Er überlebte heil den Krieg.

4. Ludwig war sieben Jahre alt, für sein Alter klein und zart. Seine Mutter war immer gut gekleidet, blond, sah so arisch aus, dass niemand auf den Gedanken kam, dass sie jüdisch war. Als sie mit ihrem Jungen nicht zu Hause war, wurde ihr Mann geholt und kam in einen Transport. Die Mutter flüchtete mit ihrem Kind aus ihrer Wohnung und lebte als „U-Boot". Die Nächte verbrachte sie im Hutsalon einer Freundin, die Tage - ohne Judenstern - auf der Straße, in Kaffeehäusern, mal hier, mal dort, um sich zu wärmen und auszuruhen. Weil sie dieses Leben nicht mehr ertragen konnte und immer in Sorge um die Gesundheit ihres Kindes war, versuchte sie, durch Flucht ins Ausland sich und ihr Kind zu retten – trotz unseres Abratens. Der Versuch misslang. Sie wurde aufgegriffen und kam mit ihrem Kind in einen Transport.

5. Ihr Mann hatte sich von ihr scheiden lassen, um seine Stellung zu erhalten, um für seine Frau sorgen zu können. Er hätte sie wohl nie verlassen, wenn er gewusst hätte, dass sie nun vogelfrei, schutzlos war - ohne den arischen Gatten. Selbstmordversuch mit Schlaftabletten. Ins Spital angeliefert Magen ausgepumpt. Sie kommt durch, eine Mitarbeiterin holt sie unbemerkt aus dem Spital und versteckte sie als „U-Boot". Sie überlebte den Krieg und die Verfolgung.

6. Herbert war 16, blond, blauäugig, stand vor der Matura (Abitur), gehörte der HJ an, war eifriger Ministrant und besuchte die Jugendrunde in der Pfarrei. Er wusste nichts von seiner nicht-arischen Abstammung. Die Mutter hatte sie ihm verschwiegen. Eines Tages stellte sich heraus, dass seine Papiere nicht in Ordnung waren. Die Mutter wurde zur Gestapo vorgeladen. Der Bescheid lautete, entweder in Kürze die erforderlichen Papiere verschaffen oder der Junge kommt in einen Transport. Der Versuch, den Jungen über einen Rechtsanwalt zu retten, der für 6.000 Mark die nötigen Papiere verschaffen und die Sache niederschlagen wollte, misslang. Die Hilfe kam zu spät. Herbert musste einrücken und kam in einen Transport. Er war wohl der letzte, dem wir für unsere Ärmsten in Theresienstadt das Allerheiligste mitgeben konnten. Aus Aufzeichnungen in Theresienstadt wissen wir, dass er Anfang Mai 1943 in Theresienstadt ankam und bereits im gleichen Monat, um Christi Himmelfahrt, in einen Transport nach Auschwitz kam.

7. Dr.E.J. vermittelte einer Rassejüdin christlicher Konfession bei einer befreundeten Familie in Hietzing Unterschlupf. Er war in diesem Fall angegangen worden durch Herrn Fahsal, den Leiter der Auswanderungshilfsorganisation für nichtmosaische Juden in der Ostmark. Durch einen Untermieter im gleichen Hause wurde die Jüdin an die Gestapo verraten. Jüdin und Quartiergeberin wurden sofort verhaftet. In der gleichen Nacht wurde auch Dr.E.J., dessen Name offenbar beim Verhör der Gestapo preisgegeben wurde, geholt und vernommen. Er wurde zwar freigelassen, aber bereits am 15.10.1942 von der Gestapo wieder vorgeladen, auf den Morzinplatz. Nach Haft in mehreren Wiener Gefängnissen kam er nach Auschwitz- Birkenau. Von der Fahrt aus gelang es Dr.E.J., auf einer Karte seinen Angehörigen mitzuteilen, dass er auf dem Wege nach Birkenau sei. Nach Ankunft in Auschwitz kam eine Karte mit den Worten „Ich habe gut zu essen und zu schlafen." Am 6.2.1943 übermittelte die Polizei der Familie ein Telegramm mit der Nachricht, dass Dr.E.J. am 30. Januar 1943 an Pneumonie gestorben sei; die Urne würde über Ersuchen übermittelt.

Es geschah nicht. Trotz eines Gesuches. Lediglich eine Sterbeurkunde wurde ausgehändigt. Dr.E.J. war Senatsvorsitzender des Landesgerichtes für Zivilrechtssachen in Wien. Sein Vater der bekannte Philosoph und Universitätsprofessor Dr. Wilhelm J.. Nach der Machtergreifung des NS in Österreich verlor er sofort seine Stellung und wurde pensioniert. Obwohl er in Mischehe lebte und keinen Judenstern zu tragen brauchte, verlor er seine Wohnung in Hietzing und musste mit einer kleinen Wohnung im 2. Bezirk, die ihm zugewiesen wurde, vorlieb nehmen. Aus dem Brief eines Mithäftlings, den dieser nach dem Abtransport an die Familie richtete, spricht eine große Verehrung für Dr. J. wegen seiner aufrechten würdigen Haltung im Gefängnis. Seinem Sohn wurde die Bitte abgeschlagen, den Vater im Gefängnis zu besuchen bzw. ihm zu Weihnachten einen Tannenzweig ins Gefängnis zu schicken.

Tante Ediths Flucht und Rettung

„Tante Edith" wurde sie von den Kindern ihres in der Wollzeile 7 befindlichen Hortes gerufen. Auch in der Hilfsstelle nannten sie alle so, diesen frohen, heiteren, liebenswürdigen Menschen. Sie hatte mit gutem Erfolg einen Kurs für Seelsorgehilfe am Stephansplatz absolviert und wirkte als Seelsorgshelferin in einer Wiener Pfarrei. 1941 trat sie in den Dienst der Erzbischöflichen Hilfsstelle und übernahm die Leitung des Kinderhortes in der Wollzeile. Sie führte ihn fast bis zur Auflösung im Herbst 1942. Edith v. Fössl liebte ihre Kinder und die Kinder liebten ihre „Tante Edith".

1941 begann die Evakuierung Wiens von Juden. Monat für Monat rollten die Transporte in den Osten mit unbekanntem Ziel und Schicksal. 1942 wuchs die Zahl der Transporte sprunghaft an. Wien sollte bald „judenfrei" sein. Auch aus der Töllergasse, wo die Karmelitinnen vom Göttlichen Herzen Jesu ein jüdisches Altersheim eingerichtet hatten, holte die Gestapo die alten Leute fort. In diesem Kloster hatte Edith v. Fössl liebevolle Aufnahme gefunden. Oftmals steckten ihr die Schwestern für ihre Hortkinder Lebensmittel und Süßigkeiten zu. Bald wurden auch die Kinder in die Transporte gesteckt. Die Lücken im Hort wurden von Tag zu Tag größer. Edith v. Fössl wusste, dass ihre Tage in Wien gezählt waren. Obwohl getauft und gefirmt, fiel sie unter die Nürnberger Rassegesetze, weil ihre Eltern Juden waren.

Von Tag zu Tag wurde der Weg von der Töllergasse im 21. Bezirk zur Wollzeile im 1. Bezirk ein immer größeres Wagnis. Nie wusste sie, ob sie auf dem Weg zum Kinderhort oder in die Töllergasse nicht aufgegriffen und in einen Transport gesteckt würde. Eines Tages hielt sie kurz vor dem Kinderhort ein SA-Mann auf der Straße an, Juden waren ja vogelfrei. Ihre Tasche wurde durchsucht, wobei Lebensmittel und Süßigkeiten ans Tageslicht kamen, deren Besitz einer „Nichtarierin" unerlaubt war. Es war wieder einmal ein Geschenk der Karmelitinnen für die Kinder. Da Tante Edith die Namen der Spender nicht preisgeben wollte, die sie sonst schwer belastet hätten, beschlagnahmte der SA-Mann ihre Arbeitsbewilligung. Zwar erhielt sie diese durch Vermittlung des Leiters der Auswanderungshilfsorganisation für nichtmosaische Juden in der Ostmark zurück, aber mit dem Vermerk „Nur für 30 Tage" und der Drohung, falls sie diese Umtriebe (Versorgung der jüdischen Kinder mit Lebensmitteln) nicht unterließe, würde sie im KZ enden.

Nun war höchste Eile geboten. Tante Edith entschloss sich auf Anraten P. Borns (s. Fotos S. 283/284) zur Flucht nach Italien, wohin einige Wochen zuvor ihre Freundin Hilde Pfeiffer, ebenfalls Mitarbeiterin der Hilfsstelle, entkommen war. Alle ihre Freunde rieten ebenfalls zur Flucht. Die Frage war nur, wie sie über die scharf bewachte Grenze kommen sollte. P. Franz Mitzka SJ, der damalige Superior an der Universitätskirche, riet zur Flucht über Obergurgl. Er weihte den ihm befreundeten Pfarrer, Franz Danler, in den Plan ein und empfahl ihm Edith v. Fössl. Rasch waren die nötigen Vorbereitungen getroffen. Tante Edith schneiderte sich aus einem grünen Vorhangstoff einen Rucksack. Die Schwestern der Töllergasse gaben ihr für die Flucht Speck, Schokolade und getrocknete Brotwürfel mit, andere Freunde versorgten sie mit Geld und Lebensmittelkarten. Eine Freundin überließ ihr den eigenen Personalausweis für die Kontrollen bis zur Grenze. Was das bedeutet, vermag man sich heute kaum mehr vorzustellen. Für Tante Edith wie für die Freundin hätte eine Entdeckung mit Sicherheit KZ, wenn nicht das Todesurteil bedeutet. Der Abschied von den Kindern fiel ihr sehr schwer, sie kam sich vor wie ein Kapitän, der sein gefährdetes Schiff im Stich lässt. Dennoch hätte ein weiteres Verbleiben in Wien ein sinnloses Opfer bedeutet. Sie hätte niemandem mehr helfen können.

Liselotte Fuchs, die wenige Wochen später nach Theresienstadt deportiert wurde, machte ihr Mut „Du wirst es schaffen." Anfang September 1942 war es so weit. Begleitet vom Gebet und den Segenswünschen Vieler machte Tante Edith sich auf den Weg. Damit sie unauffällig den Frühzug nehmen konnte, brachte ihr eine Freundin der Rucksack zur Bahn. Die Kontrolle auf der Fahrt nach Innsbruck verlief glatt. Dort nahm sie Abschied von einer Freundin, die nach Obergurgl vorausfuhr, um ein Quartier vorzubereiten. Diese überließ Tante Edith ihren Krankenschwestern-Ausweis für den Weg bis zur Grenze. So überstand diese auch noch die letzte Kontrolle im Autobus von Ötztal und kam heil nach Obergurgl.

Da Pfarrer Danler sie wegen eines Herzleidens nicht begleiten konnte, musste Tante Edith den Weg über das Königsjoch allein wagen. Pfarrer Danler hatte sie gründlich instruiert und auch mit Karte und Kompass versehen. Obwohl Tante Edith einige Bergerfahrung besaß, war die Flucht doch sehr beschwerlich, zumal immer die Gefahr der Entdeckung durch die Grenzwachen drohte.

Am 12. September landete sie auf der italienischen Seite. Am gleichen Tag drangen SS-Leute in das Kloster der Töllergasse ein, um sie zum Transport abzuholen. Tante Edith hatte sich eine List ausgedacht, die jedem Kriminalisten bzw. Kriminalschriftsteller zur Ehre gereicht hätte. In ihrem Zimmer ließ sie unauffällig, aber so, dass er gefunden werden musste, ihren Meßschott mit einer Mitteilung zurück. Die in Hausdurchsuchungen erfahrenen Schergen fanden ihn denn auch sehr bald und entdeckten einen Abschiedsbrief „Lebt wohl, ich gehe in eine bessere Welt." Die SS-Leute glaubten, die von ihnen Gesuchte habe Selbstmord begangen, zumal sich damals zahlreiche Juden auf diese Weise der drohenden Verschleppung entzogen. Sie stellten sofort die Suche ein.

Nach mancherlei Abenteuern gelangte sie schließlich nach Bozen. Dort traf sie mit ihrer gleichfalls geflüchteten Freundin von der Hilfsstelle zusammen. Beide reisten nach Rom weiter und fanden bei den Schwestern in Rocca di Papa liebevolle Aufnahme. P. Weber SAC vermittelte ihr einen Arbeitsplatz (46). Schließlich fand Sie Unterschlupf in einer gut katholischen Familie mit vier Kindern, wo sie bis Kriegsende blieb. Diese Familie war mit dem italienischen Botschafter in Berlin, Attolico, verwandt. Dank seiner hohen Stellung gelang es diesem, Tante Edith die Aufenthaltsgenehmigung für Italien zu erwirken.

Am 8. Dezember durfte Tante Edith an einer Audienz bei Papst Pius XII. teilnehmen. Der Hl. Vater gab hierbei seiner Erschütterung über das Schicksal der verfolgten Juden ergreifenden Ausdruck. Erst mit der Besetzung Roms durch die Alliierten konnte Tante Edith endlich aufatmen. Sie war die letzte der Familie, die sich ins Ausland retten konnte. Ihren kranken Eltern und ihren Brüdern gelang es, nach den USA bzw. England zu entkommen. Sieben Angehörige kehrten aus dem KZ nicht mehr zurück. In der Rückschau über die Zeit der Verfolgung schrieb Tante Edith: „Und dennoch, trotz aller Tribulationen stimme ich mit meiner Freundin überein, wenn sie sagt: Niemals waren wir Gott näher in unseren Herzen als in den Stunden der Not und Bedrängnis, die uns alle in liebevoller Gemeinschaft verband."

Mirjam. Rettung eines jüdischen Kindes und seiner Eltern durch die Hilfsstelle

Kindesweglegung. Die Kriminalpolizei verlautbart: In den Mittagsstunden des 21. April wurde vor der Pforte des Klosters der Barmherzigen Schwestern in der Gumpendorferstraße ein etwa 10 bis

12 Monate altes Kind ausgesetzt. Es handelt sich um ein kräftiges, gut entwickeltes Mädchen mit hellbraunem Haar, dunkelbraunen Augen, das mit rot-weiß-gestreiftem Leibchen, grüner Strampelhose, rotem, gestreiftem Kleidchen bekleidet und in eine gelbe Flanelldecke und einen blass-rosa Wollschal eingewickelt war. Wer kann angeben, wo ein Kind seit dem 21.4. verschwunden ist? Wie heißt es? Wer ist die Mutter? Mitteilungen, die auf Wunsch vertraulich behandelt werden, nimmt die weibliche Kriminalpolizei, Wien 18., Klostergasse 31, Ruf A 20027, Kl. 39, sowie jede kriminalpolizeiliche Dienststelle entgegen. Anfragen wegen Übernahme in Pflege sind zwecklos.

Diese Veröffentlichung der Kriminalpolizei in „Neues Wiener Tagblatt Nr. 146 vom 28.5.1944", hatte keinen Erfolg. Niemand meldete sich. Wer war dieses Kind, das da vor einer Klosterpforte am hellichten Tag ausgesetzt wurde? Wer war seine Mutter? Die Hilfsstelle kannte das Kind und seine Eltern. Sie wusste auch, wie das Kind an die Klosterpforte kam. Aber sie behielt wohlweislich während des Krieges ihr Wissen für sich.

Es war im Frühjahr 1944. Ganz unerwartet erhielt der Leiter der Hilfsstelle Besuch aus Oberschlesien von einer ihm bekannten Fürsorgerin, deren Bruder vor Jahren in einem Internat zu Breslau sein Zögling war. Sie erzählte ihm von einem jungen glaubensjüdischen Ehepaar, das als U-Boot, das heißt ohne polizeiliche Meldung, in einer Siedlung am Rande einer Großstadt Oberschlesiens bei einer befreundeten Familie versteckt lebte. Sie glaubten sicher, dort unbehelligt das Ende des Krieges und der Verfolgung zu erleben. Da kam das Kind an, ein Mädchen mit Namen Mirjam. Je älter es wurde, umso lebhafter und lauter wurde es. Es machte die übrigen Hausbewohner und die Nachbarschaft auf sich und die Eltern aufmerksam. Die Lage wurde kritisch. Wenn das Kind blieb, gefährdete es sich und seine Eltern und die Familie, bei der sie sich versteckt hielten. Die Fürsorgerin, die um den Fall wusste, sah keinen Ausweg. Da reiste sie kurz entschlossen nach Wien, in der sicheren Erwartung, dass die Hilfsstelle eine Lösung finden würde. Ihre Fragen waren: Ist es möglich, dieses jüdische Kind, das in Oberschlesien nicht bleiben kann, in Wien unterzubringen? Können Sie es so unterbringen, dass es sicher den Krieg überlebt, dass die Eltern ihr Kind nach dem Kriege wieder bekommen - und zwar ungetauft? - Die Fragen waren nicht im Handumdrehen zu beantworten. Dazu bedurfte es gründlicher Überlegung. Die Fürsorgerin reiste mit dem Bescheid in ihre Heimat zurück, um über ihre Freundin in Wien bald eine Antwort zu bekommen.

Dieser, auch für die Hilfsstelle nicht gerade alltäglicher Fall, wurde im engsten Kreis der Mitarbeiterinnen besprochen. Alle waren sich darin einig, dass geholfen werden musste. Aber wie? Alle Möglichkeiten wurden gründlich erörtert. Ein Heim, selbst ein jüdisches, kam nicht in Frage. Auch keine Familie oder alleinstehende Person. Das Kind war ja ohne Papiere. Es musste unangemeldet bleiben, wenn es gerettet werden sollte. Es blieb nur eine wirkliche Lösung, das Kind als Findelkind an einem sicheren Platz in Wien auszusetzen. Der sicherste Ort schien die Klosterpforte eines der Hilfsstelle gut bekannten Schwesternhauses, das zudem in einem Bezirk lag, deren tüchtige, verlässliche Hauptfürsorgerin der Hilfsstelle sehr verbunden war. Dieser Plan fand nach eingehender Prüfung aller Einzelheiten einhellige Zustimmung. Er schien verhältnismäßig leicht durchführbar und menschlich gesprochen sicher, ohne Risiko.

Die Fürsorgerin in Oberschlesien wurde durch ihre Wiener Freundin verständigt, die Fürsorgerin in Wien von der Hilfsstelle in den Plan eingeweiht. Schon nach wenigen Tagen erreichte uns ein telefonischer Anruf aus Wien. Das Kind war da und konnte abgeholt werden. Der Fürsorgerin aus Oberschlesien war es gelungen, das Kind durch alle Kontrollen im Zug gut nach Wien zu bringen, obwohl es keine Personalpapiere hatte. Es blieb unbemerkt und schlief friedlich unter dem Mantel der Fürsorgerin, die einen Eckplatz im Zugabteil gewählt hatte. Zur Vorsicht gab sie dem Kind eine Schlaftablette, so dass es sich bis Wien nicht muckste. Die einzige kritische Situation ergab sich beim Umsteigen auf einem Bahnhof, wo ausgerechnet an diesem Tag plötzlich ein Bekannter vor ihr stand, der aber das Kind, das sie in eine Wolldecke eingehüllt wie ein Paket unter dem Arm trug, Gott sei Dank nicht bemerkte.

Sr. Verena CS, eine langjährige Mitarbeiterin der Hilfsstelle, der vor allem der „Außendienst" oblag und der Kontakt mit den Klöstern, hatte sich zur Durchführung des Planes die Mittagszeit gewählt. Sie holte das Kind in der Wohnung der Wiener Freundin ab. Das Kind war besonders zart, zeigte aber gar keine Scheu vor der Fremden, ließ sich ganz ruhig auf den Arm nehmen und kam lächelnd mit. Die Straßenbahn brachte beide in die Nähe des Klosters. Das reizende Kind bezauberte in der Straßenbahn die Fahrgäste und löste helles Entzücken aus: „So ein hübsches Kind, ganz die Mutter!" Von der Haltestelle bis zum Kloster war immerhin ein Stück Weg. Aber alles lief programmmäßig. Kein Bekannter tauchte auf. Auch beim Tor vor dem Kloster war niemand zu sehen und das Pfortenfenster war zu dieser Zeit geschlossen. Das Kind in seinem roten Mantel verhielt sich vollkommen still.

So konnte Sr. Verena das Kind ruhig in die Ecke bei der Eingangstüre niedersetzen, in der einen Hand eine Orange, in der anderen einen Rosenkranz, der ihm umgehängt war, um den Eindruck zu erwecken, es handle sich um ein bereits getauftes Kind. Ungesehen und unbemerkt konnte Sr. Verena mit dem Kind zur Pforte gelangen und ebenso wieder fortgehen. Gleich anschließend ging sie auf das Jugendamt, um die Fürsorgerin zu verständigen, dass alles geklappt hatte und das Kind, wie vereinbart, an der Klosterpforte weggelegt worden war. (47)

Nach kurzer Zeit kam ein Besuch zur Klosterpforte und machte die Pfortenschwester darauf aufmerksam, dass ein kleines Kind an der Pforte liege. Die Aufregung im Kloster war groß. Die Vorgesetzten waren bestürzt. In der jahrzehntelangen Geschichte des Hauses war ein weggelegtes Kind noch nicht vorgekommen.

Die große Glocke rief alle Schwestern in den Festsaal. Das Kind, das in einem schnell herbeigeholten Körbchen gebettet lag, wurde gebührend bestaunt und bewundert. Es lächelte still vergnügt zu allem. Am liebsten hätten die Schwestern das Kind im Haus belassen. Doch unter den damaligen Verhältnissen schien es geraten und geboten, den Vorfall beim zuständigen Polizeirevier und beim zuständigen Jugendamt zu melden. Von dort wurde es nach etlichen Tagen abgeholt und dem Zentral-Kinderheim übergeben und unter „NN" geführt. Durch die uns bekannte Fürsorgerin wussten wir jederzeit um den Verbleib und das Befinden des Kindes, auch als es in den letzten Monaten des Krieges vor dem Einmarsch der Russen nach Oberösterreich verschickt wurde. Dort erlebte es das Ende des Krieges. Wir erfuhren bald, dass es alles gut überstanden hatte und wohlauf war. Nach der sicheren Unterbringung des Kindes in Wien, konnten die Eltern ruhig und unbekümmert im Versteck bei der befreundeten Familie bleiben. Sie erlebten dort das Ende des Krieges und der Verfolgung. Sobald die Fahrt von Oberschlesien nach Wien möglich war und die Hilfsstelle die erforderlichen Papiere beschafft hatte, kam die Mutter, um ihr Kind zu holen.

Da die nach Oberösterreich evakuierten Kinder von der Gemeinde Wien wegen der Besetzung durch die alliierten Truppen noch nicht zurückgeholt werden konnten, machte sich die Mutter auf den Weg durch die russische Besatzungszone über die Demarkationslinie in die amerikanische Zone nach Oberösterreich. Es gelang trotz aller Schwierigkeiten. Gesund und wohlbehalten, wenngleich für sein Alter etwas zart und zurückgeblieben, nahm die Mutter die Kleine in Empfang. Auch der Rückweg nach Wien glückte trotz aller kritischen Momente, und Mutter und Kind konnten nach Erledigung aller Formalitäten den Heimweg nach Oberschlesien antreten. Vater, Mutter und Kind waren gerettet und wieder beisammen. Die Eltern waren überglücklich und der Hilfsstelle unendlich dankbar.

Es war für die Eltern nach dem Krieg nicht leicht, sich wieder eine Existenz aufzubauen. Nach einem vergeblichen Versuch in Israel gelang es ihnen unter großen Schwierigkeiten in der alten Heimat. Auch dabei konnte die Hilfsstelle wertvolle Dienste leisten. Das Kind erhielt eine gute Erziehung und Ausbildung. Heute ist Mirjam glücklich mit einem Schweizer verheiratet und Mutter zweier Buben (s. Foto S. 283).

Die Not gegen Ende des Krieges

Die letzten Jahre der Naziherrschaft standen unter der starken Belastung der Kriegsereignisse, der sich ständig verschlechternden Versorgung mit Lebensmitteln, der immer stärker und häufiger einsetzenden Bombenangriffe und schließlich am Ende der näher rückenden Front. Wenn auch die Hoffnung auf den baldigen Zusammenbruch des Regimes durch die katastrophale Lage der Front wuchs, so nahm anderseits auch die Furcht vor neuen Gewaltmaßnahmen, z.B. gegen die Mischehen, zu.

Die Angst, die Machthaber könnten die rassisch Verfolgten in ihren Zusammenbruch mit hineinreißen, belastete die in jahrelanger Bedrohung angespannten Nerven noch mehr. Zu dieser seelischen Zermürbung kamen noch die Nöte des Zwangsarbeitseinsatzes, der fast allen Gruppen der Schützlinge der Hilfsstelle auferlegt war. Vom 14jährigen Kind bis zum 70jährigen Greis standen alle, trotz schlechten Gesundheitszustandes an den schlechtesten und gefährlichsten Arbeitsplätzen oder arbeiteten auf den Straßen und an den Müllverwertungsstätten. Kranke Frauen und solche, die den arischen Gatten zu versorgen hatten, weil dieser seine Stellung verloren hatte, waren nicht ausgenommen. Meistens konnte niemand von ihnen bei Luftangriffen einen Schutzraum aufsuchen, wenn sie nicht überhaupt die Angriffe auf freiem Feld, wie in Atzgersdorf, Bruckhaufen usw. über sich ergehen lassen mussten. Daneben waren die Unterkünfte der rassisch Verfolgten am meisten bedroht, weil gerade der zweite Bezirk besonders stark bombardiert wurde. In ihm lebte der größte Teil der Juden und derer, die in Mischehe lebten, auf engstem Raum zusammengepfercht.

Die Bombenangriffe, nicht zuletzt der Volltreffer in den Luftschutzkeller des Ältestenrates in der Seitenstettengasse, kostete manchem der Schützlinge das Leben und brachte viele um ihr letztes Hab und Gut. Es gab schwere Bombenschäden in der Mohapelgasse und im Kinderspital. Viele kamen sehr verstört in die Hilfsstelle. Mit dem gelben Judenstern trauten sie sich nicht in die Luftschutzkeller. Noch viel weniger riskierten es die „U-Boote", um sich und ihre Helfer nicht in Gefahr zu bringen, bei dieser Gelegenheit „geschnappt" zu werden. Zudem wurde das Leben immer schwieriger. Das Gas brannte nur noch zu bestimmten Stunden. Die Straßenbahnen fuhren nicht mehr regelmäßig. Die Menschen hatten Hunger. Sie froren. Überall fehlte es an Heizmaterial.

Die Arbeit der Mitarbeiterinnen und Helferinnen wurde stark erschwert. Die Wege wurden unsicherer. Die Schützlinge waren nicht mehr zu Hause anzutreffen. Frühmorgens schon brachen sie aus Angst vor Luftangriffen von zu Hause auf und suchten das Innere der Stadt auf. Dort schien es sicherer. Viele Stunden verbrachten sie in Luftschutzkellern. Nach der Entwarnung ging es voll Sorge heim, um nachzusehen, welche Verwüstungen der Angriff angerichtet hatte. Die Helferinnen eilten in ihre einzelnen Bezirke, um festzustellen, wo es eingeschlagen hatte und ob sie helfen könnten.

Je mehr sich das Ende des Krieges abzeichnete, desto ungehinderter konnten die „Nichtarier" mit dem gelben Stern durch die Straßen gehen. Nun schaute keiner mehr nach ihnen. Alle hatten mit sich selbst genug zu tun. Es galt, die eigene Habe, das eigene Leben zu retten. Die Bomben machten keinen Unterschied zwischen „Ariern" und „Nichtariern". Letztere verloren sich zum Schluss in der Menge. Sie fielen nicht mehr auf. Jetzt waren sie nicht mehr die allein Gefährdeten. Alle erfüllte die gleiche Angst, Sorge und Unsicherheit. Die Hilfsstelle versuchte, der vielfachen Not nach Kräften zu begegnen. Nebst namhafter finanzieller Unterstützung wurde an Wäsche und Kleidern bereitgestellt, was nur irgendwie aufgetrieben werden konnte. Manche Missstände bei der Arbeit an den Müllverwertungsstätten konnte durch Intervention beim Sozialministerium beseitigt werden.

Ungarn

Beklagenswert war das Los der im Laufe des Jahres 1944 aus Ungarn deportierten Juden, die in Wien und in Lagern Niederösterreichs unzulänglich untergebracht und zu harter Zwangsarbeit gezwungen wurden. Selbst vor Kinderarbeit scheute man nicht zurück. Die Hilfsstelle unterstützte diese Ärmsten mit Geld, Kleidung, Lebensmitteln und insbesondere mit Medikamenten, die sonst fast nicht erhältlich waren (48).

Hinzu kam im Jahr 1944 noch die Verproviantierung der Judentransporte, die von Ungarn auf der Durchfahrt durch Wien kamen. Die armen Menschen wurden in plombierten Waggons von Ungarn abtransportiert. Die Züge, die über Wien geleitet wurden, wurden auf offener Strecke angehalten. Der Ältestenrat durfte Wasser und Brot zum Zug bringen. Die Fürsorgestelle des Ältestenrates bat um Hilfe, und die Hilfsstelle brachte Lebensmittel auf. In vorbildlicher Weise halfen die Wiener Klöster. Sie stellten der Hilfsstelle weitgehend die eigenen Brotmarken zur Verfügung, damit diese die Juden versorgen konnten. Dass es sich nicht lediglich um die eine oder andere fromme Seele handelte, die gelegentlich aus Mitleid ein Stück Brot für die Hungernden gab, sondern dass es sich um eine systematische, organisierte Großtat der Nächstenliebe handelte, macht die Aufstellung von Schwester Verena deutlich. Hierbei ist zu beachten, dass die Klöster nicht nur selber hungerten, um den notleidenden Juden zu helfen, sondern dass sie auch ganz bewusst die Gefahr der Unterstützung von „Volksfeinden" auf sich nahmen. Diese jahrelange tatkräftige Hilfe ist umso höher zu bewerten, als Kirche und insbesondere Ordensleute und Klöster selber zu den Verfolgten zählten.

Der Anteil der Wiener Klöster an der Arbeit der Hilfsstelle

Die geringfügigen Zuweisungen an Lebensmitteln auf Karten, die das „J" (Jude) trugen, aber auch die ständig wachsende Zahl der Verschickten, denen durch Lebensmittelsendungen so lange wie möglich geholfen werden sollte, machten es notwendig, alle nur möglichen Hilfsquellen zu aktivieren. So wurden ab 1943 (?) alle Wiener Klöster aufgesucht und um Hilfe gebeten. Ein Empfehlungsschreiben von Kardinal Innitzer sollte den Weg ebnen. Es war jedoch fast nie notwendig, diesen Brief vorzuweisen. Kein Kloster verschloss sich der Notwendigkeit, zu helfen:

Mutterhaus der Barmherzigen Schwestern in der Gumpendorferstraße;

Mutterhaus der „Dienerinnen des heiligsten Herzens Jesu in der Keinergasse", mit ihren großen Stationen, Rudolfsspital, Allgemeines Krankenhaus Franz-Josefsspital;

Provinzialat der Dienerinnen des Hl. Geistes in der Alxingergasse;

die Hartmannschwestern mit ihren Stationen im Spital und Altersheim Lainz und der Wolkersbergerstraße bzw. Versorgungsheimplatz.

Aber auch alle anderen Gemeinschaften haben getan, was sie konnten. Unvergesslich bleibt die Hilfe der Vinzentinerinnen in den Heimen Wexstraße und Rückertgasse, der Benediktinerinnen der Ewigen Anbetung in ihrem Heim in der Molitorgasse durch Aufnahme geltungsjüdischer Mischlingskinder.

Die Karmelitinnen vom Göttlichen Herzen Jesu in der Töllergasse wandelten ihr Kinderheim in ein Heim für nichtarische Katholiken um (49). Die Ursulinen unterrichteten in ihren Häusern im 1. und 18. Bezirk jüdische Kinder, die von allen Schulen ausgeschlossen waren, ebenso wie die Sacré-Coeur- Schwestern am Rennweg. Die Armenseelenschwestern in der Martinstraße gaben Konvertitenunterricht. Schwester Verena holte allmonatlich in der Alxingergasse einen Koffer mit Hülsenfrüchten und anderen Lebensmitteln. Als der erste Transport mit Juden aus Ungarn kam, gaben die Schwester in der Keinergasse spontan Marken für 100 kg Brot. In den Pfarreien St. Leopold (in deren Bereich die Malzgasse lag) und St. Johann Nepomuk holte Frau Gertrud Steinitz-Metzler (s. Foto S. 282) sehr häufig Geld für die Schutzbefohlenen.

Seelsorgerische Hilfe

Am schwersten war wohl die seelische, die religiöse Not, die alte Menschheitsfrage, wie diese ausweglose Lage mit dem Bild des gütigen Gottes zu vereinbaren sei. Es ist sicher menschlich begreiflich, dass viele sich aufbäumten.

Nicht wenige nahmen sich das Leben. Da war das alte Ehepaar, gläubige Menschen, die sich noch hinter dem Ladentisch ihres ausgeraubten Juwelenladens die Pulsadern geöffnet hatten. Er verblutete, sie wurde „gerettet". Wenige Monate später nahm sie Gift, als sie in den Transport gehen sollte. Ihre Schwester war ihr im Tod vorausgegangen. Sie hatte sich aus dem 4. Stock in den Hof gestürzt, als die Schergen sie holen wollten (50).

So ist es nicht verwunderlich, dass trotz aller äußeren Not von allem Anfang an die seelsorgerischen Bemühungen den ersten Platz in der Arbeit der Hilfsstelle einnahmen. Ihre Bedeutung wuchs von Jahr zu Jahr. Sie erstreckte sich auf alle Gruppen der Schutzbefohlenen: Kinder, Jugendliche, Alte und Kranke in Heimen und Spitälern oder auch zu Hause. So galt eine wesentliche Sorge dem Religionsunterricht der Kinder in der Schule Grüngasse, später in der Kindertagesheimstätte Mohapelgasse. Die größeren Mischlingskinder trafen sich wöchentlich zu einer Glaubensstunde, von Zeit zu Zeit zu einer Gemeinschaftsmesse (51).

Alte und Kranke wurden regelmäßig aufgesucht. Die Hilfsstelle trug auch Sorge für die seelsorgerische Betreuung durch die jeweils zuständige Pfarrei. An den Festtagen wurden eigene Gottesdienste gehalten. Unvergesslich für alle Beteiligten war die hl. Messe mit Spendung der Sakramente im Altersheim Seegasse vor dem Abtransport der Insassen in den Osten im Herbst 1942. Selbst Hochbetagte, Kranke und Bettlägerige, ja dem Tode nahe, blieben nicht verschont. Als eine 102 (!) Jahre alte Frau verschleppt wurde, weinte die ganze Gasse. - Schließlich galt es auch, für ein christliches Begräbnis Sorge zu tragen (52).

Als die Transporte in den Osten begannen und die Evakuierung Wiens von allen Opfern der Nürnberger Gesetze unabwendbar schien, suchte der Leiter der Hilfsstelle mit seinen Mitarbeiterinnen die Schützlinge auf eine ungewisse harte Zukunft, ein christliches Leben im Ghetto, in gottloser Umwelt ohne Priester und Gottesdienst und auf ein christliches Sterben ohne Sakramente vorzubereiten. Alle nur denkbaren Fragen wurden in diesen Stunden durchgesprochen: Die Möglichkeiten der Taufe, der Eheschließung, die Feier von Gottesdiensten ohne Priester, die Bedeutung der Taufe, die Möglichkeit eines Lebens aus der Taufgnade, ohne andere Sakramente empfangen zu können, das allgemeine Priestertum der Gläubigen, die Bedeutung der vollkommenen Reue, über den Beistand bei Sterbenden - ohne Priester und Sakramente.

Bedenkt man, dass dies alles lange Jahre vor dem Zweiten Vatikanischen Konzil war und dass die Gläubigen, die anderen helfen sollten, selber in ständiger Todesangst lebten und einem grausamen Schicksal entgegensahen, wird man das christliche Engagement dieser Helferinnen und Helfer um so mehr würdigen können. Aus den Berichten der wenigen Überlebenden, aus schriftlichen Mitteilungen und privaten Aufzeichnungen geht hervor, dass die so geschulten Gläubigen in den schweren Jahren in Theresienstadt das dortige religiöse Leben entscheidend mitgestaltet und geprägt haben.

Einer Reihe der Opfer, die das harte Los der Deportation traf, wurde das Allerheiligste anvertraut. Wenn auch kein geweihter Priester die Unglücklichen begleiten konnte, so ging doch der Herr selbst in der Brotgestalt mit ihnen, blieb bei ihnen, tröstete und stärkte sie und viele Leidensgefährten in schwerer Krankheit und Todesnot und verließ sie auch nicht auf dem Weg in die Gaskammer. Für die wenigen, denen die Auswanderung bis Herbst 1941 gelang, bemühte sich die Hilfsstelle, den Kontakt mit kirchlichen Stellen im Ausland, in Rom, Lissabon, Argentinien und den USA herzustellen. Bereits 1941 wurden außer den Schutzbefohlenen, die die Hilfsstelle aufsuchten oder die von Zeit zu Zeit zu Hause besucht wurden, alle namentlich bekannten Konvertiten und deren Familien durch die Mitarbeiterinnen der Hilfsstelle systematisch aufgesucht. Jede hatte ihren eigenen Bezirk und ihre Familien. Man musste persönlich nach ihnen schauen. Sofern sie nichts davon wussten, mussten sie mit der Hilfsstelle bekannt gemacht und in Kontakt gebracht werden. Es galt in Erfahrung zu bringen, ob sie Rat und Hilfe nötig hatten. Die meisten waren unsäglich dankbar, dass die Kirche sich um sie sorgte und für sie jederzeit, soweit es irgendwie möglich war, zur Verfügung stand.

Sehr oft wurde der Wunsch geäußert, der Besuch möchte doch wiederholt werden. Für viele war es ein großer Trost, dass jemand ihre Isolierung durchbrach, dass sie jemanden hatten, bei dem sie sich aussprechen konnten, der ihre Ängste und Nöte kannte und dafür Verständnis aufbrachte. Das Bewusstsein, dass es in dieser Welt der Feindschaft und des Hasses, die sie ständig bedrohte, Menschen gab, die ihre eigene Angst überwanden, um für sie da zu sein und ihnen zu helfen, erleichterte ihnen das Leben und bewahrte sie weitgehend vor auswegloser Verzweiflung. Manche kehrten in dieser Zeit zur Kirche zurück oder brachten ihre Ehen in Ordnung. Andere wurden aus jahrelanger Gleichgültigkeit aufgerüttelt und wandelten sich zu eifrigen, aktiven Katholiken. Andere baten um Konvertitenunterricht, der regelmäßig von der Hilfsstelle gehalten wurde (53). Aufnahme in die Kirche, Taufe und Erste heilige Kommunion wurden möglichst würdig und feierlich gestaltet. - Mehrfach spendete Kardinal Innitzer persönlich in seiner Privatkapelle getauften Konvertiten das Sakrament der hl. Firmung.

Unter den Schützlingen der Hilfsstelle befanden sich solche, die seit ihrer Geburt getauft waren, andere, die seit Schulbeginn zur Kirche gehörten, wieder andere ließen sich vor ihrer Eheschließung taufen. Sodann gab es auch nicht wenige, die nach der Besetzung Österreichs durch die Nazis um die Taufe baten. Bei allen aber war religiöse Weiterführung und Weiterbildung erwünscht und notwendig. Jeden Monat wurden die Konvertiten zu einer Andacht mit Ansprache eingeladen. 1943 ging man zur hl. Messe am Sonntag über. (Wegen des Arbeitseinsatzes war an Wochentagen ein Treffen nur schwer möglich.) Dann wurde die Kongregationskapelle an der Universitätskirche für die vielen Besucher zu klein. Da „Nichtarier" die Straßenbahnen nicht benutzen durften und die einzelnen oft weit weg wohnten, war dieser sonntägliche Gottesdienstbesuch schon ein großes Opfer.

Einen Höhepunkt in der Arbeit für die Konvertiten, aber auch in der seelsorgerischen Betreuung aller Gruppen, der Heiminsassen, der Evakuierten, der Donnerstagskinder und Mitarbeiterinnen bildete die Feier der Hochfeste des Kirchenjahres. Vor allem Weihnachten wurde besonders festlich begangen. Soweit es irgendwie möglich war, nahm der Leiter der Hilfsstelle mit seinen Mitarbeiterinnen an den Weihnachtsfeiern in den verschiedenen Heimen teil, hielt eine Ansprache und sorgte, wo es sich einrichten ließ, für einen Gottesdienst.

Tätigkeit nach dem Krieg

Das Ende des Krieges und damit der Naziherrschaft brachte das Ende der Nürnberger Gesetze und aller übrigen unmenschlichen Ausnahmebestimmungen gegen die Juden. Es gab keine Gestapo mehr, keinen Judenstern, keine Deportationen. Es gab nicht mehr „nichtmosaische" oder „getaufte" Juden, „nichtmosaische" Christen oder „nichtarische" Katholiken. All das hörte schlagartig auf. Das Ende des Krieges bedeutete für die Hilfsstelle, dass sie nun ohne Angst vor Gestapo und Parteistellen arbeiten konnte - frei und ungehindert.

Auch die russische Besatzungsmacht hinderte die Arbeit nicht, jedenfalls seit dem Tag (12.4.45), da der Kardinal eine militärische Wache erhielt. Bis dahin - die Russen kamen am Vormittag des 10. April 1945 ins Palais - gab es für die Hilfsstelle noch zwei bange Tage und Nächte. Der Schutzbrief des Internationalen Roten Kreuzes (54) am Portal des erzbischöflichen Palais hatte die Russen nicht beeindruckt.

Nachdem eine russische Wache in der Pforte des Palais Quartier bezogen hatte, wurde dieses eine Oase des Friedens.

Jedoch die Not der bisher rassisch Verfolgten hatte noch kein Ende. Sie war auch nicht von einem Tag auf den andern zu beheben. Die von der Hilfsstelle betreuten Katholiken waren, wie alle rassisch Verfolgten, ob Christen, Konfessionslose oder Glaubensjuden durch die Jahre der Verfolgung und Bedrückung länger und härter mitgenommen als alle anderen. Wie die übrige Bevölkerung hatten sie unter dem Krieg, den Bomben und der ungenügenden Versorgung mit Lebensmitteln gelitten. Hinzu kam aber ihre Verfolgung als „rassisch Minderwertige", die im März 1938 begann, hinzu kamen die zahllosen Ausnahmegesetze, die diesen „Untermenschen", sofern sie nicht überhaupt ausgerottet wurden, das Leben zur Hölle machten. So waren sie bei weitem schlechter dran als die anderen vom Krieg Betroffenen, die „nur" ausgebombt, evakuiert oder auf der Flucht waren. Die Lebensmittelzuteilungen für Juden waren ja wesentlich geringer als für „Volksgenossen". Die Verdienstmöglichkeiten waren erbärmlich, da die Zwangsarbeit, die sie leisten mussten, sehr schlecht bezahlt wurde. Sie wohnten außerdem zusammengepfercht in Elendsquartieren, und erhielten auch keine Kleiderkarten.

Der Besuch von Schulen und Hochschulen, jegliche berufliche Weiterbildung sowie Teilnahme an irgendwelchen kulturellen Veranstaltungen war ihnen verboten gewesen. Dazu kamen ständige Schikanen. Sie waren geächtet und diffamiert, völlig rechtlos und jeglicher Willkür ausgesetzt. Die Zukunft lag dunkel und unsicher vor ihnen. Ja, es war für gewöhnlich nur eine Frage der Zeit, wann sie den Weg in die Gaskammer antreten mussten. Es gab kaum einen unter ihnen, der nicht Angehörige in Auschwitz oder einem anderen KZ zu beklagen hatte. So gehörten sie wirklich zu den Ärmsten der Armen, und das blieb auch unvermeidbar vorläufig so. Die Not des Zusammenbruchs lenkte von ihrer persönlichen Not ab. Die jüdischen Organisationen berücksichtigten nur Glaubensjuden. Viele

Hilfsaktionen, alliierte, ausländische, selbst katholische, wussten nicht, dass auch Katholiken jüdischer Abstammung genauso verfolgt wurden wie die Glaubensjuden, ja dass sie im Grunde schlimmer dran waren als diese. Sie saßen zwischen sämtlichen Stühlen. Von den Nazis wurden sie als Juden betrachtet, die Juden sahen in ihnen Renegaten, und selbst viele Katholiken hatten gegen sie Vorbehalte.

Mit Ende des Krieges kamen neue, fast übermenschliche Notstände auf die Hilfsstelle zu, die deren Mitarbeiter bis zur Erschöpfung beanspruchten. Zu diesem Zeitpunkt ging sie mit ihrem gesamten Mitarbeiterstab in der „Caritas der Erzdiözese Wien" auf (55). Zu ihrem Leiter wurde Msgr. Dr. Weinbacher, der Sekretär Kardinal Innitzers, bestellt. P. Born, der bisherige Leiter der Hilfsstelle, half ihm beim Aufbau der Caritas. Die bisherige Hilfsstelle wurde in der „Zentralen Hilfsstelle" mit neuen Aufgaben bedacht.

Es galt, der großen Not des Zusammenbruchs und der unmittelbaren Nachkriegszeit zu begegnen. Die Umstellung auf die neue Zeit und die neuen Aufgaben erfolgte reibungslos. Jedoch durfte die alte Arbeit hierüber nicht vergessen werden und wurde es auch nicht. Sicher war es prinzipiell richtig, die bisherigen Schützlinge grundsätzlich möglichst bald in die Obhut ihrer Pfarrei und der Pfarrcaritas zu entlassen. Nicht der letzte Grund hierfür lag darin, sie aus dem bisher erzwungenen Ghettodasein in die Gemeinschaft der Pfarrei hineinzuführen. Tatsächlich blieb der größte Teil der bisherigen Schützlinge auf die Betreuung ihrer alten „Hilfsstelle" angewiesen, weil viele selbst sehr eifrige Pfarreien sich außerstande sahen, zu diesem Zeitpunkt den Kreis ihrer Hilfsbedürftigen zu erweitern.

In den ersten Wochen nach Kriegsende hatte die alte Hilfsstelle alle Hände voll zu tun, viele Hungrige mit einer Mahlzeit zu versorgen. Dann nahm vor allem die Flüchtlingsfürsorge immer größere Ausmaße an. Ab 1. Juli 1945 nahm Frau Gertrud Steinitz-Metzler, eine Mitarbeiterin der alten „Hilfsstelle", im alten „Stall" ihre Tätigkeit als Leiterin der Stelle für Sonderfälle der Fürsorge auf. Hierzu gehörten all jene, die weder von der Pfarrcaritas noch durch eine andere Stelle bedacht wurden. Unter ihnen standen die Opfer der Nürnberger Gesetze an erster Stelle.

Frau Steinitz-Metzler sah ihre Aufgabe darin, ihren früheren Schützlingen auch in der schweren Übergangzeit in ein normales Leben zur Seite zu stehen. Es ging um finanzielle Beihilfen, Lebensmittelzuweisungen, Versorgung mit Wäsche und Kleidung und Verpflegung in der Küche der Hilfsstelle. Darüber hinaus galt es Ferien- und Erholungsplätze, besonders für die Kinder zu vermitteln. Es ging um Berufsberatung, Vermittlung von Studienplätzen und Stipendien, um Hilfe bei Wiedergutmachung und Auswanderung. Soweit es damals möglich war, wurden die ehemaligen Schützlinge aufgesucht. Man schaute nach ihnen und suchte ihnen in jeder Weise behilflich zu sein. Möglicherweise kamen die Konvertiten in diesen Monaten zu kurz. Ihre seelsorgliche Betreuung blieb zunächst ein ungelöstes Problem. Die Überlastung der Hilfsstelle ließ eine Betreuung wie in früheren Jahren nicht zu.

Am 7. Juli 1945 kamen die ersten Heimkehrer aus dem KZ Theresienstadt. Bald folgten einzelne aus Auschwitz und anderen Lagern. Nur wenige waren es, die die Heimat wiedersahen. So gut es möglich war, wurden die bisherigen Häftlinge mit Geld, Wäsche und Kleidung versehen. Viele erhielten in der Hilfsstelle einen Mittagstisch, soweit sie nicht im Lager Seestraße wohnten. Aber auch von dort kamen einige Lagerbewohner, weil die Verpflegung bei ihrem schlechten Gesundheitszustand nicht ausreichend war.

Viele von ihnen hatten auf dem Rücktransport ihre letzte, durch die Jahre hindurch gerettete Habe verloren und kamen in einem bemitleidenswerten Zustand in Wien an. Im August 1945 war in der Hilfsstelle eine festliche Jause für die KZ-Heimkehrer und den alten Kreis der Mitarbeiterinnen, im September wurde in der Universitätskirche eine Dankmesse gefeiert, zu der alle Heimkehrer eingeladen wurden sowie alle, die in früheren Jahren an den religiösen Zusammenkünften teilgenommen hatten. Im November wurde für alle Opfer der Verfolgung, die den Tag der Befreiung nicht mehr erlebt hatten, eine hl. Messe gefeiert.

Mit dem Eintreffen der Alliierten in Wien und der ausländischen Hilfsorganisationen begann ein neuer Abschnitt der Nachkriegszeit für Wien und auch für die Tätigkeit der Hilfsstelle. Wegen ihrer während der Nazizeit und besonders während des Krieges geleisteten Arbeit erfreute sie sich bei allen Stellen besonderer Achtung und großen Vertrauens. Man hatte viel Verständnis für die Gruppe der rassisch Verfolgten.

Im Alliierten Wohlfahrtsausschuss, der vierzehntägig zusammentraf, wurde auch die Hilfe für die Opfer der Nürnberger Gesetze angesprochen und die Notwendigkeit einer gerechten Berücksichtigung verfolgter Nicht-Glaubensjuden (56). In der Arbeitsgemeinschaft der Wiener öffentlichen und freien Wohlfahrtspflege geschah das gleiche (57).

Da die Wiener Israelitische Kultusgemeinde und der Joint grundsätzlich nur Glaubensjuden mit ihren Hilfsaktionen bedachten, kam es im Februar 1946 nach einer Besprechung mit dem Internationalen Roten Kreuz zur Gründung eines „Hilfsausschusses für rassisch geschädigte christliche und konfessionslose Österreicher (58)." Er setzte sich aus Vertretern der Caritas, der Inneren Mission und der Quäker zusammen und sah seine Aufgabe darin, die Interessen dieser Gruppe zu vertreten und ihr alle nur mögliche Hilfe zu leisten: Lebensmittelpakete, Kindererholung, Stipendien im In- und Ausland, Lebensmittelbeihilfen für Studierende und Auswanderung.

Schon im August 1945 gelang es dem Internationalen Roten Kreuz in Genf, einen ersten Hilfstransport von der Schweiz nach Wien zu bringen. Durch Vermittlung der ersten Delegierten des IRK erhielt die alte Hilfsstelle für ihre Schützlinge am 10. August eine erste ins Gewicht fallende Lebensmittelspende, die zu diesem Zeitpunkt nicht hoch genug eingeschätzt werden konnte (59).

Alle Schützlinge erhielten ein Lebensmittelpaket. Dieser ersten Hilfe des IRK folgten weitere wertvolle Spenden auch unter dem Delegierten Herrn Füllemann. Hinzu kamen weitere Spenden von alliierter und ausländischer Seite. So konnten Weihnachten 1945 insgesamt 434 Personen bzw. Familien mit einem Lebensmittelpaket bedacht werden. Allein 2.000 kg Kartoffeln wurden verteilt. Auch zu Ostern wurden Lebensmittelpakete vergeben. In der Zwischenzeit konnten wöchentlich ungefähr 100 kg Kartoffeln und mitunter auch kleinere Lebensmittelmengen abgegeben werden. An der Fahrten- und Landaktion der „Zentralen Hilfsstelle" der Caritas wurden die Schützlinge der alten Hilfsstelle großzügig beteiligt. Dr. Siegfried von der Schweizer Spende vermittelte durch eine Sonderaktion einigen geltungsjüdischen Mischlingen einen Ferienaufenthalt in der Schweiz.

Erwähnenswert ist eine liebevoll zusammengestellte Sonderspende an Kinderkleidung und Kinderwäsche des Österreichischen Damenkomitees in Stockholm, die Frau Elsa Björkman-Goldschmidt vermittelte (60). Bei einer Jause im erzbischöfliche Palais für die ausgewählten Kinder wurden diese kostbaren Geschenke in Anwesenheit der schwedischen Gäste verteilt. Frau Malla Granat-Horn und Frl. Rita Baechler, die als erste Abgesandte der Quäker in Wien eintrafen - sie waren am Ende des Krieges ausgewiesen worden (61) - führte ihr erster Weg nach ihrer Rückkehr nach Wien in die Hilfsstelle, um sich zu orientieren und Vorschläge für ihren Einsatz einzuholen. Dank dieser Verbindung konnte eine größere Anzahl der Schützlinge in die Paketaktion für alte Leute gebracht werden. Auch von privater Seite liefen kleinere und größere Spenden ein. Vom Wiener Kirchenblatt erhielt die Hilfsstelle 6 große Kisten mit Schuhen, zahlreichen Kleidungsstücken und Wäsche. In der Nähstube, die wieder von August bis Dezember arbeitete, wurden die Spenden hergerichtet. Für die reparaturbedürftigen Schuhe fanden sich auf Grund eines Aufrufs im Wiener Kirchenblatt Schuhmacher bereit, diese Schuhe gebrauchsfähig zu machen. So konnten hunderte von Kleidungsstücken und Schuhen ausgegeben werden, noch ehe die ausländischen Kleideraktionen begannen.

Die finanzielle Unterstützung für Bedürftige (gelegentlich bzw. regelmäßig im Monat) wurde in den meisten Fällen weitergeführt. Vom 1. Juli 1945 bis 31. März 1946 wurden insgesamt 32.890,18 RM gezahlt (62).

Die Unterstützung in den Monaten Juli bis Oktober 1945 betraf KZ-Heimkehrer und allgemeine Fürsorgefälle. Auf die KZ-Heimkehrer allein entfielen 8.520 RM (63).

Im Januar 1946 betrug die Zahl der Befürsorgten nach der Aufstellung von Frau Steinitz-Metzler 461 Personen: 72 Jugendliche, 185 Kinder und 204 Alte und Kinder.

Spenden für die Hilfsstelle:

1. Internationales Rotes Kreuz
10.8.1945 durch Colonel de Heyers: 100 belgische Pakete, 100 französische Pakete, 1 Kiste Kaffee, 100 kg Bohnen, 1 Karton Seife, 1 Karton Schweizer Pakete, 1 großer Karton Fischkonserven, kleine Kartons Fischkonserven
Dezember 1945 durch Herrn Dr. Imfeld: 150 Dosen Eletto Milch, 105 Dosen Romaltin
2.1.1946 durch Colonel de Meyer: 220 Dosen Fleischkonserven, 220 Tafeln Schokolade, 14 kg Trockenmilch, 82 Dosen Kondensmilch
3.1.1946 aus der Irlandspende vermittelt durch Fürst Johannes Schwarzenberg über IRK: 220 kg Butter
9.1.1946 durch Colonel de Meyer: 10 Dosen Fleischkonserven, 14 kg Trockenmilch, 440 Tafeln Schokolade, 28 Dosen Kondensmilch, 11 kg Trockenäpfel
7.3.1946 durch Herrn Füllemann: 27,50 kg Bananenflocken
7.3.1946 aus der Irlandspende über das IRK: 7,50 kg Zucker, 65 Dosen Kondensmilch, 17 kg Käse, 3 Dosen Keks

2. Lt.Col. Roman J. Nuwer, Chef des Ecclesiastical Branch beim Amerikanischen Hauptquartier vermittelt die ersten Pakete aus USA.

3. Frau Elsa Björkman-Goldschmidt überreichte für unsere Kinder besonders wertvolle Kinderkleider und Kinderwäsche vom Österreichischen Damenkomitee in Stockholm (Schweden).

4. Frau Malla Granat-Horn und Frl. Rita Baechler, Quäker, erste Abgesandte der Schweizer Quäker, Pakethilfe für alte Leute.

5. Aus der Fox-Spende (NCWC) 20.4.1946: 2 Dosen Obstkonserven

6. Zuteilungen durch die Zentrale Hilfsstelle:
a) Landfahrten (1.6. - 31.10.1945): 170 kg Kartoffeln
b) Landaktion (24.10. - 25.4.1946): 2.000 kg Kartoffeln, 19 kg Hülsenfrüchte, 192,50 kg Mehl, 1,20 kg Fett, 25 Flaschen Wein, 51 Eier
Lebensmittelspende der Hilfsstelle an ihre Schützlinge
August 1945: 182 Lebensmittelpakete IRK
Oktober 1945: 220 Lebensmittelpakete IRK
Vom September 1945 - Januar 1946: wöchentlich 100 kg Erdäpfel
Dezember 1945 Weihnachtsspende (verteilt an 434 Personen bzw. Familien):
48 Dosen Milch, 84 Dosen Romaltin, 50 kg Milchpulver, 145 Dosen Fischkonserven, 50 kg Erbsen, 20 kg Mehl, 15 kg Zucker, 18 kg Trockenäpfel, 200 Tafeln Schokolade, 32 kg Lebkuchen, 2.000 kg Erdäpfel, 20 Bilderbücher, 17 Holztiere, 15 Spiele, 3 Christbäume
Januar 1946 - April 1946 : 100 Dosen Milch, 20 kg Milchpulver, 120 Dosen Eletto, 20 Dosen Romaltin, 438 Dosen Fleischkonserven, 205 kg Butter, 22 kg Mehl, 220 Tafeln Schokolade, 3,50 kg Zucker, 10 kg Hülsenfrüchte, 3 kg Käse, 18 kg Trockenäpfel, 3 kg Bananenflocken, 2 Dosen Kakao, 2 Dosen Knäckebrot, 20 Eier, 20 Flaschen Wein 3,50 kg Zucker, 10 kg Hülsenfrüchte, 3 kg Käse, 18 kg Trockenäpfel, 3 kg Bananenflocken, 2 Dosen Kakao, 2 Dosen Knäckebrot, 20 Eier, 20 Flaschen Wein

Unsere Heimkehrer, Sommer 1945

Aus den Aufzeichnungen P. Borns (64)

Namentlich seien genannt von unseren Heimkehrern aus Riga Frau Böhmerwald und Sohn, aus Theresienstadt Frau Edith Theresia Fuchs, Sr. Mirjam (Susanna Vorstein), Frau O., Mutter und Tochter S.

Frau Edith Theresia Fuchs, geboren 1.XII.1876

Sie kam am 1.10.1942 in einen Transport nach Theresienstadt mit ihrem Mann, Generalstabsarzt Dr. Bernhard Fuchs, und zwei Töchtern. Ihr Mann starb nach schwerer Krankheit am 23.3.1943 in Theresienstadt. Ihre beiden Töchter Liselotte und Maria wurden am 10. bzw. 12.10.1944 mit Transporten in den Osten verschickt. Liselotte hatte sich freiwillig gemeldet, um ihre Schwester nicht allein zu lassen. Sie kamen nicht zusammen fort, sondern wurden in verschiedene Transporte eingeteilt. Frau Fuchs war mit ihrem Mann das zweite Mal in Theresienstadt. Das erste Mal weilte sie als junge Offiziersfrau in der Garnisonstadt, als ihr Mann dort als Regimentsarzt stationiert war. Damals - am 23.X.1906 - wurde Liselotte als zweites Kind geboren und in der Garnisonkirche von Theresienstadt getauft. Sie erhielt den Namen Elisabeth Charlotte und verbrachte ihr erstes Lebensjahr in Theresienstadt, bis der Vater 1907 nach Prag versetzt wurde. Nach dem Verlust ihres Mannes und ihrer beiden Töchter kehrte Frau Fuchs nach Kriegsende allein nach Wien zurück. Dort verlebte die Mutter von Lotte Fuchs zum größten Teil ihren Lebensabend, verehrt und betreut von den Getreuen der Hilfsstelle.

Sr. Mirjam (Susanna Vorstein)

Sie gehörte der Genossenschaft der Barmherzigen Schwestern in Wien Gumpendorferstraße an, war gelernte und erfahrene Krankenpflegerin.

Kam mit dem Transport .... nach Theresienstadt. Arbeitete dort als Krankenpflegerin und betätigte sich, soweit es ihre harte Arbeit zuließ, auch in der katholischen Gemeinde. Nach den großen Transporten 1944, denen fast alle leitenden Persönlichkeiten der katholischen Gemeinde zum Opfer fielen, hat sie bei den Gottesdiensten vorgebetet und auch sonst geholfen. Juli 1945 kam sie von Theresienstadt zurück und brachte uns wertvolle Aufzeichnungen über das Leben der katholischen Gemeinde in Theresienstadt mit.

Mutter und Tochter S.

Seit Jänner 1943 in Theresienstadt. Wie durch ein Wunder gerettet. Tochter S. (geb. 9.3.1919) seit 1939 ohne Ausbildungs- und Verdienstmöglichkeiten, flüchtete Herbst 1939 ohne einen Groschen, nur mit dem, was sie auf dem Leibe trägt, nach Belgien. Lebt bis Herbst 1940 als „U-Boot" ohne Papiere, ohne polizeiliche Meldung, ohne Aufenthalts- und Arbeitsbewilligung in Belgien, Luxemburg und Frankreich. Gibt sich als Volksdeutsche aus, die alles, auch die Papiere, verloren hat. Nach der Kapitulation in Frankreich in einem Internierungslager von der SS übernommen und nach Deutschland repatriiert. Bis Herbst 1941 in Berlin als Kindergärtnerin tätig, dann in einem Kindergarten in der Nähe von Magdeburg. Durch eine Kollegin angezeigt, verhaftet. In einem Arbeits-Erziehungslager in Magdeburg, Mai 1942. Weigert sich zu unterschreiben, dass sie der Abstammung nach Jüdin ist. August 1942 nach Wien in die Elisabeth Promenade überstellt. Nach einigen Wochen in das jüdische Sammellager Kl. Sperlgasse. Dort trifft sie ihre Mutter wieder.

Nach mehrmaligem Hin und Her, von einer Kaserne in die andere; freigelassen und wieder verhaftet, trotz aller Bemühungen und Proteste der arischen Großmutter, am 7. Januar 1943 in einen Transport nach Theresienstadt. Erreicht durch fortgesetzte Bemühungen, dass die Mutter auf die Mischlingsliste kommt. Erreicht in zähem Ringen, mit dem Mut der Verzweiflung kämpfend, dass auch sie auf die Mischlingsliste gesetzt wird. Arbeitet in einem Kader, einer Arbeitsgruppe, einer Hundertschaft. Pflegte die schriftliche Verbindung mit der arischen Großmutter in Wien. Überlebt mit der Mutter die schweren Jahre des Hungers, der Kälte, der Schikanen, der ständigen Angst vor den Transporten nach Auschwitz, des aufreibenden Kampfes um die nackte Existenz, um ein Stücklein Brot mehr, um ein Platzerl am Ofen, die Suppe zu wärmen. Aufrechtgehalten durch den Lebensmut so vieler, auch der Mutter, durch die Kontakte mit der Großmutter, die Pakete und Post der Hilfsstelle, durch den Zusammenhalt der katholischen Gemeinde in Theresienstadt. Nach dem Kriege mit der Mutter und Großmutter wieder vereint. Ihr Bruder versucht 1939 mit einem Transport nach Palästina zu kommen. Auf dem Wege dorthin kam er in Jugoslawien um.

Frau Anna Böhmerwald

Eine der ganz wenigen, die von einem Riga-Transport zurückkam. Schon unter P. Bichlmair Mitarbeiterin. Kam als erste unserer Mitarbeiterinnen am 3.12.1941 mit ihrem Mann und Sohn (16.11.1927) in einen Transport nach Riga (Litauen), in das KZ Kaiserwald bei Riga. Der Vater starb dort am 23.3.1943. Februar 1944 kamen Mutter und Sohn nach Stutthof bei Danzig. Dort wurden sie getrennt. Die Mutter kam weiter nach Neu-Stadt in Pommern. Dort April 1945 durch die Russen befreit. Frau Böhmerwald half im Lager in ihrer Umgebung, teilte mit ihren Mithäftlingen ihr Essen, auch Kleidung, stand den Kranken bei, obwohl sie nach der unmenschlich harten Tagesarbeit (Eisenbahn-Streckenbau, Schienenlegen, Waggonverladen) vor Erschöpfung kaum auf den Füssen stehen konnte. Es ist schwer zu verstehen, wie diese kleine, schwächliche (kränkliche) Frau dies geschafft hat. Mutter und Sohn trafen sich nach dem Kriege in Wien wieder. Wanderten nach USA aus. Dort starb Frau Böhmerwald am 7.3.1964 an einem schweren Krebs. Tapfer und ergeben.

Frau NN.

Erstmals sahen wir sie Anfang Februar 1945 in einem unbeschreiblichen Aufzug wieder. Dann Ende Mai. Sie hatte ihren Mann verloren. Ihre Tochter. Ihre Mutter starb vor der Zeit in geistiger Umnachtung infolge des Schicksals, das ihre Familie traf. Ihre Schwiegermutter, 76 Jahre, verlor sie Oktober 1942 in Theresienstadt, ihren Schwager durch Transport nach Auschwitz. Nur ihre Schwester überlebte, wie sie, das KZ Theresienstadt. Ihr Weg war ein wahrer Passionsweg.

Schon im Jahre 1938 erste Kontakte mit der Hilfsstelle. Auf den Rat eines Geistlichen wandte sie sich durch einen Brief mit der Aufschrift „K", den sie an der Pforte der Universitätskirche abgab, an die Hilfsaktion von P. Bichlmair. Darauf erhielt sie Besuch von Frl. Liselotte Fuchs, mit der sie in Kontakt blieb. Vor allem verband die Tochter eine besondere Verehrung und Freundschaft mit Lotte. Ihr Mann verlor 1938 Arbeit und Verdienst, konnte praktisch in seinem Arbeitsgebiet nicht mehr tätig sein. Hinzu kamen durch einen Sturz komplizierter Beinbruch, Hausdurchsuchung, Internierung, Verlust der Wohnung, von einem Quartier ins andere. Die Tochter konnte nicht mehr weiter studieren. Zwei Auswanderungsmöglichkeiten für den Mann, einmal in die Schweiz, eine nach Belgrad, beide mit guten Berufsaussichten, scheiterten. Sei es durch den Polenfeldzug, sei es durch Einrücken der Deutschen in Jugoslawien. Mai 1942 tauchte die Familie unter. Aufhören der Familiengemeinschaft. Mutter und Tochter kamen verhältnismäßig leicht unter. Der Vater erfuhr zumeist erst abends, wo sein Nachtquartier war. Manchmal in einer Fabrik, manchmal als Feuerwache für etliche Tage in einer Kirche usw.. Ein sehr schweres Dasein. Sie glaubten sich schon in Sicherheit und gerettet durch einen Freund des Mannes in Regensburg, der ihnen neue Pässe verschafft hatte. Oktober 1942 verraten, verhaftet in Regensburg. Über München nach Wien in die Elisabethpromenade. Dort stirbt am 20.11.42 der Mann an Lungenentzündung. In Begleitung des Lagerarztes dürfen Mutter und Tochter am Begräbnis auf dem israelitischen Friedhof teilnehmen. Auch Pfarrer Domanig von St. Elisabeth ist anwesend.

Theresienstadt, 5.1.1943 bis Mai 1944. Am 5. Januar 43 müssen Mutter und Tochter in einen Transport nach Theresienstadt. Ich gebe ihnen das Allerheiligste mit. Mutter arbeitet vom ersten Tag an als Krankenschwester im Infektionskrankenhaus. „Vorstufe allen Grauens". Sie arbeitet Tag und Nacht. Kontakt mit der Hilfsstelle durch Karten und Pakete. Teilnahme am Gottesdienst und den Abenden der Leo-Gesellschaft. Wiedersehen und Zusammentreffen mit Lotte Fuchs. Der dauernde Vitaminmangel verursacht bei der Tochter schwer blutende Zahnfleischentzündungen. Frischgemüse war nicht zu beschaffen. Plötzlich kommt eine Sendung der Hilfsstelle mit Karotten. Fast zu gleicher Zeit vom Leiter der Hilfsstelle eine persönlich geschriebene Karte aus Leitmeritz, „Ich sehe die Türme von Theresienstadt und sage Euch Grüß Gott". „Dass die sehnlichst erwünschten Karotten kamen, dazu die Karte - das grenzte an ein Wunder". (Aus einem Brief der Mutter.)

Transport nach Auschwitz. Mai 1944. Die Tochter muss in den Transport. Um das Kind nicht allein zu lassen, geht die Mutter freiwillig mit. 4 - 5 Tage und Nächte unterwegs. Eingepfercht in dunkle Viehwagen. Zwischen unzähligen Leidensgenossen, halb sitzend, halb stehend auf mitgenommenem Bettzeug. Ein einziger Eimer für die Notdurft. Der Durst quält bis zum Irrsinn. Auschwitz. Von Auschwitz und seinen Zuständen kann sich keiner eine Vorstellung machen. Polnische Gefangene treiben sie aus dem Zug - draußen SS mit Wolfshunden - in grellem Scheinwerferlicht geht es vorwärts. Mutter und Tochter wissen, was dieser Gang bedeuten kann. Doch der Herr ist bei ihnen. Sie teilen miteinander die letzte der hl. Hostien, die sie von Wien mitnahmen. Tief ergriffen, schweigend. Sie sind bereit. Wie durch ein Wunder bleiben sie verschont vor der Gaskammer. Nach 5 Selektionen Juli 1944 in einen Arbeitstransport nach Stutthof. Ein Chaos ohnegleichen. Dort werden Mutter und Tochter getrennt. Es war der 4.8.44. Tochter kommt mit einem Transport nach Prust bei Danzig. (Nach dem Kriege trifft die Mutter in Wien eine Transportkameradin ihres Kindes. Sie erfährt, dass die Tochter auf dem Flugplatz Prust bei Danzig arbeitete. Über ihr weiteres Schicksal war nichts zu erfahren.) Die Mutter versucht vergeblich, freiwillig auch in diesen Transport zu kommen. Sie sollte ihre Tochter nicht mehr wiedersehen in diesem Leben.

Irrfahrten der Mutter bis zur Flucht. Mutter am 6.8.1944 von Stutthof auf Kohlenbarken durch die Weichselmündung in die Nähe des Frischen Haff, Schützengrabenarbeit. Als Revierschwester in mehreren Lagern tätig. Weiter über Elbing-Straßburg-Brodnise. Letztes Lager. Schützengrabenarbeit ohne Schuhe, in Schnee und Eis. Vollständig erschöpfte Frauen sterben qualvollen Tod. Unterkunft in finnischen Zelten, ohne Stroh, bei eisiger Kälte. Kontakt mit dem nahen Lazarett. Polnische Ordensschwestern helfen im geheimen mit Medikamenten. Ermöglichen hl. Beichte und Kommunion. Auflösung des Lagers. Kranke werden liquidiert. Marsch nach Graudenz.

Flucht und Rettung. Am 20. Januar 1945 Flucht mit zwei tschechischen Kameradinnen, eingehüllt in eine Wehrmachtsplane. Gibt sich als deutsche Wehrmachtsschwester aus auf der Flucht vor den Russen. Arbeitet zwei Tage auf dem Bahnhof Graudenz bei der Wehrmachtskommandantur. Mit Sanitätszug bis Danzig. Dann keine Zugverbindung mehr. Erreicht am 1.2.1945 Ausreisegenehmigung von der NSDAP. Mischt sich unter den Flüchtlingsstrom von ca 8.000 Ost- und Westpreußen. Mit der „Deutschland" von Danzig nach Kiel. Weiter über Kellinghusen nach Wrist in Schleswig-Holstein. Quartiergeberin verschafft über Partei gestundete Fahrkarte: Wrist - Hamburg - München - Wien. Am 9.2.1945 um Mitternacht in Wien. Am nächsten Morgen in die „Hilfsstelle". Aufenthalt im Durchgangslager der NSV. Auf Wunsch mit deutschen Flüchtlingen weiterverschickt nach Wodnia im Protektorat. Arbeitsbuch und Tätigkeit als Stationsschwester in einem deutschen Sanatorium zu Budweis. Am 9.5.1945 Einmarsch der Russen. Mit Repatriierungsschein am 20.5.1945 nach Wien. Kurze Zeit später kommt als einzige Überlebende ihrer Familie ihre Schwester aus Theresienstadt zurück

Die Haltung der Katholiken jüdischer Abstammung
in den Jahren der Verfolgung

Es gab in Wien zahlreiche Katholiken jüdischer Abstammung und Konvertiten aus dem Judentum. Während es in den Jahren nach der Machtergreifung Hitlers in Deutschland jährlich einige hundert waren, die in Wien aus der Israelitischen Kultusgemeinde austraten (65), schnellte die Zahl der Austritte im Jahr der „Eingliederung" Österreichs auf 4.844 empor. 1939 sank die Zahl auf 1.455, während sie in den Jahren 1940-1944 insgesamt 1.036 betrug (66) . Auch zu der Zeit, als eine Auswanderung nicht mehr möglich war, als niemand mehr sich einen Vorteil von einer Konversion zur Katholischen Kirche erhoffen konnte, als ein solcher Schritt vielmehr nur Nachteile mit sich bringen konnte - in den Jahren seit Beginn der Deportationen - traten Juden zur katholischen Kirche über.

Auf katholischer Seite liegt keine Statistik über die Konversionen aus dem Judentum während der Zeit der NS-Herrschaft vor. Begreiflicherweise vermied man alles, was die Konvertiten oder die Kirche hätte belasten können. Nach einer Zusammenstellung von P. Bonsirven im Bulletin Catholique d'Israel aus dem Jahr 1936 wurden in Wien in den Jahren 1910-34 insgesamt 5.355 Juden katholisch.

Im Jahresdurchschnitt wären das 214,2 Konversionen. Man muss nüchtern feststellen, dass politische und wirtschaftliche Motive bei Konversionen von Juden eine nicht unbedeutende Rolle spielen. P. Bonsirven meint, dass gerade in den letzten Jahren politische Erwägungen für die Konversionen in Wien in hohem Maß ausschlaggebend waren (67) . Nach Mitteilungen des Amtes Rosenberg vom 15. November 1938 waren von den 1942 Personen, die in Wien vom März bis September 1938 in die katholische Kirche eintraten, 1.702 Juden (68). Nach der Statistik der Iskult Wien gab es aber auch Übertritte und Rücktritte zum Judentum. Während es in den Jahren von 1933 bis 1937 insgesamt 1.875 waren, also im Durchschnitt 375 pro Jahr (69), betrug die Zahl der Übertritte bzw. Rücktritte im Jahr 1938: 1.211, 1939 waren es dann noch einmal 293, 1940 nur mehr 12 und 5 in 1941 . Danach schloss sich niemand mehr der Iskult an. Aus der Statistik geht nicht hervor, um wie viele Neueintritte bzw. wie viele Rücktritte es sich handelt. Ferner ist nicht ersichtlich, wie viele Rücktritte aus der katholischen, wie viele aus der evangelischen Kirche erfolgten und wie viele ursprünglich Konfessionslose der Iskult beitraten. Manche Rücktritte geschahen sicher aus der Überlegung, mit Hilfe der Kultusgemeinde leichter und schneller auswandern zu können, später mag die Überlegung mitgespielt haben, es in Theresienstadt und in anderen Lagern besser zu haben und mehr geschützt zu sein.

Nach dem Kriege war sicherlich auch das Motiv mitbestimmend, bei Spenden durch den Joint (70) beteiligt, bei der Vergabe von Stipendien fürs Studium bedacht oder bei Anträgen auf Wiedergutmachung unterstützt zu werden. Aus den Berichten und Briefen geht hervor, wie schwierig die Situation der kleinen christlichen Minderheiten jüdischer Abstammung in Theresienstadt und anderen Ghettos gegenüber der großen glaubensjüdischen Mehrheit war, von der sie ganz und gar abhängig waren. Denn in deren Hand lagen alle Ämter und Befugnisse und sie hatte durchweg keine allzu hohe Meinung von Christen, geschweige denn von Konvertiten aus dem Judentum.

So gaben sich viele aus Furcht vor Benachteiligung schon bei der offiziellen Personalaufnahme in Theresienstadt als mosaisch oder konfessionslos aus. Andere hielten sich von jeder öffentlichen religiösen Veranstaltung fern und waren nicht bereit, sich durch Übernahme von Funktionen und Ämtern in der katholischen Gemeinschaft zu exponieren.

Zum Lobe vieler Katholiken jüdischer Abstammung, ganz gleich, ob sie unmittelbar nach ihrer Geburt getauft wurden oder erst später konvertierten, muss jedoch gesagt werden, dass sie sich auch in der für sie doppelt aussichtslosen Lage vorbildlich verhalten haben und trotz der Verfolgung durch die Nazis sich als Bekenner und tapfere Zeugen ihres katholischen Glaubens bewährt haben. Ihre selbstverständliche religiöse Haltung gewann ihnen Achtung und Anerkennung vieler gläubiger Juden. Das tapfere Erdulden der ihnen aufgezwungenen Passion wurde für die Zeugen ihres Leidensweges erschütterndes Zeugnis menschlicher Größe. Ihm steht das stille Heldentum der Helferinnen und Mitarbeiterinnen nicht nach, die täglich, ja stündlich gegen die eigene Angst ankämpfen mussten und die dennoch Tag für Tag unermüdlich im Dienst der Nächstenliebe tätig waren. Ihnen war kein Weg zu weit und gefahrvoll. Im Bewusstsein der eigenen Ohnmacht und unzulänglicher Mittel nahmen sie täglich die mühsame und entnervende Arbeit auf sich. Bis zur letzten Stunde haben sie die zum „Transport" Bestimmten aufgerichtet, ermutigt und getröstet. Als sie selbst den Kreuzweg der Deportation gehen mussten, waren sie anderen im Lager in Wien, auf dem Transport, in Theresienstadt - und vielen wohl auch im Sterben - Halt und Kraft.

G e s a m t a u s g a b e n
der erzbischöflichen Hilfsstelle für nichtarische Katholiken,
von Dezember 1940 bis März 1946 (71).
Angaben in RM

Dezember 1940 - Mai 1941	35.220,-
Juni 1941 - Juni 1942	80.000,-
Pauschalbetrag (72)	
Juli - Dezember 1942	33.766,21
1943	74.942,81
1944	81.446,33
Januar - Juni 1945	37.151,91
Juli - Dezember 1945	25.340,66
Januar - März 1946	7.549,52
Gesamtsumme	375.417,44

Angesichts der damaligen großen Not mag diese Summe recht bescheiden erscheinen. Einige Vergleiche ergeben jedoch eine annähernde Vorstellung von den damaligen Einkommen und Preisen.

In Wien erhielt ein Kaplan des Weihe-Jahrganges 1938 im Juli 1940 ein monatliches Nettogehalt von 106,56 RM. Ein lediger Studienrat/ Regierungsrat in der Anfangsstufe 408,00 RM, in der Endstufe 684,00 RM. War er verheiratet und hatte ein Kind, so bekam er ein Anfangsgehalt von 439 RM, ein Endgehalt von 725 RM.

Der Journalist und Schriftsteller Frederic W. Nielsen zitiert in seinem Buch „Emigrant für Deutschland" einen Brief des PEN-Clubs, dem er angehörte. Dieser sah sich außerstande, „die versprochene Unterstützung von zehn Mark zukommen zu lassen." Statt dessen gewährte das Britische Flüchtlingskomitee einen „wöchentlichen Zuschuss von 2,50 Mark (73)."

Wenn die Juden als Hilfsarbeiter, zu denen sie in den meisten Fällen vorsätzlich degradiert wurden, einen Wochenlohn von 18-22 RM und als Hilfsarbeiterinnen gar nur von 12 - 18 RM erhielten, so erhält man auch erst wieder durch Vergleiche ein annäherndes Bild von der himmelschreienden Ungerechtigkeit, die ihnen hier, wie auf allen Gebieten widerfuhr. So erhielt ein Hilfsarbeiter im Baugewerbe in Wien im Jahr 1941 einen tariflichen Mindeststundenlohn von 75 Rpf (Reichspfennige). Bei 52 Arbeitsstunden pro Woche, wie sie damals üblich waren, wären dies pro Woche 39 RM. Zum Ausgleich dafür mussten die Juden aber bis zu 60 Stunden pro Woche arbeiten. Hilfsarbeiterinnen erhielten in der Industriegruppe Steine und Erden im September 1939 einen Stundenlohn von 50 Pfennigen, in der Papierverarbeitenden Industrie von 44,4 Pfennigen. In Wien betrugen im Jahr 1940 die Preise für 1 kg Roggenbrot 34 Pfennige, für je 1 kg Weizenmehl 47 Pfennige, Graupen 53 Pfennige, Reis (mittlerer Qualität) 46 Pfennige, getrocknete Erbsen 56 (im Jahr 1941 sogar 72) Pfennige, Sauerkraut 33 Pfennige, Koch-Rindfleisch (mit Knochen) 1,59 RM, Schweinefleisch 1,65 RM, Butter 3,53 RM (ab 1941 3,60 RM), Schmalz

2,16 RM. 5kg Kartoffeln kosteten 50 Pfennige, 1kg Erbsen 54 (1941 sogar 72) Pfennige. Für Bohnen waren im Januar 1940 44, ein Jahr später 64 Pfennige zu bezahlen.

Ausgaben: Besondere Fürsorge (Angaben in RM)

Ausspeisung	2.725,--
Altersheim	10.568,--
Schule (x)	14.068,50
Hort	10.337,50
Ärztliche Behelfe (Prothesen etc.)	2.718,66
Wöchnerinnen	230,--
Spitalaufenthalt	15.302,26
Übersiedlung	3.274,--
Kindererholung	540,--
Begräbnisse	4004,--
Pauschale (x)	12.000,--

(x) Pauschale für fehlende Aufstellung im Bericht Juni 1941 bis Juni 1942

Ausgaben: Allgemeine Fürsorge (Angaben in RM)

1940/41	28.263,00
1941/42	60.000,00 (Pauschalbetrag)
2/1942	24.424,40
1943	59.012,15
1944	63.344,90
1/1945	30.379,89
2/1945	25.340,66
1/4 1946	7.549,52
gesamt	298.314,52

Ausgaben. Besondere Fürsorge: Übersicht (Angaben in RM)

	1940/41	1941/42	1942/2	1943	1944	1/1945	Summe
Ausspeisung	695,--		355,--	900,--	625,--	150,--	2.725,--
Altersheime	1.759,--		2.404,48	3.060,--	2.167,50	1.177,02	10.586,--
Schule	4.503,--	7.800,-- (x)	1.765,50				14.068,50
Hort			1.637,50	3.390,--	4.070,--	1.240,--	10.337,50
Ärztepauschale			185,--	600,--	350,--		1.135,--
Ärztl. Behelfe			408,33	1.090,33	1.120,--	100,--	2.718,66
Wöchnerinnen				100,--	130,--		230,00
Spitalaufenthalt			560,--	2.833,33	8.383,93	3.525,--	15.302,26
Übersiedlung			1.889,--	1.045,--	340,--		3.274,--
Kindererholung				540,--			540,--
Begräbnisse			137,--	2.372,--	915,--	580,--	4.004,--
Pauschale		12.200,--					12.000,--
Gesamt	6.957,--	20.000,--	9.341,81	15.930,66	18.101,43	6.772,02	77.102,92

(x) Pauschalbetrag

Die Hilfsquellen

Seit Anfang Dezember 1940 bis Juni 1945 wurden von der Erzbischöflichen Hilfsstelle für die Aufgaben der Fürsorge RM 342.527,26 ausgegeben. Dazu kamen für die Auswanderung weitere RM 15.705,00, ferner Geldbeträge für die nach Polen und Theresienstadt deportierten Schützlinge, die ihnen bei der Abreise ausgehändigt wurden. Schließlich wurde Geld zur Überweisung an die Evakuierten zum Einkauf von Lebensmitteln usw. über die Caritas in Kattowitz zur Verfügung gestellt und für die Auswanderung Dollarbeträge (74). Woher kam das Geld? Es war immer da und ging nicht aus. Es kamen viele Spenden von Unbekannten von allen Seiten. Viele brachten das Geld direkt in die Hilfsstelle, andere brachten es ihren Seelsorgern, gaben es im Beichtstuhl oder Sprechzimmer ab. Gelegentlich kamen größere Beträge von einzelnen Bischöfen oder vom Papst. Der größte Geldgeber und nie versagender Wohltäter war Kardinal Innitzer. Jeden Monat stellte er einen festen Geldbetrag zur Verfügung (75). In vielen

Einzelfällen gab er zusätzliche Beihilfen. Niemals klopfte der Leiter der Hilfsstelle vergebens an seine Tür.

Da Juden grundsätzlich keine Kleiderkarten erhielten, galt es, sie mit dem Nötigsten zu versorgen. Auch hier kamen Spenden von überall her. Nicht zuletzt half auch hier die Großzügigkeit zahlreicher Klöster und Pfarreien.

Juden erhielten Lebensmittelkarten, die sich ganz wesentlich von denen für „Volksgenossen" unterschieden. Ein aufgedrucktes „J" ließ auch nicht den geringsten Zweifel darüber aufkommen, dass es sich bei ihnen um Ausgestoßene handelte. So erhielten sie grundsätzlich kein Fleisch und kein Fett. Immer wieder sprang die Hilfsstelle ein. An Weihnachten wurden nach Möglichkeit alle bedacht. Die ständig wachsende Zahl der Deportierten erforderte mehr und mehr Lebensmittel. Über 9.000 Pakete gingen an die nichtarischen Katholiken, der größte Teil nach Theresienstadt. Mit den Lebensmitteln ging es ähnlich wie mit dem Geld. Immer wieder brachten oft Unbekannte sie in die Hilfsstelle. Auch städtische Angestellte, die an Lebensmittelkartenstellen saßen, brachten Lebensmittelmarken. Was dies bedeutete, vermag sich heute der unkundige Leser wohl kaum vorzustellen, handelte es sich doch nach damaliger Gesetzgebung und Rechtsprechung um schwere Verbrechen, die im günstigsten Fall mit hohen Zuchthausstrafen, im „Normalfall" mit KZ-Haft und Todesstrafe bedroht waren. Der Heldenmut so vieler unbekannter Helfer und ihr selbstloser Einsatz für ihnen völlig fremde Menschen sollte nicht einfach mit Stillschweigen übergangen werden. Als Beispiel heroischer Nächstenliebe, die über dem Einsatz für die verfolgten Menschen schwere persönliche Entbehrungen auf sich nahm, darf die mehrfach erwähnte Schwedin Malla Granat-Horn von der schwedischen Mission gelten. Sie sparte sich immer wieder so viele Lebensmittel von ihren eigenen Rationen ab, dass sie schließlich eine schwere Mangelkrankheit bekam und sämtliche Zähne verlor. Die großartige und selbstlose Hilfe mehrerer Wiener Klöster wurde schon früher erwähnt. Ohne ihre beständige Unterstützung hätte die

Hilfsstelle nicht annähernd das leisten können, was ihr durch die Hilfe bekannter und unbekannter Wohltäter erst ermöglicht wurde.

Warum geschah der Hilfsstelle nichts?

Es ist zweifelsohne ein merkwürdiges Phänomen, dass die Erzbischöfliche Hilfsstelle für nichtarische Katholiken von 1940 bis 1945 ununterbrochen arbeiten konnte, ohne in ihrer Tätigkeit gehindert zu werden. Warum ließen Gestapo und Partei sie gewähren? Warum konnte ausgerechnet sie ihre Arbeit fortsetzen? Am 15. Juni 1941 war die Schwedische Mission geschlossen worden. Ihre Mitarbeiter mussten nach Schweden zurückkehren. Die Society of Friends (Quäker) musste ihre Tätigkeit mit dem Eintritt der USA in den Krieg im Dezember 1941 einstellen. Malla Granat-Horn, die nach Auflösung der Schwedischen Mission und Verbot der Tätigkeit der Quäker mit einem Helferkreis evangelische und konfessionslose Juden betreute, musste 1944 auf „Empfehlung" der Gestapo Deutschland verlassen. Die Erzbischöfliche Hilfsstelle konnte weiterarbeiten. Der St. Raphaels-Verein in Hamburg wurde am 25. Juni 1941 aufgelöst und verboten . Er hatte viele Haussuchungen seitens der Gestapo erfahren, viele Unterlagen waren beschlagnahmt worden. Sein Leiter, P. Dr. Grösser, wurde oft vorgeladen und verhört. Längere Zeit saß er in Berlin in Haft, Frau Dr. Gertrud Luckner, die in Freiburg i.Br. im Rahmen des Deutschen Caritas-Verbandes eine Hilfsaktion für rassisch Verfolgte aufgebaut hatte, wurde verhaftet und kam ins Konzentrationslager (76) . P. Bichlmair wurde oft verhört, schließlich festgenommen, sechs Wochen inhaftiert und aus der „Ostmark" nach Oberschlesien verbannt. All dies wegen seiner Arbeit für die „Nicht-Arier". Die Hilfsstelle jedoch arbeitete weiter und wurde nicht behelligt.

Der Berliner Bischof Konrad Graf von Preysing hatte beim Bischöflichen Ordinariat Berlin unter Frau Dr. Sommer ebenfalls ein Hilfswerk für die verfolgten Juden geschaffen. Seele dieses Unternehmens war

Dompropst Bernhard Lichtenberg. 1941 wurde er verhaftet, weil er in der Hedwigskathedrale wiederholt öffentlich für die Juden gebetet hatte. Bei seiner Verhaftung fand die Gestapo auf seinem Schreibtisch eine Kanzelverkündigung über die Judenverfolgung, die er vorbereitet hatte. Er wurde zu zwei Jahren Gefängnis verurteilt. Nach Verbüßung seiner Haftstrafe wurde er erneut verhaftet, um ins KZ Dachau „überstellt" zu werden. Auf dem Wege dorthin starb er. Daraufhin übernahm der Berliner Bischof Graf Konrad v. Preysing die Leitung des Hilfswerkes persönlich. Bis zum Ende des Krieges geschah dann nichts mehr. Warum?

Die Erzbischöfliche Hilfsstelle für nichtarische Katholiken in Wien arbeitete seit Ende 1940 bis Kriegsende ununterbrochen und unbehelligt. Obwohl sich ihre Tätigkeit - wenn auch in einem Innenhof des Palais - in aller Öffentlichkeit abspielte, mit Parteienverkehr, Hausbesuchen, Besuch in den Heimen, Spitälern, obwohl es zahlreiche Korrespondenz gab - man denke nur an die 9.000 Pakete - geschah nichts.

Selbstverständlich waren sich alle Mitarbeiter der Hilfsstelle darüber klar, dass ihre Arbeit der Gestapo und der Partei höchst unerwünscht war, dass sie für alle Beteiligten ein Wagnis bedeutete. Sie rechneten mit Überwachung und Bespitzelung und waren auf entsprechende Maßnahmen gefasst. Dennoch geschah nichts. Weder Gestapo noch Partei waren seinerzeit bei der Gründung der Hilfsstelle gefragt worden. Sie erfolgte ohne Genehmigung. Es gab keinerlei Berichte an die Gestapo und keinerlei wahrnehmbare Kontrolle. Kritische Augenblicke gab es freilich genug.

Eine Mitarbeiterin der Hilfsstelle vermisste eines Tages ihr Notizbuch. Es enthielt eine Fülle von Eintragungen, Personalien und Anschriften mit Telefonnummern usw. Offenbar hatte sie es irgendwo liegengelassen oder verloren. Kurze Zeit darauf hörte sie von einem Geistlichen, dass es in die Hände der Gestapo geraten war. Bei einer Vorladung vor die Gestapo war ihm nämlich dieses Notizbuch vorgelegt worden. Er wurde nach dem Eigentümer befragt, und man legte ihm nahe, den Besitzer des Notizbuches zu veranlassen, dieses bei der Gestapo persönlich abzuholen. Er wollte keinerlei Auskunft geben und verständigte sofort die Hilfsstelle von diesem brisanten Vorfall. Natürlich ging die Eigentümerin des verhängnisvollen Notizbüchleins nicht zur Gestapo und - es geschah nichts.

Eines Morgens - Ende 1943 oder Anfang 1944 - erschienen zwei unbekannte Frauen noch vor 6 Uhr in der Sakristei der Universitätskirche. Sie wünschten den Leiter der Hilfsstelle zu sprechen. Unter dem Siegel der Verschwiegenheit teilten sie P. Born mit, dass seine Verhaftung durch die Gestapo und seine Überführung in ein KZ unmittelbar bevorstünden. Sie rieten ihm, ja bedrängten ihn, Wien möglichst bald zu verlassen. Besonders schärften sie ihm ein, mit niemandem über diese Begegnung zu sprechen. P. Born informierte noch im Lauf des Vormittags Kardinal Innitzer, seinen Superior und seine engsten Mitarbeiterinnen. Er hatte sich entschlossen, nichts zu unternehmen und in Wien zu bleiben. Es war wohl die einzig richtige Entscheidung. Ihm geschah nichts.

Die Frage, warum die Gestapo die Hilfsstelle nicht auflöste und ihre Arbeit nicht untersagte, lässt sich nicht mit Sicherheit beantworten. Existenz und Tätigkeit waren den Nazibehörden bekannt, man wusste von ihrer Zusammenarbeit mit den verschiedensten Stellen, auch jüdischen. Scheute man sich, sich mit einer rein kirchlichen Arbeitsstelle anzulegen, die unmittelbar dem Kardinal unterstand und ihren Sitz im erzbischöflichen Palais hatte? Es scheint bei der Praxis der damaligen Machthaber aber zweifelhaft, dies allein als Begründung dafür anzusehen, dass man die Hilfsstelle unbehelligt ließ. Der spätere Dompropst Josef Wagner war während der Jahre des „Anschlusses" Kanzleidirektor des erzbischöflichen Ordinariates. Es gehörte zu seinen Aufgaben, mit den zuständigen Beamten der Gestapo für Kirchen- und Judenfragen zu verhandeln. Auf die Frage, warum die Gestapo nichts gegen die Hilfsstelle unternahm, gab er in einem Beitrag der St. Pöltner Kirchenzeitung folgende Antwort (77):

„Vielleicht war es der Umstand, dass der maßgebliche Gestapobeamte in einem bischöflichen Seminar erzogen worden war, der uns manche

Milde und Nachsicht einbrachte. Mein damaliger Sekretär, ein Kalasantinerpater, war jüdischer Abstammung, und so wurde er eines Tages verhaftet. Auf meine dringende Bitte hin bekamen wir ihn das erste Mal wieder frei. Einige Zeit danach verschwand er spurlos und erst viel später erreichte uns die Nachricht, dass er in Theresienstadt gestorben sei. Die Methoden der Gestapo waren undurchsichtig. Einmal zeigte sie sich menschlich, ein anderes Mal unberechenbar. Selbstverständlich haben sie von der „Hilfsstelle für nichtarische Katholiken" gewusst, aber aus einem unerklärlichen Grund haben wir ihre Pranke dort nie zu spüren bekommen. Man wusste nie, ob nicht ein plötzlicher Wechsel stattfinden würde, und so blieb das Unternehmen für die Verantwortlichen sowie für die Mitarbeiter bis zum letzten Tag ein großes und gefährliches Wagnis. "

Ein besonders kritischer Tag war der 12. März 1945. An ihm fiel eine Bombe auf den Trakt des Erzbischöflichen Palais, in dem sich die Hilfsstelle befand. Zwei Stockwerke wurden völlig zerstört. Die darunter liegende Hilfsstelle aber blieb als kleiner viereckiger Block unversehrt stehen. Es schien, als habe Gott, wie in den Jahren ihres Bestehens, seine schützende Hand über sie gehalten.

Träger der Arbeit der Erzbischöflichen Hilfsstelle

Wie war die so vielschichtige Arbeit für die nichtarischen Katholiken unter so erschwerten Umständen eigentlich möglich? Neben der mehr fürsorgerischen Tätigkeit sollte die Seelsorge ja nicht zu kurz kommen.
Man muss wohl sagen, das der tiefste Beweggrund für die Arbeit aller Mitarbeiterinnen und Helferinnen - ganz gleich, ob sie haupt- oder nebenamtlich tätig waren - im Religiösen wurzelte. Alle waren vom gleichen Geist erfüllt und bildeten eine echte Gemeinschaft, die ihre Kraft zu helfen aus dem Glauben schöpfte. Die außerordentliche Not ihrer Schutzbefohlenen, das Bewusstsein ihrer christlichen und menschlichen Verantwortung, auch das Wissen um ihre persönliche

Gefährdung durch die Arbeit schweißten sie zu einer verschworenen Gemeinschaft zusammen. Selbstverständlich wollte man auch den Kardinal und die Kirche, in deren Dienst man stand, nicht enttäuschen, aber es ging zunächst einmal darum, im Rahmen des Möglichen der vielfältigen Not zu steuern und das unsägliche Leid zu lindern. Die tägliche Erfahrung von schier auswegloser Not beflügelte den Eifer im Dienst an den Ausgestoßenen, sich selber nicht zu schonen. Aber auch die fast tägliche Erfahrung vom Schutz des Herrn bewahrte vor müder Resignation.

Ein weiterer Umstand darf nicht übersehen werden. Alle Mitarbeiter der Hilfsstelle wussten sich in ihrem Bemühen getragen von einem großen Kreis von Freunden und Wohltätern im Haus des Bischofs, im Churhaus (78), an der Universitätskirche, von zahlreichen Pfarreien und Klöstern und einer beträchtlichen Anzahl von Männern und Frauen, von denen sich ein Teil in recht ansehnlichen Stellungen befand. Von großer Bedeutung war die enge Zusammenarbeit mit zahlreichen Wiener Stellen, kirchlichen wie nichtkirchlichen. Hinzu kamen Beratung und Unterstützung durch Hilfswerke außerhalb Wiens, besonders den St. Raphaelsverein in Hamburg, das Hilfswerk in Berlin und den Caritas-Verband in Freiburg/Breisgau. Die treibende Kraft aller fürsorgerischen und seelsorgerischen Tätigkeit der Hilfsstelle aber war der Kardinal, oder, wie er in der Hilfsstelle genannt wurde, „der Vater".

Der Kreis der Mitarbeiterinnen

Verglichen mit der Zahl der Betreuten war der Kreis der Mitarbeiterinnen verhältnismäßig klein. Er schwankte zwischen 8 bis 12 Frauen. Zunächst gab es nur eine hauptamtliche Mitarbeiterin, später waren es vier. Alle übrigen arbeiteten ehrenamtlich. Die Hilfsstelle begann die Arbeit mit sieben früheren Mitarbeiterinnen von P. Bichlmair. Sie brachten die Erfahrung und Schulung der ersten Jahre der Aktion von P. Bichlmair als kostbares Startkapital mit. Mater Tintara von den Englischen Fräulein kam als hauptamtliche Kraft neu hinzu. Sie übernahm für ein halbes Jahr das Büro und den Parteienverkehr. Vom Frühjahr 1941 bis zum Ende der Auswanderungsmöglichkeit im Spätherbst des gleichen Jahres half Frau Gertrud Steinitz-Metzler hauptamtlich halbtags in der Auswandererberatung (79). Ab Frühjahr 1943 arbeitete sie ganztägig in der Hilfsstelle. Im Herbst 1941 schloss sich Frl. Charlotte Horn als hauptamtliche Kraft der Hilfsstelle an. Am 6. Januar 1942 kam Schwester Verena von der Caritas Socialis, im Herbst des gleichen Jahres Frl. Luise Perner. Sie übernahm die Arbeit von Frl. Lotte Fuchs. Zu den haupt - und nebenamtlichen Kräften kamen wegen der stets wachsenden Arbeit jeweils vier bis sechs freiwillige Helferinnen, die z.B. mit dem Versand der Pakete nach Theresienstadt beschäftigt waren.

Aufteilung der Arbeit

1. Innendienst: Leitung des Büros

Diese Aufgabe umfasste den gesamten Parteienverkehr mit allen Rat und Hilfe Suchenden, ferner die Führung der Fürsorgekartei, die Buchführung und Verwaltung des Geldes. Sodann war die Korrespondenz zu erledigen und die Arbeit mit den Mitarbeiterinnen zu besprechen und zu verteilen. Der für den Innendienst Verantwortlichen oblag auch die Sorge für die Evakuierten in Polen und Theresienstadt. Auch der Versand der Pakete, der Besuch der Schützlinge, die Betreuung des Kinderheimes und Kinderspitals sowie die Beschaffung von Lebensmitteln gehörte zu ihrem Aufgabenbereich. Schließlich hatte sie sich noch um das Magazin, d.h. die Verwaltung der Schränke mit Kleidung und Wäsche zu kümmern. Mater Tintara wurde bei dieser vielseitigen Aufgabe durch Liselotte Fuchs unterstützt, die sich auch während der Monate des Ansturms auf die Hilfsstelle wegen Auswanderung zusammen mit Frau Gertrud Steinitz-Metzler der Auswanderungsberatung und Auswanderungshilfe widmete. Im Juli 1941 übernahm Frl. Fuchs die Leitung des Büros bis Ende September 1942. Ihre Nachfolgerin bis Kriegsende war Frl. Luise Perner.

2. Außendienst

Bei ihm ging es um den Verkehr mit kirchlichen und außerkirchlichen Stellen und den Besuch bei Pfarreien und Klöstern. Ferner galt es, Geld, Kleidung, Lebensmittel und Medikamente zu besorgen und die Insassen des Spitals, des Alters- und Kinderheims zu besuchen. Sodann waren Erhebungen in allen Unterstützungsfällen (Bedürftige, Fürsorgefälle) anzustellen und die Schützlinge regelmäßig zu betreuen. Auch der systematische Besuch aller nichtarischen Katholiken, soweit sie der Hilfsstelle bekannt waren und die Betreuung der Konvertiten gehörte zum Aufgabenbereich des Außendienstes. Die Vermittlung von Konvertitenunterricht sowie die Gestaltung der Aufnahmefeier und regelmäßigen Gottesdienste war ebenfalls dem Außendienst anvertraut. Schließlich kümmerte sich dieser noch um Kinderhort und Nähstube.

An der Bewältigung dieser vielfachen Aufgaben nahmen alle hauptamtlichen Kräfte teil, auch die Leiterin des Büros. In besonderer Weise war der Außendienst die Domäne von Frl. Charlotte Horn, Frau Gertrud Steinitz-Metzler und Schwester Verena. Eine Reihe ehrenamtlicher Kräfte arbeite eng mit ihnen zusammen.

3. Gelegenheitsarbeiten

Der Hilfsstelle fehlte es nie an freiwilligen Helferinnen und Helfern, die sich bereitwillig und eifrig für die verschiedensten Arbeiten, Gänge und Besorgungen zur Verfügung stellten. Sie waren für die Bewältigung der Arbeit unentbehrlich.

Arbeitsweise der Hilfsstelle

Die Arbeitsstelle war stets durch persönliche Vorsprache, telefonisch oder schriftlich zu erreichen. Der Parteienverkehr war auf vier Tage in der Woche beschränkt, jeweils der Mittwoch und Samstag waren ausgenommen. Diese Tage waren für die Arbeit notwendig. An ihnen hatten der Leiter der Hilfsstelle und seine hauptamtlichen Mitarbeiterinnen ihre Besprechungen. Nicht zuletzt ging es um den persönlichen Kontakt des innersten Kreises. Die verschiedenen Aufgaben wurden durchgesprochen, alle aufgetauchten Schwierigkeiten eingehend erörtert, künftige Pläne gemeinsam besprochen. Es war eine echte Teamarbeit. Die verbleibende Zeit wurde zum Aufarbeiten der eingegangenen Korrespondenz genutzt, die Fürsorgekartei musste auf den neuesten Stand gebracht werden, damit es bei Besorgungen und Besuchen keine Fehlplanung gab. Diese Arbeitssitzungen fanden vormittags statt. An einem Nachmittag war Sitzung aller Mitarbeiterinnen oder es wurden Pakete gepackt und verschickt. Der Inhalt der Schränke wurde wieder gesichtet und geordnet.

Der ständige Kontakt der Mitarbeiterinnen untereinander durch regelmäßige Sitzungen ein oder zweimal in der Woche war von großer Bedeutung. Er sollte eine möglichst enge Zusammenarbeit ermöglichen. Nur durch enges Teamwork, wenn alle einträchtig zusammenwirkten und nicht jeweils auf eigene Faust arbeiteten, war diese schwierige, gefährliche und nervenbelastende Arbeit zu leisten. Der Austausch von Erfahrungen und auch eine gewisse theoretische Schulung der Mitarbeiterinnen sollten die Arbeit möglichst effektiv gestalten (80).

Recherchieren der Fürsorgefälle

Grundsätzlich wurde kein Schützling unterstützt, bevor sich nicht eine der Mitarbeiterinnen durch eigenen Augenschein bei einem Besuch von den wirklichen Verhältnissen ein Urteil gebildet hatte. Die Überprüfung der jeweiligen Situation war Voraussetzung für Gewährung und Höhe der Unterstützung. Die Hausbesuche wurden von Zeit zu Zeit wiederholt, um festzustellen, ob sich die Lage inzwischen verbessert oder verschlechtert hatte. In der Regel holten sich die Schützlinge ihre Unterstützung persönlich ab.

Persönlicher Kontakt

Dieser wurde mit allen bekannten nichtarischen Katholiken gesucht - und nach Möglichkeit gepflegt. Man wollte mit ihnen ins Gespräch kommen, sie aufmuntern und trösten. Trotz der mehr ins Auge fallenden materiellen Hilfeleistung standen der Leiter der Hilfsstelle und seine Mitarbeiterinnen in erster Linie im Dienst der Seelsorge. Mit der Not und dem oft unsäglichen Leid vertraut, kannten sie die inneren, auch religiösen Schwierigkeiten ihrer Schützlinge. Der persönliche Kontakt mit den verschiedensten Gruppen der Schützlinge hielt die Mitarbeiter der Hilfsstelle auf dem Laufenden über alle aktuellen Nöte der Verfolgten und war ein ständiger Aufruf zu menschlicher und seelsorgerischer Hilfe. Den Konvertiten widmete sich mit großer Hingabe vor allem Frau Steinitz-Metzler. In ihrem Buch „Heimführen werd ich euch von überall her" hat sie zahlreiche dieser oft erschütternden Begegnungen der Nachwelt überliefert.

Der engste Kreis

Die Arbeit in der Hilfsstelle verlangte von allen, dem Leiter wie den Mitarbeiterinnen ein hohes Maß an Sachkenntnis und Klugheit, an Mut und Tapferkeit, an Ehrfurcht und Takt, an Selbstlosigkeit und Güte, an Verständnis und Einfühlungsgabe.

Sie konnte nicht wie ein Job erledigt werden, sondern erforderte unter Hintanstellung aller persönlichen Rücksichten im Innen- wie im Außendienst den vollen Einsatz, der hohe physische und psychische Anforderungen stellte. Da die Gemeinschaft mit Juden unerwünscht, ja verboten war, lebten alle Mitarbeiter der Hilfsstelle in ständiger Gefahr. Jegliche Hilfe für Juden galt als strafbare Begünstigung. Die Mitarbeiterinnen mussten bei ihren Besuchen in den Häusern und Heimen immer darauf gefasst sein, Häschern der Gestapo in die Hände zu fallen oder von Spitzeln und übelwollenden „Volksgenossen" denunziert zu werden.

Die vielen Hilfesuchenden, die oft mit den unmöglichsten Anliegen kamen, konnten auf die Dauer selbst bärenstarke Naturen zermürben. Vieles musste schnell erledigt werden, manche Anliegen duldeten keinen Aufschub, etwa wenn es um schwere Krankheit, Aushebungen und Deportation ging. Dazu immer die Einsicht in die beschränkten Kräfte und Mittel. Hinzu kam die Sorge um die „U-Boote". Bisweilen galt es, eine Flucht vorzubereiten und zu organisieren und dies alles im Schatten des Konzentrationslagers oder gar des Galgens wegen Begünstigung von „Volksschädlingen" (81).

Nicht weniger aufreibend war der Außendienst: Das ständige Unterwegssein, das oft im Endergebnis nutzlose Herumlaufen den ganzen Tag, das ständige Treppauf und Treppab, immer unter Zeitdruck und auch der persönlichen Angst. Gegen Ende des Krieges kamen dann die Fliegeralarme hinzu, die in die Luftschutzkeller zwangen, Bombenangriffe und Zerstörungen. Besonders galt dies für die zweite Hälfte des Jahres 1944 und die ersten Monate 1945. Dennoch ging die Arbeit bis in die ersten Apriltage 1945 weiter. Erst als in den Straßen Wiens bereits gekämpft wurde, ging die Arbeit vorerst zu Ende, um nach der Besetzung gleich wieder aufgenommen zu werden.

Nicht minder als die physische war die psychische Belastung. Tag für Tag all den Jammer zu sehen, zu hören, mitzuerleben, besonders in der Zeit der Aushebungen und Transporte. Die Verzweiflung der dem Tode Geweihten war angesichts der eigene Ohnmacht herzzerreißend. So bescheiden sich die Hilfe für die Unglücklichen ausnahm - Rucksäcke und Koffer packen, Überbringen von letzten Botschaften und Grüßen - es gab den Verfolgten wenigstens bei all dem Hass, der sie umgab, das Gefühl, dass einige wenige versuchten, ihnen in ihrer schwersten Stunde menschlich nahe zu sein. Niemand freilich konnte den Abtransport verhindern. Nach dem Willen der damaligen Machthaber sollte kein „Nichtarier" verschont bleiben und überleben. Dies wussten die Mitarbeiter der Hilfsstelle natürlich. Es war nur eine Frage der Zeit, wann die Nächsten den Weg in die Vernichtung anzutreten hatten. Das Bewusstsein, fast nichts tun zu können, war für die Helfer niederdrückend. Abends kamen sie todmüde nach Hause, abgehetzt, übermüdet, seelisch niedergeschlagen. Aber am nächsten Morgen waren sie wieder im Dienst, mussten Angehörige und Freunde von Verhaftung, Aushebung und Deportation benachrichtigen, von missglückter Flucht, vom Tod in Theresienstadt oder im KZ. Niemand hätte ihnen einen Vorwurf machen können, wenn sie resigniert hätten. Dass sie trotz der schier ausweglosen Situation nicht aufgaben, macht ihr Wirken gerade in einer Zeit, die über den angeblichen Mangel an Vorbildern klagt, beispielhaft.

Ganz wesentlich befähigte die Mitarbeiter zum Durchhalten das Bewusstsein, das sie für viele Menschen der einzige Trost und Halt waren. Die Verfolgten klammerten sich an sie und rechneten mit ihrem Beistand. Auch wenn die Helfer nicht viel tun konnten, waren ihre Schützlinge doch dankbar und getröstet: Dass jemand für sie da war, nach ihnen schaute, die ausgestoßen und dem Tod geweiht waren. Erinnern wir uns daran, dass bei aller Sorge für die materiellen Bedürfnisse die Hilfsstelle doch eine Einrichtung der Seelsorge war. Mit niemandem konnten die Mitarbeiter so von Gott sprechen wie mit den Verfolgten. Ihr Ringen und Suchen waren echt, ihr Hunger nach Gott aus dem Abgrund ihrer Verlassenheit erschütternd. So wurde die Arbeit auch zur Gnade für alle Mitarbeiter und deren gesegnetes Wirken: Selig sind die Barmherzigen!

Der Geist der Arbeit

„Und diese Liebe, wie sie Christus, der Herr, versteht, - sie wendet sich vor allem denen zu, die durch ihre größere Not und Hilfsbedürftigkeit unsere Nächsten geworden sind (82).

Da die Arbeit für die Verfolgten viel seelische Energie erforderte, galt es, die Mitarbeiterinnen immer wieder mit dem rechten Geist zu erfüllen. Deshalb lag dem Leiter der Hilfsstelle sehr daran, ihr religiöses Leben zu pflegen und zu vertiefen. Einmal im Monat war religiöser

Vortrag, alle 14 Tage hl. Messe an einem Wochentag. Einmal im Jahr hielt der Leiter einen Einkehrtag. Selbst am Karfreitag 1945, kurz vor dem Einmarsch der Russen, war noch ein Besinnungsnachmittag in der Universitätskirche. Die kirchlichen Hochfeste, Ostern und Weihnachten, feierten sie in kleinem Kreis ganz besonders.

Das Leid der Verfolgten und der religiöse Geist, aus dem heraus die Arbeit geleistet wurde, schweißte die Mitarbeiter zu einer echten Gemeinschaft zusammen. Jeder stand und hielt zum andern und verrichtete die Arbeit im vollem Bewusstsein seiner persönlichen Verantwortung. Die Mitarbeiter konnten sich uneingeschränkt aufeinander verlassen.

Der Charakter der Arbeit brachte es mit sich, dass sie in aller Stille und mit der größten Diskretion geleistet wurde. Es konnte damals nicht darum gehen, Jahresbilanzen und Erfolgsstatistiken vorzuweisen, wie so etwas im „weltlichen" Bereich durchaus üblich und legitim ist. Hierfür waren vor allem zwei Gründe maßgebend: Einmal musste man jederzeit damit rechnen, dass Aufzeichnungen Unbefugten in die Hände fielen oder bei einer plötzlichen Haussuchung, die zwar nie stattfand, mit der aber jederzeit gerechnet werden musste, beschlagnahmt wurden. Damit wäre das Ende der Hilfsmöglichkeit gekommen gewesen und man hätte viele Freunde und Wohltäter gefährdet (83). Zum anderen waren die Mitarbeiter vom Wort der Bergpredigt geprägt, dass „die Linke nicht wissen solle, was die Rechte tut". Dies ist zwar ein durchaus achtenswertes aszetisches und spirituelles Prinzip, erschwert aber begreiflicherweise über Gebühr eine historische Dokumentation, die für gewöhnlich unter dem Axiom antritt: Quod non est in actis, non est in mundo (84). Immerhin hat sich längst die Erkenntnis durchgesetzt, dass Vorgänge in einer Diktatur aus den verschiedensten Gründen nicht in gleicher Weise dokumentarisch erfasst werden können wie beispielsweise in einer parlamentarischen Demokratie.

Zusammensetzung der Hilfsstelle

Einzelne Schicksale

Es war nicht leicht, für die Arbeit in der Hilfsstelle geeignete Mitarbeiterinnen zu finden. Das brachte die Natur dieser Tätigkeit und die mit ihr verbundene Gefährdung mit sich. Zum größten Teil waren Helferinnen und Mitarbeiterinnen jüdischer Abstammung, fast alle mussten den Judenstern tragen. Sie alle erwartete das gleiche Los wie die Unglücklichen, für die sie da waren. Sie waren selbst betroffen und lebten in ständiger Unsicherheit. Sie hatten gewiss als selber unter Ausnahmegesetz Stehende ein besonderes Verständnis für alle Verfolgten. Bewundernswert waren ihre Haltung und Tapferkeit, ihr stilles Heldentum, mit dem sie ihr eigenes schweres Schicksal trugen und sich dabei in nie erlahmendem Eifer für ihre verfolgten Schicksalsgefährten aufopferten. Ohne an sich zu denken, halfen sie anderen, richteten sie vor dem Transport auf und trösteten. Dabei blieben sie auch nur Menschen, hatten ihre eigenen Probleme, waren nicht selten seelisch erschöpft und der Verzweiflung nahe. Und als sie selbst den Weg in die Deportation gehen mussten, waren sie im Sammellager, auf der Fahrt und am Bestimmungsort in Polen oder Theresienstadt anderen Halt und Stütze. Auch in den Jahren der KZ-Haft, auf dem Transport in die Gaskammer und im Sterben. Sie haben sich selbst vorbehaltlos zum Opfer gebracht: „Eine größere Liebe hat niemand als wer sein Leben hingibt für seine Freunde." (Joh 15, 13)

Von den insgesamt 23 Mitarbeiterinnen, die seit Dezember 1940 bis Ende des Krieges in der Hilfsstelle gearbeitet haben, waren 12 im Sinne der Nürnberger Gesetze Juden, 3 Mischlinge, 2 lebten in Mischehe mit einem Juden, 6 waren nicht betroffen. Von ihnen wurden 9 nach Polen und Theresienstadt evakuiert. Als erste kam im Jahr 1941 Frau Böhmerwald mit ihrem Sohn nach Polen, 1942 folgte Frau Paschka mit ihrer Mutter und Frl. Weisz. Im gleichen Jahr wurden Frau Dr. Eppstein, Frl. Fuchs mit Ihrer Schwester und ihren Eltern, Frau Pollitzer und Frau

Ortony nach Theresienstadt deportiert, 1943 Frl. Löbel und Frau Dr. Neumann mit ihrem Mann und ihrem Sohn. Von ihnen kehrte nur Frau Böhmerwald mit ihrem Sohn zurück. Frau Paula Schönwälder gelang noch rechtzeitig die Auswanderung nach Argentinien, Frau Pfeiffer und Frau v. Fössl die Flucht nach Italien.

Wohl alle Mitarbeiterinnen der Hilfsstelle beseelte der rechte Geist, einige in außergewöhnlicher, bewundernswerter Weise. Sie verdienen, der Vergessenheit entrissen zu werden. Aus verständlichen Gründen werden hier nur diejenigen ausdrücklich erwähnt, die bereits verstorben sind. Die noch Lebenden standen ihnen aber in nichts nach. Unter den Mitarbeiterinnen der Hilfsstelle ragten hervor: Frau Anna Böhmerwald, Frau Dr. Arna Eppstein, Frl. Liselotte Fuchs, Frl. Charlotte Horn, Frau Gertrud Steinitz-Metzler, Frl. Elvira Truck und Frau Berta Neumann.

Fräulein Liselotte Fuchs

Sie wurde am 23. Oktober 1906 in Theresienstadt, einer früheren österreichischen Garnisonsstadt geboren. Ihr Vater war dort Regimentsarzt. In der Taufe erhielt sie die Namen Elisabeth Charlotte. Zu Hause wurde sie einfach Lotte genannt. Bereits im Mai 1938 meldete sich Liselotte Fuchs bei P. Bichlmair für seine Arbeit unter nichtarischen Katholiken. Auch nach seiner Verhaftung und Ausweisung blieb sie dieser Tätigkeit treu. Mitte 1940 wurde sie in die Diözesanstelle in der Habsburgergasse übernommen, und am 1.12.1940 zusammen mit den alten Mitarbeiterinnen P. Bichlmairs in die Erzbischöfliche Hilfsstelle für nichtarische Katholiken.

Zunächst im Außendienst, widmete sie sich mit großer Hingabe der Erhebung von Fürsorge- und Unterstützungsfällen. Bald kam sie in den Innendienst, half bei der Auswanderung und übernahm nach dem Ausscheiden von M. Tintara I.B.M.V. Ende Mai 1941 bis zum Tag ihrer Deportation am 29.9.1942 die Leitung des Büros. In dieser schweren Zeit, da die Verfolgung der Juden ihren Höhepunkt erreichte, die Transporte nach dem Osten von Monat zu Monat zunahmen, die Leiden und Verzweiflung der Verfolgten unerträglich wurden, harrte sie heroisch auf ihrem Posten aus. Mit stets gleicher Güte und Liebe empfing sie die Rat und Hilfe Suchenden, hörte die Gehetzten und Verzweifelten an, beriet sie, half ihnen, richtete sie auf und tröstete sie. Großen Wert legte sie auf die Schulung der Mitarbeiterinnen. Klug und geschickt pflegte sie mit allen für die Hilfsstelle wichtigen Stellen Kontakt. Wesentlich ihrer Initiative verdankten Ausbau und Wirksamkeit: das Altersheim in der Töllergasse und Seegasse, die Schule in der Grüngasse, Kinderhort und Nähstube in der Wollzeile, die Mischlingsgruppe an der Universitätskirche und ein religiöser Arbeitskreis in der Hilfsstelle.

Fräulein Fuchs hat in jenen Jahren sehr gelitten, auch unter dem Versagen vieler Christen angesichts der himmelschreienden Not der Verfolgten, nicht weniger unter der würdelosen und feigen Haltung vieler Verfolgter. Hinzu kam die Sorge um Vater und Mutter, um ihre Schwester und andere ihr Nahestehende. Obwohl seit Geburt getauft - in Theresienstadt wurde auch sie, wie unzählige andere, ein Opfer der Nürnberger Gesetze. Sie trug sehr schwer daran. Die Verpflichtung, ab 19.9.1941 in der Öffentlichkeit den Judenstern zu tragen, traf sie bis ins Innerste. Wenig später, am 10. November 1941, verlor die Familie ihre schöne Wohnung in Ober St. Veit. Sie musste in den 2. Bezirk, in die Lilienbrunngasse ziehen. Dort sollte die vierköpfige Familie mit zwei Zimmern vorlieb nehmen.

Lotte Fuchs kannte keine Rücksicht auf sich selbst. Sie wollte sich ihrem Schicksal weder durch Auswanderung noch durch Flucht entziehen und lehnte es immer ab, sich allein zu retten. Ein Versuch des Kardinals, in letzter Stunde die ganze Familie nach Italien in Sicherheit zu bringen, schlug leider fehl. So harrte sie bis zu ihrer Deportation auf ihrem Posten aus. Rechtzeitig führte sie ihre Nachfolgerin in die Arbeit ein und übergab diese dann ordnungsgemäß. Am 29. September 1942 musste sie dann mit ihrer Familie in das Lager Malzgasse einrücken.

Auch der Vater, ein verdienter Generalstabsarzt des Ersten Weltkrieges, wurde deportiert Am 1. Oktober 1942 verließ Familie Fuchs mit einem der letzten großen Transporte von 1290 Deportierten Wien. Im Lager wie auf der Fahrt dorthin dachte Lotte Fuchs weniger an sich selbst als an ihre Schicksalsgefährten und war von selbstverständlicher Güte und Hilfsbereitschaft.

Theresienstadt. - In menschenunwürdigen Massenquartieren zusammengepfercht, von ständigem Hunger gequält, von Krankheit heimgesucht, war Lotte Fuchs ganz erfüllt von Sorge und Verantwortung für die anderen, vor allem für die Katholiken und die katholische Gemeinschaft im Konzentrationslager Theresienstadt. Nach Wochen schwerer Reinigungsarbeiten meldete sie sich mit ihrer Schwester zur Fürsorge. Zuletzt war sie Oberfürsorgerin. Um sie gruppierte sich das geistige Zentrum der katholischen Gemeinde.

Bei ihr trafen sich Gleichgesinnte, um gemeinsam Arbeit und Ausbau der Gemeindearbeit zu überlegen: Gestaltung der Gottesdienste, Betreuung der Kranken, Unterricht der Kinder, Form der Beisetzungen und Vorträge der Leo-Runde (85). Sie selber übernahm drei Vorträge: Über Caritas, Leid und Erlösung, Franz von Assisi. In ihrem Vortrag über Caritas sprach sie über die Fürsorgeprobleme in Theresienstadt, so, wie sie diese „nach einjähriger Fürsorgetätigkeit" in Theresienstadt sah. „Dass hier ein Mensch mit seiner eigenen ungeheuren Not, der Not anderer zu steuern hat: Liebe, Wärme, Freundlichkeit für den Jammer anderer aufbringen soll. Lauter Eigenschaften, die schon in normalen Zeiten viel Kraft brauchen und ein Elitekorps von Menschen auf den Plan rufen, weil diese Aufgabe so besonders schwer ist.

Die Fürsorgerin steht in einem unbeschreiblichen Kampf zwischen drei Feuern: den viel zu Vielen, denen sie helfen soll, dem viel zu Wenigen, von dem sie nehmen kann, um zu helfen, dazu der eigenen unerträglichen Not. Sie selbst ist arm, hungrig, unzulänglich bekleidet, frierend und müde, seelisch schwach und fürsorgebedürftig. Selbst nur ein Mensch im Elend, der sich nicht helfen kann und dem nicht geholfen wird. Unausbleiblich wird sein: eine Müdigkeit, ein Nachlassen, der Wunsch, alles hinzuwerfen. Man muss das verstehen und nachsehen, da hier Übermenschliches von einem Menschen in untermenschlicher Situation verlangt wird.

Bleibt die Fürsorgerin zäh bei der Stange, nimmt sie trotz Müdigkeit den Kampf immer wieder auf, dann übt sie erzieherischen Einfluss auf nachlässige Ämter (86) aus. ... Dann trägt sie dazu bei durch jede kleine Freundlichkeit, durch jede kleine Tat, durch jede erfüllte Bitte etwas Positives zu schaffen, das wirksamer ist, höher zu bewerten als jeder Misserfolg. Sie formt eine Wirklichkeit, die stärker und greifbarer ist als alles Negative, wenn auch nicht so laut und aufdringlich. Das ist das Gute, das sie gewollt und zu einer Wirklichkeit schuf. An die Wirklichkeit dieses Guten lernt man hier glauben. An diesem Glauben muss man festhalten in Zeiten, wo die Mutlosigkeit über einem zusammenschlagen will. Und von daher ist der Beruf der Fürsorgerin tragbar bei aller klaren Erkenntnis um dessen Problematik und Armut." Sie schließt dann mit den Worten: „So setzen wir uns weiter ein für eine scheinbar so hoffnungsarme Sache wie die Fürsorge. Wir erfahren in dieser Arbeit den tiefen Wert des Guten, das wir in steten Kämpfen zur Wirklichkeit formen. Vielleicht, dass wir dann einmal diese Arbeit als unsere größte und schönste Tat buchen und dankbar sein werden, dass wir dieses Heldentum in unserem Leben aufweisen können."

Lotte Fuchs schrieb am 2.11.1943 aus Theresienstadt: „... ich habe mit starkem Nachhall über Caritas einen Vortrag gehalten. Der nächste ist über das Leid. Die Arbeit für das Reich Gottes ist alles! Und Eure Liebe schafft die Voraussetzungen, dass wir dafür wirken können. Gott lohne und segne Euch! Kinder, betet am Altare für uns, die wir uns nach der Kirche sehnen und grüßt alle, alle! Vergesst uns nie, wie auch wir mit Euch und durch Euch leben. Innigst Lotte."
Zwei Jahre konnte Lotte Fuchs segensreich in Theresienstadt wirken. Unermüdlich war sie am Werk, Leid zu lindern, unverzagt im Kampf

gegen Herzenshärte und Selbstsucht, im Ringen mit der eigenen Müdigkeit und Schwäche. Ein guter Engel, der durch Wort und Tat Liebe ausstrahlte, Mut und Trost spendete.

Am 8. Oktober musste ihre Schwester Maria in einen Transport nach dem Osten einrücken. Unzertrennlich waren die beiden in den Jahren in Theresienstadt. Sie wohnten zusammen, arbeiteten zusammen, trugen gemeinsam Freud und Leid. Lotte Fuchs konnte ihre Schwester nicht allein gehen lassen. Freiwillig meldete sie sich zum gleichen Transport. Zusammen rückten sie in die „Schleuse" (Sammelplatz) ein. Dort nahm sie Abschied von der Mutter. Aber der Transport, dem sie zugeteilt wurde, ging ohne ihre Schwester am 10.10.1944 nach Auschwitz. Ihr Leben, das am 10.10.1906 in Theresienstadt begonnen hatte, lässt sich bis zum 10. Oktober 1944 in Theresienstadt verfolgen. Über ihr weiteres Schicksal ist nichts bekannt. Nur, dass ihr Transport nach Auschwitz in die Todesmühlen ging.

Auf Weisung Himmlers wurden die Vergasungen in Auschwitz am 2. November 1944 eingestellt. Für die 18.404 Menschen, die in der Zeit vom 28. September bis zum 28. Oktober von Theresienstadt nach Auschwitz deportiert wurden, kam dieser Befehl zu spät. Auch für Lotte Fuchs (87).

Tiefster Quell der Kraft dieses außergewöhnlichen Lebens war eine ungewöhnliche Gottverbundenheit. Hinzu kam das wachsende Bewusstsein einer gnadenhaften Berufung für ein Leben im Dienst der Armen, Hilflosen, - einer Berufung, die sie drängte, sich und ihr Leben Gott vorbehaltlos zum Opfer anzubieten aus Liebe zum Gekreuzigten und in seiner Kraft.- Gott hat ihr Angebot angenommen, um das sie viel gerungen hat, das sie oftmals wiederholte und nie zurücknahm.
Über diese ungewöhnliche Frau schrieb dankenswerter Weise eines der ehemaligen „Donnerstagskinder", Frau Hansy Schiller, geb. Seblicky, eine Charakteristik, die das Bild des ehemaligen Leiters der Hilfsstelle wertvoll ergänzt: „Liselotte Fuchs aus meiner Sicht. - Ich lernte sie in der

Zeit meines Übertritts zum katholischen Glauben kennen und sie wurde mir zum Symbol des Christen schlechthin. Wenn ich in späteren Jahren Beschreibungen oder Taten aus dem Leben der Heiligen las, stand sie mir immer vor meinem geistigen Auge. Ich bin auch überzeugt, dass man sie in früheren Jahrhunderten als Heilige verehrt hätte und davon, dass sie auf ihrem Weg ins Vernichtungslager viele heiligmäßige Taten gesetzt hat, von denen uns nichts überliefert ist, weil alle ihr Schicksal geteilt haben und ausgerottet wurden.

Ich gehörte einem Kreis an, der von Pater Born (88) betreut und in der christlichen Lehre und Weltanschauung geschult wurde und hatte mit Lotte Fuchs eigentlich wenig zu tun. Aber schon optisch war sie eine überragende Erscheinung. Von hohem Wuchs, in gepflegter Kleidung, war in ihren Zügen nicht die geringste Spur von Verzweiflung. Im Gegenteil, ihr Gesicht spiegelte den Ausdruck innerer Heiterkeit wider, einer Heiterkeit, wie sie aus dem Wissen um die Gnade Gottes strömt, so wie wir sie in Stein gemeißelt an den Statuen oder auf den Bildern der Heiligen in unseren Kirchen bewundern können. Diese Heiterkeit umstrahlte sie und die innere Kraft, die sie erfüllte, die nur aus ihrem unerschütterlichen Glauben erklärlich ist, teilte sie anderen Menschen mit, die ebenso stark sein wollten wie sie.

Lotte lebte uns das Leben mit dem Kreuz vor und leitete uns an, wie man das Kreuz in Gnade verwandeln kann. Zum Unterschied von anderen Helfern, die nicht unmittelbar bedroht waren, sich allerdings oft genug unter Missachtung ihres eigenen Schicksals in Lebensgefahr begaben, wusste sie um ihr unausweichliches Los. Sie hätte ihm entfliehen können, sie hätte ihren Leib, nicht aber ihre Seele retten können, denn ich bin überzeugt, dass es der Wille Gottes war, das sie als Beistand und Trost mit den andern in die Vernichtung ging, um ihnen ihr Schicksal zu erleichtern. Das Gedenken an sie lebt weiter in denen, die sie kannten, und einige von ihnen werden die Erinnerung an sie an ihre Kinder weitergeben." (s. Foto S. 282)

Fürsorge Erhebung

In ihrem Vortrag über Caritas heißt es bei Lotte Fuchs: „Die Erhebung muss so gepflegt werden, dass aus den Aufzeichnungen ein klares Bild der Situation der betreffenden Familie hervorgeht.

1. Die Fürsorgerin selbst soll sich genau über die Zustände informieren, sie erhält ja den direkten Eindruck durch den Hausbesuch und kann sich so die beste Meinung bilden. Es ist unbedingt nötig, dass sie versucht, in starken persönlichen Kontakt mit den Leuten zu treten, der sich möglichst freundschaftlich gestalten soll, wobei aber die nötige Distanz zu wahren ist, die bei einem Verhältnis zwischen Hilfsbedürftigen und Helfenden unvermeidlich sein soll. Darum soll womöglich der Name der Helferin nicht bekannt werden, keinesfalls ihre Adresse, ebenso wenig ihre persönlichen Verhältnisse.

Es ist völlig unzweckmäßig, über diese Dinge mit den Schützlingen zu sprechen, es verschiebt vollständig die Beziehungen und schadet dem Sinn der Arbeit. Geschenke sind nicht anzunehmen. Der regelmäßig sich wiederholende Besuch hat den Zweck, die Beziehungen zu vertiefen, dem Schützling soll der Besuch seiner Fürsorgerin ein Bedürfnis und eine Freude sein. Die Kinder, bei denen jetzt die Gefahr der Verwahrlosung so groß ist, sollen durch die Fürsorgerin nach Kräften beeinflusst werden. Es ist vereinzelt vorgekommen, dass eine Fürsorgerin mit einer Anzahl Kinder einen Ausflug machte, was sich als sehr segensreich erwies. Die Fürsorgerin soll durch ihre Person nach Kräften ersetzen, was durch den Wegfall von Schulen und anderen Bildungsstätten sich als Lücke aufgetan hat. Sie steht vor einer großen Aufgabe, die sie mit Herz, Gemüt und Verstand zu lösen hat.

Die Anzahl der Befürsorgten ist nicht mehr so groß, dass es nicht möglich wäre, sich für jeden einzelnen Fall mit seiner ganzen Person einzusetzen. Es ist klar, dass der tiefste Sinn dieser Beziehung die Sorge für die Seelen ist. Doch ist zu vermeiden, dass das durch übertriebene Frömmigkeit zur Schau getragen wird. Je heiterer und natürlicher, warmherziger und teilnahmsvoller, desto besser, da kommt auch das Seelische am stärksten auf seine Rechnung. Der Grundgedanke war vom Anfang an der, dass die Fürsorgerin sich um ihre Schützlinge kümmert wie um ihre Kinder. Ein Herunterhaspeln der Fälle, quasi ein „Erledigen" eines Pensums, ist daher falsch.

2. Die Fälle werden von der Zentrale in der Stelle ausgegeben. Da sich von dieser Stelle her ein besonderer Einblick in die Gesamtsituation ermöglicht, muss auch die Autorität der Weisungen anerkannt werden, da sie aus diesem Gesamteindruck ihre Berechtigung sieht. Deswegen sollen diese Weisungen durchgeführt werden in dem Sinn, in dem sie erteilt werden.

Die Leitung selbst muss sich unbedingt verlassen können, dass ihre Aufträge gewissenhaft ausgeführt werden, da ein Evidenzhalten sämtlicher Fälle mit allen nötigen Schritten, die deren Durchführung verlangt, von einer einzigen Person nicht möglich ist. Darum ist ein Übergeben der Fälle an die Fürsorgerin gleichwertig mit dem Übergeben der ganzen Sorge für das Wohlergehen der ganzen Familie und aller Schritte, die dazu erforderlich sind. Nichtausführen, Vergessen, Verlegen der Gesuche, zersplittert die Arbeit, macht sie völlig unwirksam. Auch das Suchen und Schaffen eines eigenen Wirkungskreises der jeweiligen Fürsorgerin, in dem sie dann nach ihren Einsichten schaltet und waltet, ist nicht zweckmäßig; die Fürsorgerin stellt sich dadurch außerhalb ihrer Arbeit auf ein totes Geleis.

3. Um Menschen wohlzutun, scheint es mir am nötigsten, sie dazu zu bringen, dass sie sich aussprechen, und zwar so restlos, dass sie, ausgehend von den oberflächlichen alltäglichen Sorgen, immer weiter kommen bis an ihr eigenes Innerstes, das meistens für die Menschen selber unentdeckt bleibt, solange ihnen nicht ein offenes Herz, das all ihre Kümmernisse bereitwillig aufnimmt, sie dazu bringt, daran zu rühren. Um das zu können, ist es nötig, zu hören. Das äußert sich nicht, dass man Fragen stellt und für die kurze Dauer der Antwort selber

schweigt. Das ist ein viel tieferer Vorgang: man muss leer sein von sich selber und dadurch Raum haben für alle, und dieses Leersein bewirkt, dass es mit der Saugwirkung des luftleeren Raumes die inneren Dinge des Anderen herauszieht. Es ist unrichtig zu meinen, dass man selbst mit den Schätzen der wahren Weisheit beladen zu den Menschen kommt, um davon auszuteilen. Es ist gut zu wissen, dass man sehr wenig weiß, wenn man helfen will, und um wirklich hören zu können, muss man immer bereit sein, von den Menschen eine neue Seite des Lebens kennenzulernen.

Ich meine, dass der Gebende erst dann richtig vor dem Schützling steht, wenn er wie ein Empfangender zu ihm kommt. Bei Dingen, die verkehrt und falsch scheinen, ist es falsch, sofort zu protestieren, aus der Überzeugung heraus, dass man es selbst so viel besser weiß. Man versuche, zu sehen und zu verstehen, wie der andere zu dieser Meinung kam und was er sich dabei vorstellt. Bei wirklich bereitem Hören wird man immer wieder die Entdeckung machen, dass in all dem Verkehrten ein Körnchen Wahrheit, oft ein sehr kostbares Körnchen, verborgen und durch menschlichen Irrtum verzerrt, eine Form annahm, die den sofortigen Widerspruch herausfordert. Vor diesem sofortigen Widerspruch möchte ich noch einmal sehr nachdrücklich warnen. Er erstickt im Anderen das, was noch zu Tage kommen wollte und treibt ihn in sich selbst zurück. Es kommt letztlich gar nicht darauf an, was man selber zu dem Thema zu sagen hat.

Die Menschen, die wirklich hören können, machen die Erfahrung, dass derjenige, der sich bei ihnen ausspricht, am Ende selber in sich in seinen Tiefen den Trost und die Heilmittel für die geäußerten Leiden findet. Und ihnen zu diesem Finden zu helfen, ist der kostbarste Dienst, den man einem Menschen erweisen kann. An dieser Stelle möchte ich auch vor allen billigen Trostworten warnen, vor den Dingen, die man sagt, weil man meint, dass jetzt irgendetwas gesagt werden muss. Das Schweigen, das aus der großen Hilflosigkeit des wahren Mitfühlens kommt, tut oft mehr, viel mehr wohl als ein zu billiges Wort. Mit den

Weinenden weinen und mit den Leidenden mitleiden ist ein wirkliches Teilen der Last, die der andere trägt und eine Erleichterung, die man den Leidenden schafft, von dem sich der Mitleidende oft gar keine Vorstellung macht, da er, wenn er richtig steht, um so viel bedrückter weggeht, als er seinen Schutzbefohlenen erleichtert hat. Zu diesen Dingen gehört Ehrfurcht, Takt und ein Wissen um die Tiefen der Armut, der Not, der Rücksicht auf seine Verwundungen.

4. Wenn die Fürsorgerin sich so eine Vorstellung bildet von der Größe der Aufgabe und auch von der Macht, die ihr in die Hand gegeben ist, so müsste sie sehr zart, sehr bescheiden und sehr demütig im Innersten vor dem Befürsorgten stehen.

5. Sachlich sind folgende wesentliche Punkte zu berücksichtigen: Um ein Bild der Situation zu geben, gehört das Wissen um die rassische Zugehörigkeit der Familie, die wesentlich auf die materielle Lage einen Einfluss hat, dann die materielle Lage selbst, und, da wir von einer kirchlichen Stelle kommen, die konfessionelle Zugehörigkeit. Also fragen wir bei der Erhebung nach der rassischen Zugehörigkeit. Bei Mischehen nach der rassischen Zugehörigkeit der Kinder, da in unseren Fällen die Mischlingskinder vielfach Geltungsjuden sind. In diesem Fall ist unbedingt nach dem konfessionellen Zustandekommen dieses merkwürdigen Ergebnisses zu fragen. Bei der Vorlage der Dokumente, die unbedingt zu fordern ist, wird sich ergeben, dass der arische Teil meistens aus der Kirche ausgetreten ist, beziehungsweise zum Judentum übergetreten ist; später erfolgte vielfach der Rücktritt zugleich mit der Taufe der Kinder. Diese Daten sind festzuhalten. Bei konfessionellen Mischehen ist die Ehe meist standesamtlich geschlossen und daher kirchlich ungültig. Das ist zu notieren und möglichst auf eine Konvalidierung der Ehe, die heute ohne große Schwierigkeiten möglich ist, hinzuarbeiten.

Bei der Erhebung der materiellen Lage ist nach dem Familieneinkommen zu fragen. Bei in Arbeit Stehenden oder bei Rentenbezügen die

Belege vorweisen lassen. Keinesfalls sollte man sich mit ungenügenden Angaben zufrieden geben. Es ist nicht wahrscheinlich, dass eine Familie von einem so geringen Betrage leben kann, wie meistens vorgegeben wird. Man soll den Leuten begreiflich machen, dass man sie unterstützt, auch wenn ein Einkommen da ist, da vielfach die Meinung vertreten ist, das die Unterstützung entzogen wird, sowie andere Einnahmen zugegeben werden. Bei all dem ist aber sehr zu beachten, dass die Fürsorgerin weder ein Polizei- noch ein Kontrollorgan ist und sich auch nicht als solches zu benehmen hat. Kategorische Fragen sind zu vermeiden, es kann alles in einer lieben und taktvollen Art geschehen, ohne die Gefragten zu verletzen oder zu beunruhigen. Trotzdem soll die Fürsorgerin für sich die Augen offen halten, in der Wohnung sehen, was zu sehen ist, soweit sich das unauffällig machen lässt.

Gerade diese Hausbesuche ermöglichen oft einen tiefen Einblick bei aufmerksamer guter Beobachtung. Bei verwahrlosten Wohnungen ist es günstig, auch darauf einen Einfluss zu nehmen. Doch niemals in Form einer Forderung. Niemals darf der Arme den Eindruck haben, dass er demjenigen, der ihm mit einigen Mark aus der Not hilft, nun in allem parieren muss. Auf Grund seiner überlegenen Stellung als Fürsorgerin einen Druck auszuüben, ist taktlos und erreicht im Herzen des Anderen nur eine gegenteilige Wirkung.

Es kommt vor, dass sich im Laufe der Jahre die Situation des Befürsorgten ändert, oft zum Besseren, weil er Arbeit findet oder sich ihm andere Hilfsquellen erschließen. Natürlich hat der häufige Besuch der Fürsorgerin auch eine Kontrolle zum Zweck. Sie soll die Situation im Auge behalten, ohne dass der Befürsorgte das zu fühlen bekommt. Ist der Befürsorgte in der Lage, sich alleine weiterzuhelfen, dann lässt sich ihm das einleuchtend beibringen, ohne ihn vor den Kopf zu stoßen. Wenn man an sein Herz appelliert und auf die hinweist, die viel ärmer sind, lässt sich oft erreichen, dass er gutwillig zurücktritt. Natürlich ist auch immer wieder Festigkeit am Platz, wo sie nötig ist, manchmal auch Strenge, aber eben, wo es nötig ist.

Übernimmt eine Fürsorgerin eine Familie, die vorher von einer anderen befürsorgt wurde, dann hat sie sich trotzdem genau zu informieren, damit sie selber ein Bild bekommt. Niemals darf es genügen, dass schon jemand anderer vorher da war. Die Fürsorgerin sollte die Situation ihrer Befürsorgten womöglich so klar vor Augen haben, dass sie jederzeit darüber auch detaillierte Auskünfte geben kann. Zur Erleichterung der Evidenzhaltung ist es ratsam, sich ein eigenes Heft anzulegen, in dem die Erhebung jedes Falles notiert ist. Es wäre durchaus möglich, die Befürsorgten zur Hilfeleistung untereinander anzuhalten, wenn eine spezielle Notlage eintritt, wie z.B. Erkrankung und anderes. Besonders im zweiten Bezirk, wo die meisten Leute zusammenwohnen, kann man in Fällen, wo eine solche Notlage eintritt, leicht jemanden in der Nähe finden, der sich um die Betreffenden umsieht und einige nötige Hilfeleistungen verrichtet. Hier wäre es gegebenenfalls sogar angezeigt, mit Hinweis auf die Hilfe, die von unserer Stelle dem Bittsteller niemals verweigert wurde, auf seine von ihm geforderte Hilfeleistung einen Druck auszuüben.

Es ist Sache der Fürsorgerin, ihre Fälle soweit im Kopf zu haben, dass sie jederzeit den einen oder anderen namhaft machen kann, der für besondere Hilfszwecke gesucht wird. Wenn das bis jetzt nicht geschehen ist, so ist es nur zum großen Teil auf die große Verwirrung der einzelnen Befürsorgten zurückzuführen, zum andern Teil ist es ein Versagen der Fürsorgerin.

Immer wieder werden an unsere Stelle Leute bestimmter Qualitäten gesucht, sei es für fallweise Aushilfe oder auch, um sie für besondere religiöse Betreuung in einen kleinen Zirkel zusammenzufassen und Ähnliches. Es müsste praktisch durchaus möglich sein, dass die Fürsorgerin sofort einzelne Fälle nennen kann, die dafür in Frage kämen, sich auch so schnell, als es die Situation erfordert, mit dem Betreffenden in Verbindung setzt, um ihn heranzuziehen. Das alles ist eine Konsequenz des rechten Kontaktes, in dem die Fürsorgerin mit ihren Schutzbefohlenen stehen sollte.

Zum Schluss möchte ich noch einmal auf die Größe und Wichtigkeit der Aufgabe hinweisen, die einer Fürsorgerin auferlegt ist, in deren Hände das Heil und Wohlergehen einer bestimmten Anzahl von Menschen und Familien gelegt ist. Sie kann diese Aufgabe nicht ernst genug nehmen, diese Dinge müssen aus dem Herzen und aus der Tiefe der Seele gelöst werden. Nicht die Anzahl der Stunden, in denen man in der Arbeit steht, nicht die Anzahl der Fälle, die man in einem Tag bewältigt, auch nicht die Distanzen und die Anzahl der Stockwerke, die zurückgelegt werden, entscheiden, sondern nur die Liebe. Wenn an unserer Stelle nach den Fürsorgerinnen geweint wird, dann wissen wir, dass der rechte Geist sie zu den Menschen trug. Dieses Echo gibt die beste Antwort auf die Frage, wie weit unsere Arbeit sinnvoll erfüllt wird."

Frau Dr. Anna Eppstein

Frau Dr. Eppstein kam 1940 zur Hilfsstelle. Von kleiner und zarter Statur, war die weißhaarige, lebhafte Dame intelligent und geschickt. Frau Dr. Eppstein war eine sehr treue, sich ganz aufopfernde Mitarbeiterin von tiefer Frömmigkeit. Die glühend überzeugte Christin war Konvertitin; sie hatte lange in einem Kloster bei Salzburg gelebt, bis sie von dort ausgewiesen wurde. „Denken Sie, ich bin gerade darüber so froh, dass jetzt gar keine irdischen Vorteile mehr damit verbunden sind (mit der Konversion)." Sie war sehr befreundet mit Lotte Fuchs. 1942 kam sie mit einem der ersten Transporte nach Theresienstadt. Im Totenbuch der katholischen Gemeinde Theresienstadt heißt es: „Dr. Anna Eppstein IV/3/968 zuletzt in E VII Psychiat. Starb am 15.3.1943. Dr.A.E. meldete sich freiwillig zuerst als Bedienerin, dann als Pflegerin im verlausten Spital Jägerkaserne (A VII) und zog sich im Dienst erst eine Phlegmone, dann Typhus zu. Als Folge dieser Krankheit trat Irrsinn ein. - Sie war stets heiter und zufrieden, gab - obwohl selbst bitteren Hunger leidend - alle Speisen, Kleider an Bedürftige und war geistiger Trost für ihre Umgebung, die sie bewunderte. Sie bot ihr Leben für die

Rettung ihrer Freunde an. Sie starb unter Qualen, in Not, Schmutz und Elend. Möge ihr Opfer gnädig angenommen werden."

Frau Fuchs, die Mutter Lottes, schreibt in ihren Aufzeichnungen: „Von früh bis spät schwere Arbeit als Krankenpflegerin ohne Rücksicht auf ihre Gesundheit. Ihre Tochter war nach Polen verschickt worden. Von ihren Söhnen hatte sie lange nichts gehört. Oft kam sie beruflich und privat mit Lotte zusammen. Fast alle ihre knappen Ruhepausen verbrachte sie mit ihr. Für den Fall ihres Todes vertraute sie Lotte ihre Dokumente, Bilder, Andenken an. Erklärte sie zur Erbin ihres Nachlasses. Sie wurde krank. Phlegmone. Dann kam Typhus dazu. Es kamen geistige Störungen. Elend, vernachlässigt, einsam ist sie gestorben. Sie lag in unbeschreiblicher Verwahrlosung, aber mit verklärtem Angesicht auf ihrem Totenbett."

Frau Anna Böhmerwald

Am 23.1.1898 geboren, wurde sie wahrscheinlich 1938 getauft. Schon unter P. Bichlmair arbeitete sie für die nichtarischen Katholiken. Ende 1941 kam sie als erste Mitarbeiterin in einen Transport nach dem Osten, zusammen mit ihrem Sohn Hans und ihrem Mann. Sehr wahrscheinlich mit dem Transport, der am 3.12.1941 Wien verließ und nach Riga, in das KZ Kaiserwald ging. Im Februar 1944 wurden Mutter und Sohn in das KZ Stutthof bei Danzig „überstellt". Ihr Mann war am 23.3.43 gestorben. In Stutthof wurden Mutter und der damals 16jährige Sohn getrennt. Frau Böhmerwald kam nach Neustadt in Pommern, wo sie im April 1945 durch die Russen befreit wurde. Sobald wie möglich kehrte sie nach Wien zurück.

Ihr erster Weg führte sie in die Hilfsstelle. Dort hoffte sie, ihren Sohn anzutreffen. Vergebens. Hans war noch nicht da. Er kam später zurück, es mag November gewesen sein. Die Freude von Mutter und Sohn war unermesslich über Wiedersehen und Beisammensein. Hans entschloss sich, nach den USA auszuwandern. Da Frau Böhmerwald ihren Sohn nicht allein reisen lassen wollte, begleitete sie ihn.

Anna Böhmerwald war ein stiller, innerlicher, tief religiöser Mensch. Ihre persönliche Frömmigkeit gab ihr auch die Kraft, die schweren Jahre des Konzentrationslagers zu überstehen, sich selbst zu vergessen und für die Not anderer da zu sein. Nach ihrer Rückkehr in die Heimat gestand sie einmal: „Gott war mir so nahe. Niemals vorher hatte ich erlebt, was ich im KZ immer wieder erlebte. Diese handgreifliche Nähe Gottes, die spürbare Nähe das vergisst man nicht, danach sehnt man sich - man will nichts mehr als das. Und das war mir nur dort geschenkt (89)."

Frau Böhmerwald war ein froher, ein glücklicher Mensch. Sie liebte die Arbeit in der Hilfsstelle, wo sie vor allem im Außendienst tätig war. Auch im KZ half sie, so gut sie nur konnte, obwohl sie abends nach der schweren Tagesarbeit bei der Eisenbahn - sie musste Schienen legen und Waggons verladen – todmüde war und kaum auf den Füßen stehen konnte. Ihr Sohn schrieb darüber in einem Brief: „Es ist kaum zu glauben, wie diese kleine, gebrechliche, kränkliche Frau dieses fertigbrachte." Nach ihrer Rückkehr aus dem KZ nahm sie die Arbeit in der Hilfsstelle wieder auf. Der Abschied von Wien fiel ihr sehr schwer, nicht weniger der Abschied von ihrer Arbeit.

Obwohl ihre Gesundheit ihr zu schaffen machte und nachließ, sehr wahrscheinlich als Folge der Strapazen, die sie im KZ erlitten hatte, war sie auch in Amerika caritativ tätig. Sie schreibt darüber in einigen Briefen. „Bin leider sehr viel krank und das macht mich stumm, auch ist das Leben schwierig und das hindert. Aber Gott ist gut zu mir, über Verdienst. Ich darf immer noch meine geliebte Arbeit tun. Helfen zu dürfen, ist eine Gnade Gottes, für die ich täglich dem Herrn danke (90)."

„Ich habe immer noch meine geliebte Arbeit. Leider ist meine Gesundheit seit vielen Jahren schlecht, mit wenig Unterbrechung zum Besseren. Es ist nicht schön, immer wieder von Krankheit zu erzählen, darum schreibe ich wenig. Ist es nicht besser zu schweigen? Und klagen darf und will ich nicht, so lang ich - ob schwer oder leicht ist gleichgültig - meine Arbeit für die Menschen in Not helfen darf (91)."

„Meine Gesundheit ist nicht zum Besten. Ich habe Schwächeanfälle, die lange dauern und hinderlich sind, und das führt zu einem sehr stillen Leben. Ich spare jedes bisschen Kraft für meine Caritasarbeit. Ich arbeite immer noch am selben Platz, nun schon 9 Jahre. Ich lege meine ganze Kraft und mein ganzes Herz hinein (92)." Zuletzt war Frau Böhmerwald sehr schwer krank. Ihr Sohn behielt sie, solange es möglich war, zu Hause und sorgte liebevoll für sie. Schließlich musste er sie schweren Herzens ins Krankenhaus geben, wo sie am 7.3.1964 tapfer und gefasst starb. „Ich bin sicher, dass der liebe Gott einen ganz besonderen Platz für meine gute Mutter bereitet hat (93)."

Frau Gertrud Steinitz-Metzler (Abb. S. 282)

Sie wurde am 6.12.1903 geboren. In der Erzbischöflichen Hilfsstelle arbeitete sie zunächst vom Frühjahr bis zum Herbst 1941. Damals wurde die Hilfsstelle von hunderten Verzweifelter überlaufen. Um der drohenden Deportation zu entgehen, versuchten sie, sich durch Auswanderung in Sicherheit zu bringen. In diesen turbulenten Monaten half Frau Steinitz-Metzler entscheidend mit. Im Frühjahr 1943 kam sie dann als hauptamtliche Mitarbeiterin in die Hilfsstelle. Unermüdlich widmete sie sich den Seelsorgebesuchen. Mit besonderem Geschick und außerordentlichem Eifer betreute sie die Konvertiten. Besonders am Herzen lag ihr die Sorge um die Insassen des Altersheims in der Malzgasse. In den schweren Monaten der Luftalarme und Bombenangriffe versah sie tapfer den anstrengenden Außendienst. Mit ihrem mütterlichen Herzen ging sie ganz in ihrer Arbeit auf. Sie liebte ihre Schutzbefohlenen aufrichtig, und im Dienst für sie wurde ihr keine Arbeit zu viel. Im Frühjahr 1959 erschien im Herder Verlag Wien ihr Buch „Heimführen werd ich euch von überall her. - Aufzeichnungen am Rande des Zeitgeschehens."

Um dieses Buch, ein überzeitliches Dokument christlicher Humanität, die ihre Kraft aus dem Glauben schöpft, hat Gertrud Steinitz-Metzler viele Jahre lang schwer gelitten. An Hand ihrer Tagebuchaufzeichnungen hat sie das Wirken der Hilfsstelle dargestellt, das gemeinsam Erlebte und Erlittene, wie es sich ihrem Herzen eingeprägt hatte: „Mein ganzes Leben steckt darin - oder besser gesagt: Die Wegstrecke, die mein Leben war, die steilste Strecke, die gnadenvollste Strecke." Sie schrieb darüber an P. Born: „Vor Erscheinen hatte ich große Angst. Als es dann da war, hatte ich das Gefühl: nun kann ich ruhig sterben. Dieses Gefühl blieb."

Im Frühjahr 1959 erschien ihr Buch, am 4. Dezember des gleichen Jahres starb sie nach kurzem Krankenlager. Der Introitus der letzten Messe, die sie mitfeiern konnte, lautete: „So spricht der Herr: Ich denke Gedanken des Friedens, nicht des Verderbens. Ihr werdet zu mir rufen und ich werde euch erhören. Heimführen werd ich euch aus der Gefangenschaft von überall her." In einem Brief an den ehemaligen Leiter der Erzbischöflichen Hilfsstelle schrieb sie: „Es bewegt mich sehr, dass ich denen, die ich liebte - nein, liebe, denn lieben ist doch ein Wort, das man nicht in der Vergangenheit gebrauchen kann – dass ich ihnen ein Denkmal setzen konnte. Sie haben kein Grab und keinen Stein, aber sie haben nun doch ihr Denkmal und manch einer von ihnen wird vielleicht weiter wirken durch sein Beispiel. Wissen Sie, was ich tue, wenn ich das erste Honorar für das Buch bekomme? Ich kaufe für jeden von ihnen einen Baum in Israel. Es ist mir ein so lieber Gedanke, dass im Heiligen Land Bäume im Winde rauschen werden, von denen jeder den Namen eines mir lieben Toten trägt."

Fräulein Charlotte Horn

Als 35jährige kam Charlotte Horn im Lauf des Jahres 1941 von der Trinkerfürsorge zur Hilfsstelle. Zunächst arbeitete sie dort halbtags, später als Ganztagskraft. Sie besaß ein sehr liebenswürdiges Wesen und war ein eifriger religiöser Mensch. Unermüdlich war sie in der Fürsorge, bei Erhebung und Betreuung von „Fällen" ebenso wie bei Seelsorgsbesuchen. Aus gesundheitlichen Gründen schied sie aus der Hilfsstelle aus und starb am 16.6.1946.

Fräulein Aglaia Maria Elvira Truck

Die am 3.2.1896 Geborene arbeitete vom Sommer 1942 bis zum Sommer 1945 als ehrenamtliche Mitarbeiterin der Erzbischöflichen Hilfsstelle für nichtarische Katholiken. Bei der Erhebung und Betreuung von Fürsorgefällen, durch Seelsorgsbesuche und bei der Lebensmittelpaketaktion für die Deportierten in Theresienstadt hat sie wertvolle Dienste geleistet. Ihr Eifer und ihre Hilfsbereitschaft erlahmten nie. Kein Weg war ihr zu viel, keine Arbeit zu beschwerlich. Dazu hatte sie ein bescheidenes, anspruchsloses Wesen und war von verständnisvoller Güte für alle Nöte geprägt. Trotz ihrer schwachen Gesundheit war sie ein Mensch von einer außergewöhnlichen Kraft der Hingabe. Frl. Truck war ursprünglich griechisch-orthodox. Am Karsamstag 1942 trat sie zur katholischen Kirche über. Sie war stets dankbar für die große Gnade, der Kirche anzugehören.

Der Gedanke, von Gott berufen und angenommen zu sein, war beherrschend in ihrem Leben und beglückte sie zutiefst. Ihre einzige Frage war: Was kann ich noch für Gott tun in der Zeit, die Er mir schenkt? Die Aufnahme in die Kirche machte das Glück ihres Lebens aus. Trotz ihrer zahlreichen Beschwerden und ständigen Müdigkeit wusste sie sich in Gottes Hand geborgen: „Ich kann nur hoffen, dass Er meine Leistungsfähigkeit bis zum Letzten ausschöpfen möge, ein winziger Ehrenerweis für sich selbst und eine kleine Hilfe für die, die mir anvertraut sind." Ihr ständiges Gebet: „Dass Gottes Wille sich ganz an mir erfülle."

Fräulein Truck half auch nach dem Krieg weiter in der Caritas. Wann und wo jemand gebraucht wurde, war sie zur Stelle. Sie liebte das Wort des hl. Paulus: „Darum ist mein Gebet: Eure Liebe möge immer mehr zunehmen an Erkenntnis und jeglichem Empfinden für das, worauf es ankommt. Dann werdet ihr am Tage Christi lauter und ohne Tadel dastehen, voll Frucht der Gerechtigkeit durch Jesus Christus zur Ehre und zum Lobe Gottes. " (Phil 1, 9-11) Hierzu schrieb sie: „In diesen Worten zusammengedrängt das ganze Leben für die Begegnung."

Der sie zutiefst kennzeichnende Zug war ihre stete Dankbarkeit vor allem Gott gegenüber, eine sie nie verlassende Freude trotz allem Kreuz und Leid, dazu ihre ungewöhnlich liebende Hingabe. Fräulein Truck starb am 24. November 1963 nach einem kurzen Krankenhausaufenthalt. Am Sonntag, bevor sie ins Krankenhaus ging, empfing sie auf ihren eigenen Wunsch die Sterbesakramente (94). Sie war darüber überaus glücklich. Da sie keine Angehörigen in Wien hatte, ließ eine Familie, mit der sie sehr verbunden war, sie in ihrer Grabstätte beisetzen. In einem Brief heißt es: „Wir sind traurig, aber eigentlich nur über uns, weil man nie genug Liebe gab. Über sie kann ich nicht trauern; ich bin fest überzeugt, dass sie unendlich glücklich ist, nun am Ziel ihrer Sehnsucht zu sein, die sie verzehrt hat. Darum hat ihr Gott wohl auch nacheinander alle Freunde, an denen ihr Herz hing, fortgenommen, damit sie einsam, nur mehr Platz für Ihn hatte."

„Nicht es gut zu haben, gut zu sein, sei das Ziel Deines Lebens. " (Albrecht Goes)

Freundes- und Helferkreis

Die Hilfsstelle stand nicht isoliert, allein mit ihren Mitarbeiterinnen, der schweren Aufgabe gegenüber, den rassisch verfolgten Katholiken Hilfe zu bringen. Sie wusste sich in den Jahren ihres Wirkens getragen von einem nicht geringen Kreis von Freunden und Wohltätern. Diese halfen oftmals durch ihren Rat und förderten die Arbeit im Rahmen des Möglichen. Unter ihnen waren Ordensleute, Priester und Laien: Im Hause des Bischofs und rund um den Steffi, im Churhaus sowie in zahlreichen Pfarreien und Klöstern. An der alten Universitätskirche unter P. Superior Franz Mitzka und seinem Nachfolger P. Peter Paul Pohl und den Mitbrüdern im Hause, vor allem P. Hugo Montjoye und P. Theodor Gröschl. Sie standen ganz hinter der Arbeit, stellten Kirche und Haus jederzeit für Gottesdienste, Konvertitenunterricht, Glaubensstunden und Besprechungen zur Verfügung. Die Hilfsstelle wusste Freunde und Wohlgesinnte in den verschiedenen Ämtern, bei

Ärzten, Rechtsanwälten und anderen Persönlichkeiten, bei Bekannten und Unbekannten.

Auch wenn sie hier nicht alle einzeln aufgeführt werden können, sei ihrer doch aller in Dankbarkeit gedacht, denn sie trugen alle mit dazu bei, die Not der Verfolgten ein wenig zu erleichtern und ihnen das Bewusstsein zu geben, dass sie auch als amtlich Verfemte menschlicher Anteilnahme und auch bescheidener Hilfe in den Grenzen des damals unter erschwerten Umständen Möglichen, sicher sein konnten.

Einige Persönlichkeiten aus der damaligen Zeit verdienen noch besonderer Erwähnung, so Dr. Michael Stern, damals jüdischer Konsulent (Rechtsanwalt) der der Hilfsstelle viele wertvolle Dienste erwiesen hat. Ebenso wenig darf vergessen werden der damalige Chef der militärischen Abwehrstelle Südost, Oberst Rudolf Graf von Marogna-Redwitz, der oft mit Rat und Tat geholfen hat.

Im damaligen erzbischöflichen Zeremoniär Dr. Franz Jachym, späteren Erzbischof und Generalvikar, hatte die Hilfsstelle einen nie versagenden klugen Berater und tatkräftigen Helfer. Er vertrat seit 1939 auch den Sekretär Kardinal Innitzers, Dr. Jakob Weinbacher, der im November 1939 - zusammen mit P. Bichlmair - verhaftet wurde. Dr. Weinbacher wurde durch die Gestapo nach Mecklenburg, P. Bichlmair nach Oberschlesien verbannt. Auch der Kanzleidirektor des Erzbischöflichen Ordinariates, Prälat Josef Wagner, war der Hilfsstelle zugetan, und sie konnte immer auf ihn rechnen, ob es sich um eine Angelegenheit der Schule für jüdische Kinder handelte, den Religionsunterricht in der Schule, die Erteilung von Seelsorgestunden oder Konvertitenunterricht. Große Unterstützung fand die Hilfsstelle in der wohlwollenden, klugen und sachlichen Beratung des Leiters der Abteilung für Rechtsfragen im Ordinariat, Dr. Josef Streit, dem späteren Weihbischof.

Ebenso half das Seelsorgeamt unter der Leitung von Kanonikus Dr. Karl Rudolf, wo immer es möglich war. Schließlich war der Leiter des Caritas-Instituts, Direktor Franz Steiner, in vielen Fällen bei der Unterbringung von Alten und Kindern in Heimen behilflich. Viele außerkirchliche Stellen spielten eine nicht unerhebliche Rolle bei der Lösung der schwierigen Aufgabe, die der Hilfsstelle gestellt war.

Im Sozialministerium gab es einen wohlwollenden und zuverlässigen Helfer, Baron Schleyer, der dank seiner einflussreichen Stellung als Sektionschef (Ministerialdirektor) in manchen Fällen wirksam raten und helfen konnte, wenn es sich etwa um Missstände bei der Zwangsarbeit handelte, bei Beschaffung von Medikamenten, bei der Vermittlung der Aufnahme von Kranken in Spitäler usw. Schon Pater Bichlmair hatte Kontakt mit der Society of Friends und wurde regelmäßig von ihr finanziell unterstützt. P. Born, sein Nachfolger, hielt diese Verbindung aufrecht. Mit der Geschäftsführerin, Frl. Käthe Neumayer, einer sehr tüchtigen, aktiven und mutigen Frau, entwickelte sich eine sehr enge Zusammenarbeit. Sie half entscheidend bei der Auswanderungshilfe durch Vermittlung von Dollarbeträgen, günstigem Ankauf von Dollars, Unterstützung von Fürsorgefällen. Sie beteiligte sich finanziell bei der Gründung und beim Unterhalt der Schule für die jüdischen Kinder. Leider wurde die Tätigkeit der Society of Friends mit dem Eintritt der USA in den Krieg jäh beendet Die Quäker in Wien führten die Fürsorgetätigkeit einige Zeit weiter, bis sie verboten wurde.

Schwedische Mission für Israel, IX., Seegasse 16

Sie war eine äußerst aktive Gemeinschaft, die von Pfarrer Johannes Jellinek in Zusammenarbeit mit Schwester Anna-Lena Petersen und Schwester Greta Andren geleitet wurde. Die Schwedische Mission verfügte über ein eigenes Haus, finanzielle und auch andere Mittel.

Es fanden regelmäßig Gottesdienste, Vorträge und Gruppenstunden, auch für Jugendliche, statt. Dieses Haus entfaltete eine überaus segensreiche Tätigkeit für die rassisch Verfolgten. 1941 verbot die Gestapo jegliche Arbeit. Pfarrer und Schwestern wurden zur Rückkehr nach Schweden gezwungen. So wurde die Zusammenarbeit leider sehr bald beendet.

Auswanderungshilfsorganisation
für nichtmosaische Juden in der Ostmark (AHO)

Diese Stelle wuchs im März 1938 aus einer Aktion des niederländischen Philanthropen Gildemeester hervor, der durch seine Tätigkeit in Afrika bekannt geworden war. Sie hatte ihren Sitz zunächst im 1.Bezirk, am Kohlmarkt 8, siedelte später in die Habsburgergasse 2 und schließlich in die Marc Aurelstraße über. Sie wurde von der Zentralstelle für jüdische Auswanderung der Gestapo nicht nur geduldet, sondern sogar anerkannt und erhielt auch obigen Namen. De facto wurde sie der Jüdischen Kultusgemeinde gleichgestellt. Ihr Geschäftsführer war Herr Fasal; Verbindungsleute zur Gestapo bzw. zur Zentralstelle waren die Herren Kohaut und Gottesmann. Dieser Organisation ging es vor allem um die Möglichkeit der Auswanderung, aber sie war auch in Beratung und Fürsorge für alle Nicht-Glaubensjuden tätig. Die Hilfsstelle pflegte eine gute Zusammenarbeit mit ihr und wurde von ihr über alle geplanten Aktionen unterrichtet. Hilfsstelle und Hilfsorganisation wirkten beim Aufbau der Schule in der Grüngasse, beim Kinderhort und bei der Gründung des Altersheimes in der Seegasse zusammen. Vielen Schützlingen der Hilfsstelle half sie bei der Wohnungsbeschaffung. Sie informierte rechtzeitig über neue Transporte und in manchen Fällen gelang es ihr sogar, „Nichtarier" aus Transporten freizubekommen bzw. zurückstellen zu lassen. Die AHO konnte nur bis Ende Oktober 1942 ihre segensreiche Tätigkeit ausüben.

Israelitische Kultusgemeinde Wien (IKG)

Die Israelitische Kultusgemeinde im Wiener 1.Bezirk, Seitenstetten-gasse 4, stand unter der Leitung von Dr. Josef Loewenherz. Ihr oblag in allen Reichsgauen der „Ostmark" die Vertretung der Interessen aller Juden im Sinn der Nürnberger Gesetze. Ihre Aufgabe bestand in der Förderung der Auswanderung aller Juden. Sie war Trägerin des jüdischen Schulwesens und der freien jüdischen Wohlfahrtspflege. So ergab sich der Kontakt mit ihr ganz von selbst. Gemeinsame Interessen neben der allgemeinen Hilfe für die Verfolgten lagen auf dem Gebiet der Auswanderung, der Schule und aller mit ihr zusammenhängenden Fragen, der Fürsorge und der Benützung jüdischer Einrichtungen. Vor Beendigung der Auswanderungsmöglichkeit streckte die Kultusgemeinde der Hilfsstelle 3.500 Dollar vor, um in letzter Stunde noch 10 Verfolgten zur Auswanderung zu verhelfen (95).

Nach dem letzten großen Transport Anfang Oktober 1942 mit weit über 1000 Deportierten - unter ihnen zahlreiche Angestellte der Kultusgemeinde und Auswanderungshilfsorganisation - kam es zur Auflösung der AHO und der Fürsorgeaktion für christliche Nichtarier, von der nur sehr wenige Angestellte in Wien zurückblieben. Auch die Israelitische Kultusgemeinde wurde aufgelöst. An ihre Stelle trat am 1.November 1942 der Ältestenrat der Juden in Wien (96).

Er übernahm unmittelbar die Vertretung aller in Wien zurückgebliebenen Juden, auch der nichtmosaischen, die bisher die Auswanderungshilfsorganisation wahrgenommen hatte. Auch die Fürsorgearbeit der AHO und ihre Einrichtungen, z.B. die Leitung des Altersheimes im 9. Bezirk, Seegasse 16, gingen auf den Ältestenrat der Juden in Wien über. Es war eine völlig neue Situation. Obwohl der prozentuale Anteil der Christen und Konfessionslosen unter den zurückgebliebenen Juden sehr hoch war, waren sie im Ältestenrat nicht vertreten. Nur Herr Kohaut, ein ehemaliger Angestellter der AHO, blieb als Vertrauensmann für die Belange der Nicht-Glaubensjuden beim Ältestenrat. Nach einem Bericht der IKG an die Gestapo vom 15. Oktober 1942 waren nach Abschluss der großen Transporte in den Osten in Wien noch verblieben:

4.000 privilegierte Mischehen
2.200 nichtprivilegierte Mischehen
 700 Geltungsjuden
1.200 Volljuden (davon 500 im KZ oder Arbeitslager)

Durch die ständig notwendige Fühlungnahme entwickelte sich mit dem Ältestenrat eine verständnisvolle und reibungslose Zusammenarbeit. Es ging hier um den Besuch der Heime, die Abhaltung von Gottesdiensten, das Begräbnis nichtarischer Katholiken auf dem jüdischen Friedhof, um die Erlaubnis von Seelsorgestunden im Kinderhort, um Nikolaus- und Weihnachtsfeiern im Kinderspital und Kinderheim, im Altersheim und Spital. In Fürsorgefragen arbeitete die Hilfsstelle mit der Leiterin der jüdischen Fürsorge, Frl. Franziska Löw, zusammen. Sie hatte der Hilfsstelle schon vorher manchen Dienst erwiesen, z.B. bei der Betreuung der Evakuierten in den Lagern vor dem Abtransport von Wien.

Als 1944 Judentransporte von Ungarn in plombierten Eisenbahnwaggons über Wien geführt wurden - sie hielten auf offener Strecke außerhalb Wiens - durfte der Ältestenrat die Deportierten mit Wasser, Brot usw. versorgen. Herr Kohaut und Frl. Löw baten um Hilfe. Trotz der sehr kurzen Zeit, innerhalb derer Hilfe überhaupt nur möglich war, bevor die Züge weiterfuhren, brachte die Hilfsstelle etliche Lebensmittel zusammen. Hierbei halfen in erster Linie die Klöster, wie bereits ausgeführt wurde.

Die Hilfsstelle war grundsätzlich für alle da, die aus rassischen Gründen verfolgt wurden. Manche Aktionen wurden für ausnahmslos alle Verfolgten unternommen. So die Bemühungen Kardinal Innitzers und seiner Hilfsstelle um Abwendung der Deportationen oder der deutschen Bischofskonferenz vom 17. - 19.8.1943 um Verbesserung der Zustände in den Konzentrationslagern. In die gleiche Richtung ging das Schreiben Kardinal Bertrams vom 17.11.1943 im Namen der Bischöfe des Altreichs und der Ostmark an den Reichsminister des Inneren und das Reichssicherheitshauptamt über die Lage in den Lagern, in denen er um menschenwürdige Behandlung und die Erlaubnis zum Briefwechsel mit den Angehörigen bittet (97). Aber nur in ganz seltenen Fällen gingen Glaubensjuden die Hilfsstelle um ihren Beistand an (98).

Wohl kam eine Reihe von Glaubensjuden wegen einer ins Auge gefassten Konversion zur Hilfsstelle, zu einer Zeit, wo für sie keinerlei Vorteil mit einem Übertritt zum katholischen Glauben verbunden sein konnte und eher die Gefahr bestand, sich zwischen sämtliche Stühle zu setzen. Die Israelitische Kultusgemeinde wandte sich, mit Ausnahme der Judentransporte aus Ungarn über Wien, niemals an die Hilfsstelle. Sie brauchte auch deren Hilfe nicht, weder bei der Auswanderung noch bei der Fürsorge. Ihr standen wesentlich mehr Mittel und Wege zur Verfügung, sowohl in finanzieller wie personeller Hinsicht. Neben Heimen und Anstalten verfügte sie über ausreichend Ärzte, Fürsorge- und Pflegepersonal.

Die Nicht-Glaubensjuden befanden sich dagegen in einer besonders ausweglosen Lage: Sie waren genauso verfolgt wie die Glaubensjuden. Sie fielen ebenso wie diese unter die Nürnberger Gesetze. Diese Tatsache war vielen, Christen wie Juden, nicht bekannt. Für sie setzte sich niemand ein. Für die Israelitische Kultusgemeinde - die nach den deutschen Gesetzen und Verordnungen allein zuständig war - war die Situation zweifelsohne schwierig. Sie widmete sich zunächst ihren Glaubensgenossen und betrachtete Juden, die sich hatten taufen lassen, als Apostaten, was im umgekehrten Fall unbestreitbarer Weise auch der Fall gewesen wäre.

So kam es zur Gründung von Gildemeester und der Hilfsstelle. Trotz allem war es bis zum Ende der Naziherrschaft so: Die nichtmosaischen, die getauften und die konfessionslosen Juden waren und blieben ganz und gar von den glaubensjüdischen Stellen abhängig. Es war eine für beide Seiten höchst unerquickliche Situation. So gab es auch in der Zeit der Verfolgung Rücktritte zum Judentum in Wien wie auch in Polen und Theresienstadt in der Hoffnung, bei der Auswanderung und Versorgung berücksichtigt zu werden. Desgleichen gab es auch nach dem Krieg Rücktritte zum Judentum, um an der Unterstützungsaktion des Joint (99) Anteil zu haben und weil sich manche bessere Chancen bei der Wiedergutmachung, beruflichen Förderung und Auswanderung ausrechneten.

Dass es in früheren Jahrzehnten und Jahrhunderten zweifellos Übertritte zum Christentum gegeben hatte, weil man sich von einem solchen Schritt Vorteile erhoffte, dürfte wohl kaum bestritten werden. Es ist gewiss nicht gerade erhebend, aber das Gros der Menschen dürfte sich unter ähnlichen Umständen ähnlich oder gleich verhalten. Wer möchte sich zum Richter hier aufwerfen, der nicht selber in ähnlicher, nach menschlichen Maßstäben, auswegloser Situation gestanden hat?

Zusammenarbeit mit nicht-österreichischen Stellen

Wenngleich damals die „Ostmark" Teil des „Großdeutschen Reiches" war, so war doch der sog. „Anschluss" nur Episode, wenngleich mit wahrhaft umwälzendem Ergebnis. An erster Stelle ist der St. Raphaels-Verein in Hamburg zu nennen. Sein Präsident war Dr. Wilhelm Berning, Bischof von Osnabrück. Mit dem Generalsekretär des Vereins, P. Dr. Maximilian Grösser, sowie seinen Mitarbeitern P. Wilhelm Nathem, Frl. Piendl usw. war der Leiter der Hilfsstelle schon seit seiner Hamburger Tätigkeit bekannt. Sie waren an einer gut funktionierenden Stelle in Wien sehr interessiert. Anfang 1940 stattete P. Grösser dem P. Born einen Besuch ab, Frl. Piendl war im November 1940 in Wien, P. Dr. Menningen, der Nachfolger P. Grössers, im Dezember des gleichen Jahres. Die Auflösung des St. Raphaels-Vereins, die Beschlagnahmung seines Vermögens und das Verbot jeder weiteren Tätigkeit erfolgten am 25.6.1941. Schon seit dem Jahr 1935 bestand ein Hilfsausschuss für katholische Nichtarier beim St. Raphaels-Verein in Hamburg. In den wenigen Monaten, die er nach Errichtung der Erzbischöflichen Hilfsstelle bis zur eigenen Auflösung existierte, entwickelte sich eine enge Zusammenarbeit zwischen Hamburg und Wien: Hamburg war bei der Vermittlung von Übersee-Telegrammen, Besorgung von Dollarbeträgen für die Schiffsreisen und Vermittlung von Schiffsplätzen behilflich. Wie viele Wiener und andere österreichische Fälle durch den St. Raphaels-Verein bearbeitet und bis zur Auswanderung geführt wurden, lässt sich leider nicht mehr feststellen, da alle Unterlagen vernichtet wurden. P. Grösser, ein weitschauender, wagemutiger Mann, war unermüdlich tätig und rieb sich im Dienst für die ihm Anvertrauten auf. Er hatte mehrere Haussuchungen zu überstehen. Von Oktober 1937 bis Anfang 1938 war er in Berlin in Haft. Er starb am 19. März 1940.

Zusammenarbeit mit dem Hilfswerk beim bischöflichen Ordinariat Berlin

Bischof Konrad Graf von Preysing errichtete im Jahr 1935 das Hilfswerk beim bischöflichen Ordinariat Berlin, um den zahlreichen Opfern des NS-Rassenterrors beizustehen. Mit der Leitung betraute er Dompropst Bernhard Lichtenberg. Nach dessen Verhaftung und Verurteilung übernahm der Bischof persönlich die verantwortliche Leitung des Hilfswerkes. Der Leiter der Wiener Hilfsstelle musste öfter aus dienstlichen Gründen nach Berlin, um mit Graf von Preysing und vor allem Frau Dr. Margarete Sommer, die das Berliner Hilfswerk faktisch leitete, Kontakte zu knüpfen und über die beiderseitigen Probleme zu sprechen. Man tauschte Erfahrungen aus, überlegte eventuelle gemeinsame weitere Möglichkeiten und Schritte. Im Mittelpunkt der Berliner Gespräche standen meist die bedrohten Mischehen, die Lage der Deportierten im Osten und in den Konzentrationslagern, die Möglichkeiten seelsorgerlicher Betreuung. Jeder Besuch in Berlin brachte wertvolle Informationen und Anregungen. Frau Dr. Sommer war eine klarblickende, kluge und tapfere Frau, die ihre Arbeit aus christlicher Verantwortung tat und darin ganz aufging. Sie starb am 30.7.1965 nach längerem schweren Leiden in Berlin.

Zusammenwirken mit dem Deutschen Caritasverband in Freiburg i.Br.

Fräulein Dr. Gertrud Luckner, die am 26.9.1900 geboren wurde, war seit dem Jahr 1938 hauptamtliche Mitarbeiterin an der Zentrale des Deutschen Caritasverbandes in Freiburg. Sie baute dort einen Helferkreis für Juden und andere Verfolgte des Naziregimes auf. Nach Ausbruch des Krieges gründete sie eine „kirchliche Kriegs-Hilfsstelle", die sich im Rahmen des Deutschen Caritasverbandes aller Verfolgten, besonders aber der Juden annahm. Sie handelte zunächst mit Unterstützung, ab 1941 im Auftrag des Freiburger Erzbischofs, Dr. Conrad Gröber. Sie versuchte, die Hilfe für die nichtarischen Christen im gesamten Reichsgebiet aufzubauen und Kontakte herzustellen. Ihr Weg führte sie auch nach Wien. Fräulein Dr. Luckner vermittelte der Hilfsstelle Pakete nach Polen. Im März 1943 wurde sie verhaftet und kam in das KZ Ravensbrück, wo sie bis zum Kriegsende blieb. Die Hilfsstelle hielt auch nach der zwangsweisen Beendigung ihrer Tätigkeit durch wechselseitige Besuche Kontakt mit Freiburg. Nach wie vor erhielt sie wertvolle Unterstützung. Der Leiter der Hilfsstelle konnte sich auch jederzeit mit den Nöten der ihm Anvertrauten an Kardinal Bertram, den Erzbischof von Breslau und damaligen Vorsitzenden der Deutschen Bischofskonferenz wenden, an die schon erwähnten Bischöfe von Berlin und Osnabrück, an Bischof Wienken, den Leiter des Kommissariates der Fuldaer Bischofskonferenz in Berlin, an den Päpstlichen Nuntius, Cesare Orsenigo, an Erzbischof Gröber von Freiburg und Bischof Weber von Leitmeritz (100). Er wurde immer gehört, seine Anregungen wohlwollend aufgenommen, seine Vorschläge geprüft. Nach Möglichkeit suchte man, für sie eine Lösung zu finden.

Kardinal Innitzer

Die Erzbischöfliche Hilfsstelle wirkte vom 1. Dezember 1940 bis zum Ende der Naziherrschaft und darüber hinaus im erzbischöflichen Palais. Sie war des Kardinals Anliegen. Ohne seinen ausdrücklichen Willen und seine vorbehaltlose Unterstützung wäre dieses Werk christlicher Nächstenliebe nie zustande gekommen und durch all die schweren Jahre hindurch existenzfähig geblieben. Schon P. Bichlmair hatte seine Aktion im Jahr 1938 mit Wissen und Unterstützung des Kardinals begonnen und sie bis zu seiner Verhaftung und Ausweisung fortgeführt. Der Kardinal war es, der nach der Verbannung P. Bichlmairs durch die Gestapo die Übernahme seiner Aktion durch den Caritasverband der Erzdiözese Wien wünschte und in die Wege leitete. So kam es im Sommer 1940 zur Gründung der Diözesanstelle für nichtarische Katholiken, für deren Finanzierung er aufkam. Ende 1940 entschloss er sich zur Gründung der „Erzbischöflichen Hilfsstelle für nichtarische Katholiken". Formell übernahm er persönlich die Leitung. Oft wurden dem Kardinal Vorhaltungen gemacht, dass er die Hilfsstelle in sein Palais aufnahm. Dies sei zu gefährlich. Doch seine Antwort war stets: „Mehr als erschlagen können sie mich nicht."

Als die Juden gezwungen wurden, den Stern zu tragen, und viele Sternträger im Palais ein- und ausgingen, mehrten sich die kritischen Stimmen. Viele wünschten eine Verlegung der Hilfsstelle. Doch er entgegnete: „Die Hilfsstelle bleibt, und wenn sie mir nochmals das Palais stürmen und zerstören, will ich das gerne auf mich nehmen." Der Kardinal unternahm alles Menschenmögliche, um den Juden in ihrer Not zu helfen und feindliche Aktionen der Machthaber abzuwehren. Er ließ nichts unversucht, vielen zur Auswanderung zu verhelfen. Für seine zahlreichen Bemühungen legen seine Briefe an verschiedene Kardinäle und immer neue Bitt- und Hilfsgesuche an vatikanische Dienststellen und Papst Pius XII. ein beredtes Zeugnis ab. Wenn seine Versuche, die Judendeportationen zu unterbinden, die Auflösung der Mischehen zu verhindern, die Verhältnisse in den Konzentrationslagern erträglicher zu gestalten und für die Katholiken dort Gottesdienste durchzusetzen, nur teilweise von Erfolg gekrönt waren, lag dies einfach daran, dass die damaligen Machthaber am längeren Hebel saßen.

So erhob der Kardinal seine Stimme zur Polizeiverordnung über das Tragen des Judensterns. Immer wieder bat er bei Bischöfen und auch beim Papst um finanzielle Unterstützung der verfolgten Juden. Wie die Protokolle der Bischofskonferenzen zeigen, brachte er die Sprache immer wieder auf die Judenverfolgung. Er unterrichtete unermüdlich den Hl. Stuhl und die Bischöfe über die Lage der verfolgten „Nichtarier" und suchte gemeinsam mit ihnen nach Möglichkeiten zur Hilfe. Er nahm an der Arbeit seiner Hilfsstelle persönlichen Anteil und ließ sich regelmäßig über sie und besondere Notlagen unterrichten. Manche waren der Meinung, der Kardinal tue des Guten wirklich zu viel. Ihnen war es gar nicht recht, dass er sich so für die Hilfsstelle engagierte. Oft kam er als „Hausvater" in den „Stall", die ehemalige Kutscherwohnung, um nach dem Rechten zu sehen und sich zu informieren, um zu schauen, ob etwas fehlte und sich für die geleistete Arbeit zu bedanken. Regelmäßig feierte er dort gemeinsam mit allen Mitarbeitern das Weihnachtsfest. Manchmal firmte er persönlich Schützlinge der Hilfsstelle in der Andreaskapelle, einzelne auch in seiner Privatkapelle. Bei dieser Gelegenheit pflegte er zu sagen: „Nicht um dem Kreuz zu entgehen, empfangt ihr die Salbung des Heiligen Geistes, sondern um die Kraft zu erhalten, mit Christus das Kreuz zu tragen."

Jederzeit konnten die Angehörigen der Hilfsstelle mit ihren Anliegen zu ihm kommen. Nie wies er jemanden ab, kein Geldbetrag war ihm zu hoch, oft genug half er mit Lebensmittelmarken aus. Wer immer in seiner Not und Verzweiflung den Weg ins Palais fand - es hatte jedermann Zutritt, ob mit oder ohne Stern - der fand ein mitfühlendes Herz, erhielt Rat und Hilfe. Alle nahm der Kardinal mit wahrhaft brüderlicher Liebe auf, niemand ging ohne Trost von ihm weg. Gestärkt durch sein Wort und seine liebevolle Anteilnahme gingen viele mit seinem Segen in die Fremde, in eine dunkle Zukunft, in den sicheren Tod. In seinem ersten Hirtenbrief am Tage seiner Bischofsweihe, dem 16. Oktober 1932, wies Erzbischof Innitzer nachdrücklich und eindringlich auf die Pflicht zur Liebe hin. Er rief seinen Gläubigen das Wort des Apostels zu: „Dienet einander in Liebe. Denn das Gesetz wird in dem einen Gebot erfüllt: Du sollst Deinen Nächsten lieben wie Dich selbst." (Gal 5,13 f)

„Dieses mein Mahnwort an Euch, meine lieben Diozesanen, klingt um so eindringlicher, je furchtbarer und schrecklicher die Zeit ist, die wir augenblicklich durchleben. Was täte uns in dieser Zeit wirtschaftlichen

Tiefstandes, des damit verbundenen Massenelendes mehr not als diese dienende Liebe. Sie ist unsere heiligste Pflicht." Er ordnete an, dass das nach der Konsekration eines Bischofs sonst übliche Festmahl nach seiner Weihe unterbleiben solle und dass der hierdurch eingesparte Betrag zur Unterstützung der Armen dem Caritasverband überwiesen werde.

„In dieser schrecklichen Zeit schwerster und materieller Not möchte ich Euch gerne in der um Christi willen geübten erbarmenden Liebe mit meinem schwachen Beispiel vorangehen. Darum soll mein Wahlspruch sein: „In caritate servire." Dieser Wahlspruch kennzeichnet den Kardinal und seine Art. Er war hervorstechendstes Merkmal seines Lebens und Wirkens. Er liebte keine großen Reden über Nächstenliebe und Hilfsbereitschaft, er handelte einfach. Es war ihm gar nicht möglich, eine Not zu sehen, ohne gleich zu helfen. Sein mitfühlendes Herz drängte ihn zur helfenden Tat. Diese Spontaneität im Handeln, die der Hilfsstelle und damit zahllosen Juden zu Gute kam, war ein charakteristischer Zug seines Wesens, der gewiss auch seine Schattenseiten hatte, wie sie etwa in den beiden Schreiben an den damaligen Gauleiter Bürckel zum Ausdruck kamen, in denen der Kardinal beide Male mit dem unseligen „Heil Hitler!" schloss (101). Diese mehr als peinlichen Vorgänge wurden in der Zwischenzeit von nicht wenigen „Freunden" der Kirche genüsslich plattgewalzt. Sie sind gewiss nicht zu entschuldigen, denn ein Kardinal ist schließlich einer der höchsten Repräsentanten des Öffentlichen Lebens, der die Folgen seiner Handlungen und Worte, die für die Öffentlichkeit bestimmt sind, noch sorgfältiger abwägen muss als irgendein Durchschnittsbürger. Aber man sollte billigerweise dann auch nicht mit Stillschweigen übergehen, dass die gleiche Spontaneität ihn zu jahrelanger Hilfe für die ausgestoßenen Juden veranlasste, ohne der Gefahr zu achten, in die er sich hiermit zweifelsohne begab.

Einige Fälle seiner spontanen Reaktionsweise, die sich für die Verfolgten so segensreich auswirkte, seien noch angeführt. Eine „Mitarbeiterin" wusste nicht mehr aus noch ein. Es ging um die Unterbringung eines alten, hilflosen Schützlings in ein Altersheim. Sie fasste sich ein Herz und ging kurz entschlossen zum Kardinal. Sie trug ihm ihr Anliegen vor und meinte, vielleicht sei es möglich, in der Töllergasse (102) Platz zu schaffen. Sofort ging der Kardinal zum Telefon, sprach mit der Priorin und brachte den Schützling im Altersheim des Klosters unter. Der Leiter der Hilfsstelle berichtete dem Kardinal eindringlich von der Not einer Familie, die nichts mehr zu essen hatte. Ohne lange zu überlegen eilte der Kardinal in die Küche und kam mit Lebensmittelmarken zurück. Kurz darauf erschien die Schwester, die den Haushalt des Kardinals besorgte und bat händeringend um die Rückgabe wenigstens einiger Lebensmittelmarken. Der Kardinal hatte einfach alle ohne Ausnahme mitgenommen.

Oft herrschte in der Kasse der Hilfsstelle Ebbe, weil die Summe, die der Kardinal allmonatlich zur Verfügung stellte, nicht ausreichte. Sagte ihm dann der Leiter: „Eminenz, wir haben leider…- „Ja, ja", fiel er jedes Mal ins Wort, „Wie viel braucht ihr denn?" Niemals erschrak er über die Summe, die er hörte, niemals verweigerte er sie. Einmal wurden 6.000 RM benötigt, um einen jungen Menschen vor dem drohenden Transport in den Osten zu retten. Der Kardinal hörte sich den Bericht an, stellte einige Fragen, ging in sein Arbeitszimmer und kam mit den gewünschten 6.000 RM zurück (103). Ein weniger spontan Reagierender hätte der Kirche wahrscheinlich manch peinliche Verlegenheit erspart. Man darf aber doch die Frage stellen, ob er sich so rückhaltlos für die verfolgten Juden eingesetzt hätte. Hugo Gold erzählt in seiner „Geschichte der Juden in Wien": „Innitzer war an der Wiener Universität als leutseliger und gerechter Mann bekannt, der armen jüdischen Studenten half, und in dessen Rektoratsjahr Friede und Ruhe herrschte, weil er den deutschen antisemitischen Burschenschaften drohte, beim ersten Angriff gegen jüdische Studenten die Universität für ein Jahr zu schließen."

„Innitzer kam zu einem Kommers der zionistischen Verbindung „Kadimah" als Ehrengast (104)."

Papst Pius XII.

Alle Mitarbeiter der Hilfsstelle wussten von der Sorge des Papstes um die verfolgten Juden. Seine besondere Liebe galt verständlicherweise den nichtarischen Katholiken. Der Papst hatte sich schon zu der Zeit, als er noch Kardinalstaatssekretär war, darum bemüht, im Ausland Verständnis für die Verfolgten zu wecken und einer möglichst hohen Zahl von Juden die Auswanderung zu ermöglichen (105).

Das Engagement Pius XII. war auch aus der Korrespondenz Kardinal Innitzers mit dem Papst bekannt (106), aus seiner Weihnachtsbotschaft 1942 und aus seiner Korrespondenz mit dem Berliner Bischof Konrad Graf von Preysing vom 30.4.1943. Alle Eingeweihten wussten, wie sehr dem Pacellipapst die Hilfe für die verfolgten Juden, vor allem für Katholiken jüdischer Abstammung am Herzen lag. Gewiss, das Ausmaß der Bemühungen Pius XII. für die verfolgten Juden konnte naturgemäß damals noch nicht bekannt sein, wollte der Papst nicht selbst seine - durch die Umstände bedingt beschränkten - Möglichkeiten zur Hilfeleistung beschneiden. Jedoch schon aus den relativ wenigen damals bekannten Maßnahmen zu Gunsten der Juden, ergibt sich, dass die These vom Versagen des Papstes, die Rolf Hochhuth in seinem „Stellvertreter" aufstellte, unhaltbar ist.

Der damalige Kardinal Montini schrieb kurz vor dem Konklave, aus dem er als Papst hervorgehen sollte, an den Direktor der englischen katholischen Wochenschrift „The Tablet" einen Brief, den der „Osservatore Romano" am 29.6.63 veröffentlichte. Aus ihm zitieren wir einen entscheidenden Absatz, der das Verhalten Pius XII. zur Zeit des Zweiten Weltkriegs gegenüber den Juden ins rechte Licht zu rücken vermag: „Warum es schließlich Pius XII. nicht auf einen offenen Konflikt mit Hitler ankommen ließ, um so Millionen Juden vor dem nazistischen Blutbad zu retten - das ist für denjenigen nicht schwer verständlich, der nicht den Fehler Hochhuths begeht und die Möglichkeiten einer wirksamen und verantwortungsvollen Aktion in jener schrecklichen

Zeit des Krieges und der nazistischen Gewaltherrschaft mit dem Maßstab beurteilt, was man unter normalen Umständen hätte tun können, das heißt in der willkürlichen und hypothetischen Situation, die der Phantasie eines jungen Komödiographen entsprungen ist. Eine Verurteilung und ein Protest vor aller Welt, den nicht ausgesprochen zu haben man dem Papst vorwirft, wäre nicht nur unnütz, sondern sogar schädlich gewesen; das ist alles.

Die These des „Stellvertreter" offenbart ein ungenügendes Einfühlungsvermögen in die psychologische, politische und geschichtliche Wirklichkeit und sucht die Wirklichkeit mit künstlichem Flitterwerk zu umgeben.

Gesetzt den Fall, Pius XII. hätte das getan, was ihm Hochhuth vorwirft, nicht getan zu haben, dann hätte das zu derartigen Repressalien und Zerstörungen geführt, dass der gleiche Hochhuth mit größerer geschichtlicher, politischer und moralischer Einschätzung nach Kriegsende ein anderes Drama hätte schreiben können, viel realistischer und viel interessanter als jenes das er so mutig, aber so unglücklich in Szene gesetzt hat, nämlich das Drama des „Stellvertreters", dem wegen politischem Exhibitionismus oder psychologischer Unachtsamkeit die Schuld zufallen würde, in der schon sehr gequälten Welt eine noch viel weitere Zerstörung ausgelöst zu haben, weniger zum eigenen Schaden als zum Schaden unzähliger unschuldiger Opfer" (107).

In seiner Weihnachtsansprache 1942 sprach Pius XII. von „den Hunderttausenden, die persönlich schuldlos bisweilen nur um ihrer Volkszugehörigkeit oder Abstammung willen dem Tode geweiht oder einer fortschreitenden Verelendung preisgegeben sind." Mag vor allem dem jungen Leser die Bedeutung dieser Worte nicht mehr ohne weiteres verständlich sein, wer damals lebte, wusste genau, worum es sich handelte und wer gemeint war. Das Wissen um diese Anteilnahme des Papstes war für Kardinal Innitzer ein großer Trost, ebenso die Tatsache, dass der Papst sich bemühte, nach Möglichkeit auch finanzielle Mittel für die Verfolgten zur Verfügung zu stellen. So schrieb er an den

Papst: „Nachdem seit Wochen und Monaten das erschütternde Leid der nichtarischen Katholiken wie eine schwere Sorge auf meinem Herzen lastet, war mir die von Eurer Heiligkeit so rasch gewährte Hilfe der größte Trost und der erste Lichtblick in der gegenwärtig verzweifelten Notlage... Die außerordentlich schnelle und väterliche Fürsorge Eurer Heiligkeit haben einen so tiefen Eindruck auf mich gemacht, als es nahezu die einzige Hilfe ist, die ich in meiner schwer bedrückten Lage erfahren habe (108)."

Die Wirkungsstätten der Hilfsstelle

Zunächst war dies die Jesuitenresidenz und die Jesuitenkirche (Universitätskirche), wo P. Bichlmairs Aktion begann. Im Sprechzimmer der Residenz und neben der Sakristei hielt P. Bichlmair seine Sprechstunden ab. In letzterem Sprechzimmer fanden auch die Sitzungen und Zusammenkünfte seines Helferkreises unter der Leitung der Fürsorgerin, Gräfin Kielmansegg als das geistige und religiöse Zentrum der Arbeit statt. - Es blieb dies auch nach der Gründung der „Erzbischöflichen Hilfsstelle für nichtarische Katholiken". Viele Konvertiten erhielten dort Unterricht. Viele Verzweifelte suchten dort Aussprache und Trost.

In der Kongregationskapelle über der Sakristei war jeden zweiten Sonntag im Monat Gottesdienst für die nichtarischen Katholiken. Dann wurde die Kapelle für die vielen Besucher wohl zu klein, weil sie aus allen Bezirken zur Gemeinschaftsmesse kamen. Manche kamen von sehr weit her und alle kamen zu Fuß. Juden durften ja keine öffentlichen Verkehrsmittel benutzen. Manche waren früher wohl wenig zur Kirche gegangen. Jetzt, in der Stunde höchster Not, kamen sie. Sie konnten ja sonst nirgends hingehen, nirgendwo Menschen treffen. Und alle waren verzweifelt und voller Angst. Nach dem Gottesdienst ist eine Spur von Zuversicht in ihren Gesichtern. Dies trägt sie für einige Tage. Bei der Messe waren sie sehr andächtig, ja ergriffen. Aufmerksam lauschten sie den Ansprachen. Der Sakristan und die Patres ertrugen die Schützlinge der Hilfsstelle, auch wenn sie oft vor und nach dem Gottesdienst sehr laut waren. Die Kongregationskapelle hat viele Konversionen gesehen, Taufen und Erstkommunionen, auch manche Abschiedsmesse für Mitarbeiterinnen, die in einen Transport einrücken mussten. Dort wurden auch Messen für die Mädchengruppen der Hilfsstelle und für die im KZ und in Theresienstadt Verstorbenen und Ermordeten gelesen. Im Raum neben der Kongregationskapelle, im sog. Nähzimmer, trafen sich die Mischlingskinder zu ihrer wöchentlichen Gruppenrunde. Dort war ihr Zuhause.

Rotenturmstraße 2, Erzbischöfliches Palais, der „Stall"

Wer in die erzbischöfliche Hilfsstelle wollte, musste den ersten Hof mit den schönen Vorhängen aus wildem Wein und dunklen Eiben durchqueren, der den Blick auf den Dom freigab. Dann ging es durch den zweiten Hof, der schon wesentlich weniger repräsentativ wirkte. Durch eine Einfahrt ging es in den dritten Hof. In dieser Einfahrt befand sich rechter Hand eine braungestrichene Tür. Auf einem Plakat an der Tür stand in Blockschrift: Erzbischöfliche Hilfsstelle für nichtarische Katholiken. Ein winziger Vorraum führte zu einem etwas geräumigeren Wartezimmer und zum Arbeitsraum. Mehr gab es nicht. Es war die ehemalige Kutscherwohnung. Der Arbeitsraum war vom düsteren fensterlosen Wartezimmer nur durch einen schweren uralten roten Vorhang getrennt. Die Mauern waren so stark, dass kein Laut hindurch drang. Die Wände waren grau und hatten schon lange keine Farbe mehr gesehen. Außerdem waren sie fleckig. Es gab oft Reparaturen an der Lichtleitung, weil die Nässe Kurzschlüsse verursachte. Hoch oben gab es ein Fenster, das mit einem schweren alten Gitter geschützt war. Zwei Schreibtische, ein alter Tisch, ein paar alte Stühle und ein eiserner Ofen bildeten das gesamte Mobiliar. Der Ofen diente nicht nur zum Heizen, sondern bot auch eine willkommene Kochgelegenheit. Hier wurde in aller Stille und Verborgenheit gearbeitet. Jedermann konnte unauffällig dorthin gelangen.

Die Räume sahen viel Leid, Not und Verzweiflung - es warteten oft viele Hilfesuchende im Wartezimmer aber aus diesen bescheidenen Räumen ging auch viel Trost, Hilfe und Segen aus. Die Ausgestoßenen fanden hier eine Stätte der Geborgenheit und im Rahmen der beschränkten Möglichkeiten Hilfe und Rat. Im Vorraum war ein alter Spruch angeheftet, der für die Arbeit symbolträchtig war: „Das seynd die Starken im Lande, die unter Tränen lachen, ihr eigenes Leid vergessen und andern Freude machen."

Ein eindrucksvolles Kreuz, ein fast lebensgroßes Bild der Schutz-mantelmadonna aus dem Dom, ein Bild der hl. Elisabeth und eines des hl. Martin, der mit dem Schwert seinen Mantel teilt, waren nicht nur Schmuck, sondern auch Hinweis auf Kraftquelle und Leitbilder. Nach ihrer Deportation schmückte ein Bild von Lotte Fuchs den Schreibtisch der Mitarbeiterin vom Innendienst, ein Zeichen der Erinnerung und des Gedenkens, der Mahnung und des Beispiels.

Gegen Ende des Krieges, am 12. März 1945, wurde der dritte Trakt des Erzbischöflichen Palais bei einem Luftangriff durch eine Bombe getroffen. „Der Stall" blieb heil. Auch Luise Perner, eine der haupt-amtlichen Mitarbeiterinnen, die bei Luftangriffen nicht in den Keller ging, blieb unversehrt. Um „den Stall" waren Schutt und Ziegel ge-türmt, doch er selbst war unversehrt geblieben (s. Foto S. 283). Ringsum war alles verschüttet bis auf den Eingang zur Hilfsstelle. Im „Stall" wurde es jedoch dumpfer und feuchter. Strom gab es noch nicht. Nach den notwendigsten Aufräumungsarbeiten - der Schutt reichte über das Fenster hinaus - ging die Arbeit wie gewohnt weiter. Am 10. April wa-ren die Russen da und mit ihnen das Kriegsende für Wien. Bald wurde „der Stall" unbewohnbar und musste geräumt werden. Beim Um- und Neubau des dritten Traktes im Palais verschwand er ganz: „Wenn wir schon längst auf andern Wegen gehen und andre Not im Herzen tragen werden: So lang wir wandern auf der schweren Erden, wird die Erin-nerung bestehen an diesen Weg, den wir mit Dir gegangen durch Glück und Not und namenloses Leid; doch was wir auf dem Weg durch Dich empfangen, trägt in sich schon den Glanz der Ewigkeit (109)."

Die Menschen

Es waren hunderte, ja tausende getaufter katholischer Juden, von denen ein großer Teil schon seit der Geburt getauft war, welche die Hilfsstelle passierten. Willkürlich und nur auf Grund einer wissenschaftlich nicht haltbaren Rassenlehre wurden sie wegen ihrer Abstammung verfolgt und zur Ausrottung bestimmt.

In den Jahren, da eine Emigration - wenn auch unter sehr schwierigen Bedingungen - noch möglich war, stürmten hunderte, von Todesangst gehetzte Menschen die Hilfsstelle, um eine Auswanderung zu erreichen. Nur wenigen gelang sie. Fast 2.000 von ihnen wurden zur Vernichtung in die Gaskammern des Ostens verschleppt. Nur wenige überlebten die Katastrophe. Die in Wien Zurückgebliebenen führten ein Leben in Not und Elend, mit geringen Lebensmittelzuteilungen, ohne Kleiderkarte, in Massenquartieren und hartem Arbeitseinsatz, bis zuletzt in Angst und Sorge um ihr Schicksal. Für sie lebten die Mitarbeiter und Helfer der Hilfsstelle, von denen selber einige Opfer der Verfolgung wurden. Einige wenige leben noch. Sie können noch Zeugnis geben von dieser Zeit des Schreckens, wenngleich es nicht immer ganz leicht war, sie zum Sprechen zu bringen. Eine alte Erfahrung lehrt, dass die Leute der Etappe für gewöhnlich gesprächiger sind als die Frontsoldaten. So auch hier.

Aber da gibt es nicht nur das Wort des Herrn von der Linken, die nicht wissen sollte, was die Rechte tut, sondern auch jenes, das auffordert, das Licht vor den Menschen leuchten zu lassen, damit sie die guten Werke sehen und den Vater im Himmel preisen. So gelang es doch noch, dieses oder jenes den gern so stumm gebliebenen Helfern von einst zu entlocken. Nur dank der zahlreichen, meist namenlos gebliebenen Menschen, Laien, Priestern und Ordensleuten, die oft von dem wenigen, das sie hatten, für die Verfolgten Lebensmittel, Kleider, Schuhe und Geld spendeten, war die Hilfe für die Ausgestoßenen möglich. Wenngleich sie alle das furchtbare Geschehen jener Jahre nicht ungeschehen machen konnten, so darf man doch die Zuversicht hegen, dass Gott, der dem Abraham versprach, um 10 Gerechter willen, die er dort finden werde,

Sodom verschonen wolle, auch um der zahlreichen Namenlosen willen, die unter oft schweren persönlichen Opfern unschuldigen Verfolgten geholfen haben, den schuldig gewordenen Menschen die Gnade eines neuen Anfangs schenkt.

Einige Gedanken zur Dokumentation

Auf den vorliegenden Seiten wurde der Versuch unternommen, an Hand der noch vorhandenen Unterlagen und Dokumente sowie auf Grund der Zeugenaussagen noch lebender Mitarbeiter, Helfer und ehedem Verfolgter alles gewissenhaft zusammenzutragen, was die „Erzbischöfliche Hilfsstelle für nichtarische Katholiken" zusammen mit vielen oft unbekannten und anonymen Helfern getan und zu tun versucht hat. Die Darstellung enthält notwendigerweise zahlreiche Lücken, die schwerlich zu schließen sein dürften, weil viele Unterlagen entweder niemals da waren oder nicht mehr zu beschaffen sind (110).

Dass inzwischen Jahrzehnte seit den Geschehnissen ins Land gegangen sind, ist ein erschwerender Umstand, der durch mancherlei Gründe bedingt, vom Verfasser nicht zu vertreten ist. Eine grundsätzliche Bemerkung scheint dem Verfasser dennoch nachdenkenswert. Gewiss gab es unmittelbar nach den Jahren der Nazidiktatur vordringliche seelsorgerische Aufgaben zu lösen, die keinen Aufschub duldeten, wollte man sich nicht schwerer Versäumnisse schuldig machen. Es scheint aber, wie auch nicht zuletzt am Beispiel der erzbischöflichen Hilfsstelle ersichtlich, dass verantwortliche Kreise der Kirche allzu lange aus - wie uns scheint - falscher Bescheidenheit und Demut glaubten, die zahlreichen, oder besser, nahezu zahllosen Bemühungen weiter Kreise der Kirche, geistigen Widerstand zu leisten, das Los der Bedrängten und Verfolgten nach Kräften zu erleichtern usw., verschweigen zu sollen. Da die Gegner der Kirche solch edle Zurückhaltung nicht kannten, vielmehr intensiv auf der Suche nach wirklichen und vermeintlichen Fehlern, Schwächen und Versäumnissen der verhassten Kirche waren, war die Kirche nicht nur in Deutschland, sondern darüber hinaus, nicht ganz „unschuldig" an dem verzerrten Bild, das Hochhuth in seinem „Stellvertreter" von ihr zeichnete, und das wohl erheblich nachhaltigere Wirkung ausübte, als man sich einzugestehen bereit war. Es ist nutzlos, die Klagelieder des Jeremias um einige weitere zu vermehren, man sollte vielmehr, weit mehr, als bisher geschehen, die vorhandenen Dokumente freigeben, um zumindest den Gutwilligen ein Bild der Kirche zu zeigen, das gewiss nicht frei ist von Schwächen, Versagen und Fehlern, das aber den Vergleich mit anderen Institutionen großen Ausmaßes alles in allem wirklich nicht zu scheuen braucht.

So nützlich und wünschenswert es gewesen wäre, eine möglichst lückenlose Darstellung der verschiedensten Hilfsmaßnahmen und Bemühungen zu bieten, so unmöglich musste sich dieser Versuch erweisen, wenn man keine utopischen Vorstellungen hegt. Abgesehen von der an sich sonst höchst lobenswerten, hier aber überaus unerwünschten Bescheidenheit ehemaliger Helfer, schwiegen viele oder halfen viele anonym, um sich, ihre Familie und Freunde nicht zu gefährden. Zur Eigenart der Hilfe für die Juden im Dritten Reich gehörte es, dass sich viele einzelne Menschen, auch manche Gruppen, unabhängig voneinander um Hilfe bemühten. Aber schon aus Sicherheitsgründen durfte der eine möglichst wenig von dem wissen, was der andere tat. Dies dürfte ein allgemein gültiges Prinzip aller Verschwörer sein, und man darf sicher bei den zahlreichen Bemühungen, unschuldig Verfolgten zu helfen, von einer Verschwörung der Nächstenliebe und der Menschlichkeit gegen die Tyrannei sprechen.

Es ist auch immer wieder bemerkenswert, festzustellen, dass diejenigen, die wirklich geholfen und sich für Verfolgte engagiert haben, sich Vorwürfe machen, sie hätten zu wenig getan, sie hätten versagt, sie hätten zu wenig Verständnis für das Leid und die Verzweiflung der Verfolgten gehabt.

Es ist sicher richtig, dass niemand in das Innere eines andern schauen kann und dass trotz oft langem Miteinandersein der andere im Letzten unbekannt und rätselhaft bleibt. So waren auch die überlebenden Mitarbeiter zutiefst gepackt und erschüttert, als Ilse Aichinger, eines der sog. Donnerstagskinder, nach dem Krieg ihr Buch „Die größere Hoffnung" veröffentlichte (111).

Immer wieder hörten die Mitarbeiter aus dem Munde der Verfolgten: „Dass ihr uns nicht allein gelassen habt in unserer Angst, in unserer Verzweiflung ... Dass ihr immer wieder zu uns gekommen seid, obgleich unsere Wohnungen als Judenwohnungen gekennzeichnet waren ...
Dass wir zu euch kommen durften, wenn wir nicht mehr weiter wussten ... Dass ihr einfach für uns da wart, hat uns aufrecht gehalten, hat uns als Hoffnung und Trost begleitet ins Lager, in die Deportation und ins grausame Ende ...“

Es darf nicht übersehen werden, dass alle Mitarbeiter der Hilfsstelle ihren Dienst aus religiösen Motiven taten. Es wäre völlig verfehlt, den selbstlosen und - wie die Mitarbeiter wohl wussten - gefährlichen Einsatz mit noch so achtenswerten, rein menschlichen Maßstäben werten zu wollen. Gewiss spielen persönliche Charaktereigenschaften wie Mut, Hilfsbereitschaft oder Verantwortungsfreude eine große Rolle, und ohne sie wäre eine solche Arbeit auch nicht möglich. Aber letztlich waren sie nicht entscheidend, sondern das Bewusstsein, von Gott für diesen Dienst gerufen zu sein. So ist es verständlich, dass die Mitarbeiter ihren Dienst als Auszeichnung, ja als Gnade betrachteten, Christus in den Ärmsten und Verachtetsten zu dienen. Und sie waren stolz auf ihre Mitarbeiter, dass sie in Theresienstadt und Polen so tapfer waren und von Christus Zeugnis ablegten.

Der Verfasser schloss seine Dokumentation mit der Frage, ob ihrer aller Arbeit ein Zeugnis war. Persönliche Bescheidenheit und vielleicht das Bewusstsein, als unmittelbar Beteiligter und in die Geschehnisse Verwobener kaum die Antwort geben zu dürfen, mögen ihm eine Antwort verwehrt haben. Dem unbeteiligten Verfasser mag gestattet sein, für den Verfasser die Frage zu bejahen. Ja, es war ein Zeugnis, ein Zeugnis der Menschlichkeit, der christlichen Nächstenliebe, die gespeist wird aus dem Glauben an den lebendigen Gott im Bewusstsein der eigenen Schwäche und Unzulänglichkeit, aber voll Vertrauen darauf, dass wir „alles vermögen in dem, der uns stärkt." (Phil 4, 13)

Teil 3 - Anhang

Auszüge aus einem Vortrag von P. Groppe 1981 in Wien über das „Wirken der Erzbischöflichen Hilfsstelle für nichtarische Katholiken in Wien in der Zeit des Nationalsozialismus"

….. Mich beschleichen nicht nur schwer definierbare flaue Gefühle im Magen, wie sie jeder Examenskandidat kennt, sondern ich bin auch glücklich darüber, dass ich unserer Zeit, die so heftig den Mangel an Vorbildern beklagt, das Beispiel einiger Menschen vor Augen führen darf, die ungeachtet der jahrelangen Gefährdung, die sie stets bedrohte, jahraus, jahrein Verfolgten geholfen haben, deren einziges Verbrechen darin bestand, nicht der germanischen Herrenrasse anzugehören und die von den Anhängern des Rassenwahns zu Untermenschen degradiert wurden. ….

…. Es gibt gute Gründe dafür, nach so vielen Jahren den Schleier von dem, was damals notwendigerweise im Verborgenen geschehen musste, zu lüften. Neben dem Wunsch der Ordensobern und der Wiener Erzdiözese bestimmte den ehemaligen Leiter der Hilfsstelle, Pater Ludger Born SJ, aber auch die Erkenntnis, dass es um der historischen Wahrheit notwendig sei, die Geschehnisse von damals einer breiteren Öffentlichkeit zugänglich zu machen, sich an das mühsame Werk zu begeben. Als P. Born schließlich wegen zunehmender Schwäche nicht mehr in der Lage war, das begonnene und fast vollendete Werk zu Ende zu führen, wurde ich bestimmt, diese Dokumentation abzuschließen. Da ich aus meiner früheren Arbeit sehr wohl wusste, wie notwendig es ist, ein wahrheitsgetreues Bild der damaligen Zeit zu zeichnen, habe ich sofort zugestimmt, obwohl die Schwierigkeiten fast Legion waren. Es kamen Anstöße von außen hinzu. Dabei denke ich nicht einmal so sehr an Hochhuth, dessen Streitschrift „Der Stellvertreter" kaum von einem Historiker ernst genommen werden dürfte, da es nicht nur mit vorgefasster Meinung „Écrasez l`infâme", sondern auch mit offenkundigen Unterstellungen, Entstellung und Verfälschung der historischen Wahrheit arbeitet, sondern auch an ein Erlebnis, das ich vor Jahren in Yad Vashem/Jerusalem hatte (es findet sich im Vorwort zur Neuauflage, S. 6). ....

..... Schließlich darf ich noch aus einem Brief des Direktors von Yad Vashem vom 28.3.1978 an mich eine Stelle anführen: „ Wir hoffen, dass Sie Ihre Arbeit bald durch deren Veröffentlichung krönen werden und dass hierauf das uns von P. Born SJ gegebene Versprechen eingelöst werden kann, uns Kopien der Dokumentation zu überlassen. Bei dem Mangel an solchen Dokumenten würde hiermit eine empfindliche Lücke geschlossen werden, und der Entstehung eines einseitigen Geschichtsbildes vorgebeugt werden."......

.... Unsere Zeit, besonders unsere Jugend, braucht diese Vorbilder, schon alleine deshalb, um keinen billigen Vorwand für den eigenen Egoismus zu haben, aber auch, weil es zu jeder Zeit Aufgaben gibt, die den Einsatz der ganzen Person erfordern, aber auch lohnend machen. Als P. Bichlmair durch die Gestapo verhört wurde, stellte sich heraus, dass er schon längere Zeit hindurch sorgfältig überwacht worden war. ....

Lage der Juden: ..... Juden wurden verpflichtet, Edelmetalle und Edelsteine abzuliefern, ihnen wurde die deutsche Staatsbürgerschaft aberkannt und sie wurden verpflichtet, den Zusatznamen Israel bzw. Sara anzunehmen. Juden durften nicht selbstständig Rundfunksendungen empfangen, für sie wurde der Mieterschutz aufgehoben, sie wurden in Wohngemeinschaften zusammengepfercht bzw. in einzelne Wiener Bezirke. Der Schulbesuch wurde auf eigene jüdische Schulen eingeschränkt, bis im August 1942 das Verbot jeglichen Unterrichts für jüdische Kinder erlassen wurde. Die schwerste Einschränkung brachte jedoch die Polizeiverordnung vom 1.9.41, die alle Juden, die das 6. Lebensjahr vollendet hatten, zum Tragen des gelben Judensterns in der Öffentlichkeit verpflichtete, der deutlich sichtbar auf der linken Brustseite des Kleidungsstückes fest aufgenäht zu tragen war. Dazu kamen noch für Juden fest vorgeschriebene Einkaufszeiten in nur für Juden bestimmten Geschäften mit deutlich gekennzeichneten jüdischen Lebensmittelkarten. Für Juden gab es zeitweiliges Ausgehverbot, das Verbot des Betretens von Park- und Ringanlagen, Unterhaltungsstätten wie Kinos, Theater, Gast- und Kaffeehäusern, der Benutzung von Straßenbahnen usw. Vergehen gegen all diese Verordnungen wurden mit Gefängnis bzw. Deportation bestraft. – Im Anhang der Dokumentation, die hier vorliegt, sind alle Ausnahmegesetze gegen Juden und sog. Mischlinge zusammengefasst, die wohl auch dem naivsten Gemüt klarmachen, welch satanisches System hier am Werk war. ….

…. Die Lage der Juden war aussichts- und hoffnungslos. Viele befanden sich in großer materieller Bedrängnis. Die allermeisten waren sehr niedergedrückt und infolge der dauernden Umzüge – von einer Wohnung zu anderen – der ständigen Aufregung, der latenten Angst vor der Evakuierung und einer ungewissen Zukunft der Verzweiflung nahe. Selbstmorde waren an der Tagesordnung. Hilfe in dieser ausweglosen Not war schwierig, gefährlich und doch so notwendig. …..

Gründung der Hilfsstelle: …... Offiziell durfte nur die Wiener Israelitische Kultusgemeinde (IKG) die Rechtsvertretung und Fürsorge für Juden ausüben, weil sie die alleinige behördlich eingesetzte und anerkannte Vertretung aller Juden war, sowohl der Glaubensjuden wie auch der Nicht-Glaubensjuden. Ihr lag verständlicherweise vor allem die Vertretung der Glaubensjuden am Herzen. So kam es in Wien zur „Auswanderungshilfsorganisation für nichtmosaische Juden in der Ostmark", die aus der Auswanderungsaktion von Gildemeester hervorging. Obwohl nicht offiziell anerkannt, nahm sie die Interessen und Belange der Nicht-Glaubensjuden in Zusammenarbeit mit der Kultusgemeinde hinsichtlich Auswanderung, Evakuierung und Fürsorge wahr. ….

…. Um den evangelischen Teil der Nicht-Glaubensjuden bemühte sich zusätzlich die „Schwedische Mission", während sich die „Society of Friends" (Quäker) besonders der Konfessionslosen annahm. Die Sorge für die bedrängten nichtarischen Katholiken übernahmen zunächst private Kreise, viele Pfarreien und Klosterkirchen. Ganz besonders kümmerte sich um sie, mit Einverständnis und Unterstützung durch Kardinal Innitzer, der Jesuitenpater Georg Bichlmair von der Universitätskirche bis zu seiner Verhaftung im November 1939. Anfang 1940 wurde er dann durch die Gestapo nach Beuthen/Oberschlesien verbannt. Ihm zur Seite stand mit einem etwa 10-köpfigen Helferstab die damalige Hauptfürsorgerin Emanuela Gräfin Kielmansegg. Sie besaß die unabdingbare sachliche Erfahrung aus ihrer Berufsarbeit und unerschütterlichen Mut, der sie der persönlichen Gefahren nicht achten ließ. Unter dem Decknamen „K" widmete sie ihre freie Zeit den Verfolgten.

Das Sprechzimmer der Jesuitenresidenz am Universitätsplatz, dem heutigen Dr. Ignaz-Seipel-Platz, wurde zur Umschlagbörse für Nachrichten, Bittgesuche und materielle Hilfe. Ich hoffe, dass auch einmal die Geschichte der Aktion „K" geschrieben wird. Denn unsere Zeit, die genau weiß, was die anderen tun sollten, und viele unserer Zeitgenossen, die sich im Engagement alle Probleme dieser Welt zu Tode schwätzen, sollten wissen, dass es letztlich nicht auf wortreiche Rhetorik ankommt, sondern auf die rettende Tat und das persönliche Engagement. Mit dem gleichen Respekt möchte ich Frau Professor Dr. Mathä und Frau Herma Bretschneider erwähnen, die sozusagen auf eigene Rechnung und Gefahr wie Frau Professor Dr. Mathä jahrelang drei Juden in ihrer eigenen Wohnung versteckt und auch durchgefüttert hat – immerhin gab es damals reglementierte Lebensmittelkarten – und Frau Bretschneider (Kosch-Gutmann), die in den Jahren des Naziterrors unter Lebensgefahr Juden und andere verfolgte Menschen bei sich geheim beherbergt hat. Es wäre Unrecht, nur immer auf den durch nichts zu rechtfertigenden Terror der Nazis und ihre himmelschreienden Morde hinzuweisen, ohne im gleichen Atemzug diese Menschen zu erwähnen.....

.... Mitte 1940 entschloss sich das Caritas-Institut Wien zur Gründung einer „Erzbischöflichen Diözesanstelle für nichtarische Katholiken", die ihre Diensträume im Haus der „Auswanderungshilfsorganisation für nichtmosaische Juden in der Ostmark" im Zentrum, Habsburgergasse 2, bezog. Ende 1940 gründete dann Kardinal Innitzer die „Erzbischöfliche Hilfsstelle für nichtarische Katholiken" zur fürsorgerischen und seelsorgerlichen Betreuung aller nichtarischen Katholiken. Zu diesem Zeitpunkt gab es noch über 4.000 Katholiken, die nach dem Gesetz Nichtarier waren. Allein mit privater Hilfsbereitschaft und persönlichem Mut war es in dieser Situation nicht getan. Es bedurfte hierzu einer offiziellen kirchlichen Einrichtung, die in aller Öffentlichkeit versuchte, ungeachtet aller persönlichen Gefährdung der Mitarbeiter, ihre schwierige Aufgabe zu erfüllen. Kardinal Innitzer nahm diese Hilfestelle, die ihm unmittelbar unterstellt war, in sein Palais in der Rotenturmstrasse 2 auf und wies ihr im 2. Hof einige Räume in der ehemaligen Kutscherwohnung zu, die von den Mitarbeitern „Der Stall" genannt wurde. Mit der Leitung betraute er P. Ludger Born aus dem Jesuitenorden.

.... Die Hilfsstelle stand allen Rat- und Hilfesuchenden jederzeit offen. Bis Mitte 1941 ging es vor allem um Beratung und Hilfe bei der Auswanderung, bis Ende 1942 um die Sorge für die Evakuierung. Hinzu kamen stets allgemeine Fürsorge und seelsorgerische Beratung, wie sie sonst in den Gemeinden üblich ist. Der heutige Mensch hat wohl kaum eine Vorstellung davon, welch ungeheure Schwierigkeiten einer Auswanderung im Wege standen. ....

Auswanderung. .... Solange eine Auswanderung unter sehr großen Schwierigkeiten überhaupt möglich war, nahmen Beratung und Hilfe in allen Auswanderungsangelegenheiten einen breiten Raum ein. Bis Mitte 1941 waren es 50-60 Fälle täglich. Hierbei halfen die schwedische Mission, die Society of Friends und die Auswanderungshilfsorganisation. Vor allem bemühte sich die Hilfsstelle um engen Kontakt mit dem St. Raphaelsverein in Hamburg und den übrigen Hilfskomitees in Rom, Lissabon, New York und Buenos Aires. In der Zeit völliger Telegrammsperre wurden über den St. Raphaelsverein 90 Telegramme nach Übersee vermittelt, die in vielen Fällen die notwendigen Voraussetzungen zur Ausreise schufen. Ferner waren beträchtliche Reichsmarkbeträge zur Deckung der Reisekosten von Wien bis zur Grenze und zum Ankauf von Dollars nötig. Es galt, letztere zu einem möglichst günstigen Kurs zu erwerben. Dann waren Affidavits bzw. Arbeitsverträge durch die ausländischen Komitees zu besorgen. Über den Raphaelsverein wurden für 106 Personen Dollarbeträge besorgt, für Schiffsplätze bei 13 Buchungen. Um weitere Buchungen bemühte sich der Raphaelsverein, als ihn am 25.6.1941 die Auflösung durch die Gestapo traf. .....

Evakuierungen: ..... Von Ende 1940 bis Ende 1942 wurden in 48 Transporten je 1.000 Juden in das Generalgouvernement verschleppt. 1943 folgten kleinere Transporte. Insgesamt waren hiervon etwa 2.000 Katholiken betroffen. Die Aushebungen erfolgten bei Tag und Nacht ohne vorherige Verständigung.

Den Betroffenen blieben 2-3 Stunden zum Packen der wenigen Habseligkeiten, die sie mitnehmen durften. Bis zum Abtransport wurden sie in Sammellagern konzentriert, in denen unglaubliche Zustände herrschten. Alle Versuche des Kardinals, über kirchliche wie außerkirchliche Stellen die Transporte zu verhindern, blieben erfolglos. In einzelnen Fällen gelang es der Hilfestelle, Schützlinge von den Transportlisten streichen zu lassen oder einen Aufschub zu erwirken. Viele wurden vor der Abreise mit einem größeren Geldbetrag, mit Wäsche, Kleidung und Decken versorgt. Mit den nach Polen Evakuierten stand die Hilfsstelle bis Mitte 1942 in Briefwechsel. Dann ging er zurück und brach ganz ab. .....

Fürsorge: ..... Von Anfang an half die Hilfsstelle auch in allen übrigen Notlagen nach Kräften. Bis zu 300 Bedürftige wurden monatlich mittels finanzieller Beihilfen – jeweils bis zu 7.000 RM – für Mietbeihilfen, ärztliche Behandlung, Spitalskosten, Übersiedlungszuschüsse, Begräbniskosten usw. unterstützt. Es wurden Wohnungen, Rechtsbeistand, Arbeit, Privatunterricht, ärztliche Betreuung, Aufnahme in Spital und Altersheim vermittelt. Die Hilfsstelle versorgte die Schützlinge mit Wäsche, Kleidung, Schuhen und vor allem in der letzten Zeit des Krieges immer mehr mit Lebensmitteln. Es wurden Kindergarten, Nähstube, Kinderhort und ein Altersheim geschaffen. Es wurde eine Schule für nichtmosaische Kinder gegründet, man nahm sich der „U-Boote" an, d.h. solcher Juden, die sich der Zwangsevakuierung entzogen, untertauchten und unangemeldet lebten. Ebenso auch der Ungarn-Juden, die in Lagern in Wien und Nieder-Österreich unzulänglich untergebracht waren und zu hartem Arbeitseinsatz gezwungen wurden. Selbst Kinder waren von der Zwangsarbeit nicht ausgenommen. Das Begräbnis von Juden war durch Verordnung des Wiener Magistrats auf Gemeinde- bzw. kirchlichen Friedhöfen untersagt. Durch Verhandlungen mit dem Ältestenrat der Juden in Wien, der seit Ende 1942 die offizielle Vertretung aller in Wien verbliebenen Juden wahrnahm, erreichte die Hilfsstelle, dass die nichtarischen Katholiken eigesegnet, vom Priester zum Grabe begleitet und dort kirchlich beerdigt wurden.

Seelsorgehilfe: ..... Hand in Hand mit diesen verschiedenen Hilfsmaßnahmen ging die seelsorgerliche Betreuung. Fast alle, die kamen, suchten auch Trost in ihrer seelischen Not, sie verlangten nach Aussprache und Zuspruch. Die Mitarbeiterinnen besuchten nicht nur die finanziell unterstützten Fürsorgempfänger regelmäßig, sondern suchten nach und nach alle der Hilfsstelle bekannten rassisch Verfolgten auf, um nach ihnen zu schauen, sie zu beraten, aufzurichten und in Kontakt mit der Kirche zu bringen. Alle waren unendlich dankbar für diese Besuche, um das Wissen, dass die Kirche sich um sie kümmerte, dass eine Stelle existierte, an die sie sich in aller Not wenden konnten.

….. Eine Gruppe größerer Mädchen, zumeist geltungsjüdische Mischlinge, erhielt jeden Donnerstag eine Glaubensstunde. Sie wurden bald die „Donnerstagskinder" genannt. Eines dieser Mädchen von ehedem wurde inzwischen über die Grenzen Österreichs bekannt: Ilse Aichinger. In ihrem Erstlingswerk, das sie schnell bekannt machte, „Die größere Hoffnung", hat sie die Empfindungen und Eindrücke jener Tage der Nachwelt überliefert.

Ein anderer Schützling aus der Zeit der Verfolgung, der im Kinderheim untergebracht war und eine Lehre besuchte, der Künstler Arik Brauer hat inzwischen auch Berühmtheit erlangt. Doch es ging ja nicht um Prominente, denn damals waren sie Kinder und Jugendliche, es ging einfach um Rettung und Hilfe, die Bewahrung des Humanen, soweit es in den schwachen Kräften der Mitarbeiter der Hilfsstelle lag…..

…. Seit Dezember 1940 arbeiteten P. Born und seine Helferinnen in aller Öffentlichkeit. Alle waren sich bewusst, dass es sich um ein gefährliches Unternehmen handelte. Jeder rechnete mit Überwachung, Bespitzelung und Strafmaßnahmen.

Die Gestapo wusste natürlich um die Hilfsstelle, stand die Adresse doch sogar im Telefonbuch. 1941 wurde die Schwedische Mission verboten. Ihre Mitarbeiter mussten nach Schweden zurückkehren. Die Tätigkeit der Society of Friends erlosch im Wesentlichen mit dem Eintritt der USA in den Krieg.

Die noch verbleibende Arbeit, welche die Quäker übernahm, wurde schließlich von der Gestapo verboten. Frau Malla Granat-Horn, die nach Auflösung der Schwedischen Mission mit einem kleinen Helferkreis die evangelischen und konfessionslosen Juden betreute, wurde 1944 ausgewiesen. Zwar müsste man, um ganz korrekt zu sein, sagen, die Gestapo habe ihr „nahegelegt", Wien zu verlassen. Aber was das bedeutete, ist jedem Kenner der Situation klar. Ich habe unter den Papieren einen Umschlag gefunden mit einem Brief von ihr. Irgendjemand schrieb auf den Umschlag: „Brief unseres schwedischen Engels"…..

.... Ohne jede Rückendeckung, wie sie etwa P. Born und Schwester Verena durch ihren Orden hatten, ohne jegliches abgesichertes Berufsfeld seitens der Kirche, nahm sie sich jahrelang unter ständiger Bedrohung durch die Gestapo der Verfolgten an. Hierbei erhungerte sie sich von ihren Lebensmittelmarken so viel für Ihre Schützlinge, dass sie schwere gesundheitliche Schäden davontrug. Eine großartige, bewundernswerte Frau, ein leuchtendes Beispiel für unsere materialistische Welt. ....

.... Elsa Björkman-Goldschmidt berichtet in ihrem Buch „Den värld jag mött" (Die Welt, die ich traf) in ihrem Kapitel über den „Stall" von einem jungen Priester, der am Karfreitag 1944 für solche „Verbrechen", wie sie Kaplan Witt und zahlreiche, oder richtiger zahllose andere Helfer in dieser Zeit begingen, in der Sakristei verhaftet wurde. Er kam in das KZ Mauthausen. Dort riss man ihm die Kleider vom Leib, fesselte ihn als Fensterkreuz und folterte ihn. Genau ein Jahr später, am 22. März 1945, als die Alliierten schon auf österreichischem Boden standen, wurde er im KZ ermordet....

Der Kinderhort: .... Im Lauf des Jahres 1941 gelang es, einen Kinderhort für alle Kinder, die außerhalb der Schule ohne Aufsicht waren, einzurichten. Die Hilfsstelle kam für alle Unkosten auf. Die Zahl der Kinder schwankte zwischen 45 und 50, weil immer wieder Kinder mit ihren Eltern deportiert wurden. Die Leitung des Kindergartens übernahm Frau Edith v. Fössl, von Kindern wie Mitarbeitern der Hilfsstelle allgemein „Tante Edith" genannt. Sie hatte viel Herz und großes Geschick mit Kindern umzugehen und kümmerte sich noch später in den USA um Kinder.....

Im November 1942 richtete der „Ältestenrat der Juden in Wien" in der Mohapelgasse 3, der jetzigen Tempelgasse, im 2. Bezirk, ein Heim für jüdische Kinder ein. Die Leitung übernahm Dr. Bondy. Ihm zur Seite stand Robert Nagel und Fritz Taussig für den Hort, Frl. Ditta Löw für den Kindergarten. Auch hier trug die Hilfsstelle die gesamten Kosten. Es waren 9.940 RM. Ein schwerer Schlag war die fast völlige Zerstörung des Kinderspitals und die starke Beschädigung des anschließenden Kinderheims im Oktober 1943. Nach den vorliegenden Berichten war die Haltung Dr. Bondys, der Ärztinnen Dr. Reiter und Dr. Weisz sowie der Schwestern während der schweren Luftangriffe in den unzureichenden Kellerräumen beispielshaft. Während der Bombardierung dachten sie sogar noch an Unterhaltungsspiele für die Kinder, um sie abzulenken, und ihnen die Angst zu nehmen......

Die Nähstube: ..... Ein Herzensanliegen von Lotte Fuchs, einer der besonders herausragenden Mitarbeiterinnen, die eines Tages auch den Weg in die Gaskammer antreten musste, war die Einrichtung einer Nähstube in der Wollzeile 7. Freiwillige Helfer, darunter auch junge Mädchen, kamen mindestens einmal in der Woche dort zusammen, um unter Anleitung einer gelernten Schneiderin, aus gespendeten Kleidungsstücken Kleider für Bedürftige herzurichten. Sie finden heutzutage kaum eine Tageszeitung oder Illustrierte, in der nicht immer die neueste Frühjahrs-, Herbst-, Sommer- oder Wintermode angepriesen wird. Juden aber bekamen keine Kleiderkarte. ...

Die Donnerstagskinder: .... Eine Gruppe größerer Mädchen, zumeist geltungsjüdische Mischlinge und Sternträger wurde ab Ende 1941/ Anfang 1942 regelmäßig von P. Born betreut. Einige von ihnen hatten bei ihm den Weg zum katholischen Glauben gefunden. Sie trafen sich jeden Donnerstag – daher der Name – zu einem Arbeitskreis in der Universitätskirche der Jesuiten. Alle waren vor der Zeit, wie es hieß, „ausgeschult". .....

..... Es ist eine Welt, die den meisten von uns fremd geworden ist, wenn sie sie jemals gekannt haben, die Welt dieser jungen Mädchen: sie ist bescheidener, genügsamer, und, wie mir scheint, innerlicher.
Diese Mädchen hatten geschärfte Sinne für das zutiefst Menschliche. Dies kommt in einem Geschenk an P. Born zu Weihnachten 1944 zum Ausdruck, einem großformartigen gebundenen „Sammelwerk", wenn ich es einmal so nennen soll, mit 10 Essays, oder wie man diese

gelungenen schriftstellerischen Proben nennen will. Aus ihnen möchte ich für Sie den Brief an das Christkind auswählen:

Liebes, liebes Christkind!

Wir hoffen, dass Dich unser Brief – von Bombengeschwadern, Flaksplittern und Sirenengeheul umschwirrt - trotzdem erreichen wird! Deine Postleitzahl ist nicht 12a oder 12b! Sie ist unendlich und birgt alles in sich! Wir können diesen Brief leider nicht ins Fenster legen, damit du ihn dort holst – denn die Außenfenster sind zerbrochen und die Innenfenster ausgehängt! Wir werden ihn auch nicht unseren Müttern mitgeben können, wie damals, als wir noch klein waren, denn unsere Mütter haben heute andere Sorgen! Auch die Post ist sehr unzuverlässig, und keine von uns hat einen Ausweis, der zu einem Brief in den Himmel berechtigt! Trotzdem glauben wir, dass Dich unser Brief erreicht! Dieses Vertrauen ist die einzige Verbindung die wir zu Dir haben und vielleicht die beste! Liebes Christkind! – alle Briefe an Dich beginnen mit: ‚Ich wünsche mir …‘ Unser Brief beginnt mit: ‚Wie du willst!‘ Wir wissen, dass Du am besten weißt, was wir wünschen! Trotzdem wollen wir Dir's noch einmal sagen: Es handelt sich nicht darum, dass Irene eine Feder auf ihren Hut möchte – Ilse ein Zuhause und Sissy ein Tagebuch! ---- Wir wollen Dich in diesem Brief auch nicht bitten: Rette unser Leben und alles, was gehört. O – nein! – Wir haben diesmal nur eine Bitte: Rette unser Weihnachtsfest! Sieh – wie unsere Freude überströmt! – Du hast sie uns geschenkt! Und wir wollen ja nichts anderes, als Kerzen sein von Deinem Licht. Gib, dass wir brennen dürfen – auch, wenn man diese Weihnachten keinen Christbaum bekommt! Dein Feuer ist ja unsere einzige Sicherheit, - es hält uns und trägt uns und wir wissen, dass das sicherer ist als die tiefsten Katakomben! Du kennst alle unsere Geheimnisse und man muss vor Dir nichts verheimlichen: Du weißt – wir haben noch immer kein Goldpapier für die Kronen der heiligen drei Könige! Du weißt – jede von uns näht heimlich unter der Decke oder hinter der Maschine versteckt – ein Paar kleine Schuhe für die Weihnachtsbescherung!

Manche werden schief. Auch ist der Pater dagegen, dass man solche Dinge während der Arbeit macht – aber diesmal hast Du uns ja dienstverpflichtet! Und wenn wir auch zu diesem Zweck die Hüte unserer Mütter gestohlen und zerschnitten haben – wir können es ja auf jeden Fall noch vor Weihnachten beichten, damit alles in Ordnung ist! Hörst Du, wie der Sturm ums Haus heult! Hörst Du – und jetzt ist irgendwo ein Blindgänger losgegangen! Sissy erschrickt, aber sie ist doch die Madonna – und die Madonna darf doch nicht erschrecken, denn sie hält ja Dich selbst in Armen und darf Dich nicht fallen lassen! Keine von uns will das! Darum gib, dass wir immer genügend reine Hände haben – um Dich zu halten und schenk uns einen blauen, tiefen Schleier für die Madonna, damit sie alle Blindgänger vergisst! Du weißt, dass Trude die Welt spielt und manchmal noch lacht, wenn sie weinen soll, aber Du selbst hast uns ja gelehrt, all unsere Schmerzen unter einem Lächeln zu verbergen! Und wir hoffen – Du verzeihst uns, wenn wir manchmal zu viele Dummheiten machen. Es ist so gut, dass Du das alles weißt und dass Du alles verstehst – auch das, was manche von den ganz großen Leuten nicht verstehen wollen: Unsere große Freude! Wir bitten Dich noch einmal: Gib, dass wir strahlen dürfen, über alle Angst und Verzweiflung! Gibt, dass nicht alle Pantoffeln schief werden, dass Trude nicht lacht, wenn sie weinen soll, dass die drei Könige Kronen haben und dass wir alle bis zu Weihnachten entweder am Leben oder alle schon tot sind, damit das Spiel gespielt ist – im Himmel und auf der Erde!

Deine Lausbuben vom Donnerstag

Krankenfürsorge: ….. In den Tätigkeitsberichten ist hierfür folgendes festgehalten: Hier ergaben sich besondere Schwierigkeiten, zumal die ärztliche Hilfe und die Beschaffung der notwendigen Medikamente in letzter Zeit von der Gemeinde verweigert wurde. Das Rothschild-Spital nimmt z.B. grundsätzlich keine nichtmosaischen Juden auf. Es wurden monatlich und fallweise Beträge für Medikamente gewährt, auch größere Summen wiederholt für die Spitalskosten ausgegeben.

Eine Ärztin wurde gewonnen, die gegen einen geringen Pauschalbetrag die Behandlung bedürftiger Schützlinge übernahm. Ein Zahnarzt bot sich an und zwar unaufgefordert, Bedürftigen kostenlos Zahnarztbehandlungen zu gewähren (Dez. 40 – 1.6.41).

Im 2. Halbjahr 41 heißt es: Eine Ärztin steht für unsere erkrankten Schützlinge völlig unentgeltlich zur Verfügung. Im 2. Halbjahr 1942 lesen wir: Durch die Überbelastung ist der Gesundheitszustand meist sehr in Mitleidenschaft gezogen. Frau Dr. Lackenbacher wurde deportiert, an ihre Stelle trat Frau Dr. Becher. Zahnbehandlungen erfordern große Zuschüsse, da der Ältestenrat nur einen geringen Beitrag beisteuert bzw. bei alten Leuten Zahnprothesen ablehnt. Alle Kranken – sowohl in Wohnungen wie in Heimen – wurden regelmäßig von den Mitarbeiterinnen der Hilfsstelle besucht. Die Seelsorge für die Seegasse 16 versahen die Serviten, in der Malzgasse Geistliche der Pfarrei St. Leopold. Insgesamt betrugen die Kosten für die Kranken 19.385,92 RM. ….

Fürsorge für Alte: …. Sie war ein vordringliches Anliegen. Jedoch muss man fragen, was damals für die Verfolgten nicht vordringlich war! Es gab unverhältnismäßig viele alte Menschen, deren Gesundheitszustand meist schlecht war, die in ungünstigen Wohnverhältnissen wohnten und nur unzureichend betreut waren. Vom Oktober 1939 bis zum 5.November 1941 beherbergten die Karmelitinnen vom Göttlichen Herzen Jesu in der Töllergasse im Durchschnitt 70 Personen, wobei alle Vorzimmer und jede verfügbare Ecke besetzt waren.

Neben der Töllergasse gab es ein zweites Altersheim in der Seegasse 16, in den Räumen der schwedischen Mission. Auch ein Spital war dort untergebracht, beides in der zweiten Hälfte 1941. Im Oktober 1942 gingen Altersheim und Spital in die Verwaltung des Ältestenrates über. Mitte 1943 wurde die Seegasse aufgelöst und Altersheim und Spital fanden in der Malzgasse eine Bleibe. Der Pfarrer von St. Leopold, Dr.Alexander Poch, besuchte diese seine verlassensten Schätchen allwöchentlich. Insgesamt wurden für die Altersheime 10.633,02 RM aufgewendet. ….

.... Die Karmelitinnen in der Töllergasse konnten ihre Schützlinge nicht vor der Deportation bewahren, wenngleich sie einigen, wie etwa Tante Edith, bei der Flucht helfen konnten. Aber ihren Schützlingen vermochten sie etwas von ihrem Geist mitzugeben. Sie ließen sie tiefer in den Glauben eindringen und bisweilen zu heroischer Seelengröße reifen. Zeugnis hierfür mag ein Gedicht von Dr. Grete von Kolischer ablegen, das sie 1941 schrieb. Ich erhielt es von Tante Edith, die hierzu schrieb: „Sie ging tapfer auf den Lastwagen mit den alten Damen.".....

..... Dieses Gedicht ist zweifellos keine Konkurrenz für Angelus Silesius oder Paul Gerhardt, aber es offenbart doch die Reife eines gequälten Menschen, der im Glauben über sich selbst hinausgewachsen ist. Mir scheint auch, dass diese Zeilen ein durchschlagender Beweis dafür sind, dass Grete von Kolischer, wie viele andere auch, nicht etwa aus Opportunismus zum katholischen Glauben fand. Dass es solche Fälle auch gab, wollen wir nicht bestreiten. Es gab sie sowohl bei Juden wie bei Christen, vor dem Anschluss, nach dem Anschluss und insbesondere natürlich auch nach 1945.

Wir wollen uns nicht zum Richter über solche Menschen aufspielen, denn wir wissen nicht, wie wir uns in Extremsituationen verhalten würden.

Liebster Herr Jesus!
Zu unsern fernen Ahnen bist du gekommen,
sie haben dein göttliches Wort vernommen,
aber sie haben es nicht verstanden.
Enge hielt ihren Geist in Banden.

Liebster Herr Jesus!
Ihren Messias hatten sie sich gedacht
als großen König in weltlicher Pracht.
Du kamst in armselig schlichtem Gewand,
der Verachteten einer im gelobten Land.

Liebster Herr Jesus!
Trugest gehorsam bis zum Tod
und immer geduldig Schmach und Not.
In zerschlissenem Purpur und Dornenkrone
stellten sie dich der Menge zum Hohne.

Liebster Herr Jesus!
Und so haben in jenen Tagen
dich unsere Ahnen ans Kreuz geschlagen
und dich, der die Welt mit Gott versöhnt,
noch an deinem Kreuz gelästert, gehöhnt.

Liebster Herr Jesus!
Wir ferne Enkel unseliger Ahnen,
gehen schon lange in deinen Bahnen.
Uns strahlt deiner Gottheit liebendes Licht.
Wir folgen dir nach und fürchten uns nicht!

Liebster Herr Jesus!
Wir folgen dir auf dem Kreuzweg nach,
und tragen geduldig Spott und Schmach,
weil wir, Herr, deinem Volk entstammen,
das sie verachten und verdammen.

Liebster Herr Jesus!
Wie der purpurne Mantel dir, unserm Herrn,
ward uns als Zeichen des Hohnes der Stern.
Doch weil wir dir, Herr, ein wenig so gleichen,
tragen wir stolz ihn als Ehrenzeichen.

Liebster Herr Jesus!
Wir wollen unser Kreuz in Demut tragen
Und ein williges „JA" dem Vater sagen.
Und gehen wir hier in Knechtesbanden
In DIR sind wir ewig mit auferstanden!

Liebster Herr Jesus!

Der Judenstern: .... Wie eingangs schon gesagt, war die Polizeiverordnung vom 1.9.1941, die allen Juden, die das 6. Lebensjahr vollendet hatten, verboten, sich in der Öffentlichkeit ohne Judenstern zu zeigen, eine der härtesten Maßnahmen. Die Juden sollten mehr und mehr isoliert, der Verkehr mit ihnen erschwert, und die vorgesehenen Maßnahmen zur Vorbereitung der „Endlösung" erleichtert werden. Mit diesem Zeichen waren sie offiziell geächtet. Viele Menschen trauten sich nicht mehr aus dem Haus, aus Furcht, belästigt und schikaniert zu werden. Auch viele Katholiken jüdischer Abstammung waren betroffen. Ein Großteil der Konvertiten ging wegen dieser Kennzeichen nicht mehr zur Kirche.

Die Verordnung trat am 19.9.41 in Kraft. Kardinal Innitzer ließ dem Klerus ein Hirtenwort zu dieser Maßnahme zukommen. Auf bisher ungeklärte Weise gelangte der Text auch in die Hände des SD, der sie in seinen geheimen Lageberichten, einem Führungsinstrument der damaligen Machthaber, zitierte. Dieses Hirtenwort kam aber nicht zur Verlesung. Nach einer Anweisung des Ordinariats vom 18.9.1941 war es zu vernichten. Ein Pfarrer hat es dennoch aufgehoben und so blieb es der Nachwelt erhalten. Ob der Kardinal eine Warnung erhielt, die mit angedrohten Repressalien verbunden war, vermag niemand zu sagen.

Die „U-Boote": .... Wenn man in der damaligen Zeit Schwierigkeitsstufen unterscheiden wollte, so gehören die untergetauchten Juden für ihre Gönner sicher zur schwierigsten Kategorie. Juden war jede Änderung ihres ständigen Wohnsitzes verboten, selbst die vorübergehende Entfernung aus dem Stadtgebiet. Unbeschadet der polizeilichen Meldepflicht musste jede Wohnungsänderung der Zentralstelle für jüdische Auswanderung angezeigt werden. Eine Durchschrift war an das IKG bzw. AHO zu schicken. Was es bedeutet, illegal, d.h. unangemeldet, ohne gültigen Ausweis, ohne Lebensmittelkarten und vor allem ohne Wohnung zu leben, davon kann sich wohl heute kaum jemand eine Vorstellung machen.

Viele irrten ohne Obdach umher, nächtigten im Freien, unter Brücken usw. Über Nacht behielt man sie nur ungern über längere Zeit, besonders später zur Zeit der Luftangriffe. Manche hielten es einfach nicht mehr aus, gingen auf die Straße und wurden prompt verhaftet. Namentlich für Männer im wehrfähigen Alter war es gefährlich in Zivil, ohne gültigen Ausweis, auf die Straße zu gehen. Abgesehen von der Lebensmittelversorgung oder ernster Krankheit – denken Sie etwa nur an Zahnschmerzen –, war das Wohnungsproblem am schwersten zu lösen. Es gehörte schon außergewöhnlicher Mut dazu, Juden zu verstecken, war dies doch eine ständige Bedrohung für das eigene Leben wie das der Familie. .....

..... Vielleicht der erschütterndste Fall war der 16jährige Herbert. Der blonde, blauäugige Junge gehörte der HJ an, war eifriger Ministrant und besuchte regelmäßig die Jugendrunde seiner Pfarrei. Er wusste nichts von seiner nichtarischen Abstammung. Die Mutter hatte es ihm verschwiegen. Eines Tages stellte es sich heraus, dass seine Papiere „nicht in Ordnung waren." Die Mutter wurde vor die Gestapo geladen: Entweder in Kürze die erforderlichen Papiere vorlegen oder der Junge kommt in einen Transport. Der Versuch, den Jungen über einen Rechtsanwalt zu retten, der für 6.000 RM die Sache niederschlagen wollte, misslang.

Ob dieser Mann ein falsches Spiel spielte, war nicht zu ermitteln. 6.000 RM waren damals eine gewaltige Summe. Jede Hilfe kam letztlich zu spät. Herbert musste kurz vor seiner Mutter in den Transport. Er war wohl der Letzte, dem P. Born das Allerheiligste mit nach Theresienstadt mitgeben konnte. Frau Steinitz-Metzler besuchte ihn noch im Sammellager. Herbert war ein tapferer Junge. Er wusste genau, was ihm bevorstand. Er war überglücklich, dass man ihm das Allerheiligste anvertraute.

Anfang Mai kam er in Theresienstadt an und wurde bereits im gleichen Monat in Ausschwitz vergast. Gertrud Steinitz-Metzler hat ihre Begegnungen mit Herbert, Josef und zahlreichen anderen Verfolgten in ihrem Buch „Heimführen werd' ich Euch von überall her" geschildert. .....

Woher kam nun das Geld?: .... Es war immer welches da und ging nie aus. Viele unbekannte Spender brachten es, viele direkt in die Hilfsstelle, anderen übergaben es ihren Seelsorgern, gaben es im Beichtstuhl oder im Sprechzimmer ab. Gelegentlich kamen größere Beträge von einzelnen Bischöfen oder vom Papst. Der größte Geldgeber aber war der Kardinal. Papst Pius XII hatte ihn ermächtigt, den sog. Peterspfennig für die Hilfsstelle zu verwenden. Jeden Monat stellte er einen festen Betrag zur Verfügung. In vielen Fällen gab er zusätzlich Geld. Im konkreten Fall des 16jährigen Herbert, auf den ihn P. Born ansprach, holte er die erforderlichen 6.000 RM aus seinem Zimmer. Aber selbstverständlich musste auch der Kardinal das Geld beschaffen. In Wien gab es einen Chirurgen, der nach jeder Operation dem Kardinal eine hohe Geldsumme übergab. Ich wurde jedoch gebeten, den Namen dieses großen Wohltäters, der ganz wesentlich zur Unterstützung der verfolgten Juden beigetragen hatte, nicht zu nennen. ....

Unterstützung durch Wiener Klöster und Pfarreien: ..... Es wäre aber eine grobe Unterlassungssünde, nicht den hervorragenden Anteil der Wiener Klöster und Pfarreien an der Unterstützung der Juden zu erwähnen. ....

Ganz regelmäßig haben die Mutterhäuser der Barmherzigen Schwestern in der Gumpendorfer Straße 108 im 6. Bezirk, der Dienerinnen des Heiligsten Herzens Jesu in der Keinergasse 37 im 3. Bezirk mit ihren großen Stationen: Rudolfsspital, Allgemeines Krankenhaus, Franz Josefsspital, das damalige Provinzhaus der Dienerinnen des Heiligen Geistes in der Alxingerstrass 6, im 10. Bezirk, die Hartmannschwestern mit ihren Stationen im Spital und Altersheim im 13. Bezirk, Lainz, Wolkersbergerstrasse 1 bzw. Versorgungsheimplatz 1, Lebensmittel gespendet.

Aber auch alle anderen Gemeinschaften haben getan, was sie konnten. Unvergessen bleibt die Hilfe der Vinzentinerinnen in den Heimen Wexstraße im 20., und Rückertgasse 5-7 im 16. Bezirk, der Benediktinerinnen der Ewigen Anbetung in der Molitorgasse 13 im

11. Bezirk durch Aufnahme geltungsjüdischer Mischlingskinder, der schon erwähnten Karmelitinnen vom Göttlichen Herzen Jesu in ihrem Provinzialhaus in der Töllergasse 15 im 21. Bezirk durch Umwandlung ihres Kinderheimes in ein jüdisches Altersheim. Der Ursulinen in ihren Häusern im 1. und 18. Bezirk und der Sacré Coeur-Schwestern, Rennweg 31 im 3. Bezirk durch Unterricht der von allen Schulen ausgeschlossenen Kinder. Der Armenseelenschwestern im 18. Bezirk, Martinstrasse 67-81, durch Konvertitenunterricht. Die Pfarreien St. Leopold und St. Johann Nepomuk spendeten sehr häufig Geld für die Verfolgten. Mit den Lebensmitteln ging es ähnlich wie mit dem Geld. Immer wieder brachten oft Unbekannte sie in die Hilfsstelle. Auch städtische Angestellte, die an Lebensmittelkartenstellen saßen, brachten Lebensmittelmarken. Was dies bedeutet, vermag sich keiner vorzustellen, der die damalige Zeit nicht konkret erlebt hat und auch mit der Gestapo keine Erfahrungen sammeln konnte. Handelte es sich doch nach der damaligen Rechtsprechung um schwere Verbrechen, die im günstigsten Fall mit hohen Zuchthausstrafen, im „Normalfall" mit KZ oder Todesstrafe bedroht waren. ….

Kardinal Innitzer: …. Er stand geradlinig auf dem Boden der Kirche und sein Einsatz für die Verfolgten war beispielhaft. Die Erzbischöfliche Hilfsstelle für nichtarische Katholiken wird für immer ein Ruhmesblatt der Kirche Wiens und seines Erzbischofs, Theodor Innitzer, bleiben. P. Born der eigentliche Verfasser der Dokumentation, stellte die Frage, ob ihrer aller Arbeit ein Zeugnis war. Persönliche Bescheidenheit und vielleicht auch das Bewusstsein, als unmittelbarer Beteiligter kaum die Antwort geben zu dürfen, mögen ihm ein JA verwehrt haben.

Als unbeteiligter Verfasser möchte ich aber doch eine klare Antwort geben. Ja, es war ein Zeugnis, ein Zeugnis der Menschlichkeit, der christlichen Nächstenliebe, die gespeist wurde aus dem Glauben an den lebendigen Gott, im Bewusstsein der eigenen Schwäche, aber voll Vertrauen darauf, dass wir „alles vermögen in dem, der uns stärkt". (Phil 4,13) ….

.... Meine Damen und Herren, mit meinen Ausführungen zur Hilfsstelle konnte ich Ihnen nur einen gewissen Überblick geben, so dass Sie eine ungefähre Vorstellung von Ihrer Existenz und ihrem Wirken bekommen haben. Wie man es auch dreht und wendet: Man kann die Hilfsstelle nicht von Kardinal Innitzer trennen und diesen nicht von der Hilfsstelle. Was war Kardinal Innitzer für ein Mann? War er ein „barmherziger Verräter", wie die Zürcher Woche schrieb, (7.4.67) oder doch zumindest ein „Kardinal im Zwielicht"? (St.Pöltener Kirchenzeitung vom 10.3.68).

.... Eine gerechte Beurteilung des damaligen Wiener Oberhirten ist sicher nicht auf einen Nenner zu bringen. Seine Spontaneität, die der Hilfsstelle und damit zahllosen Juden zugute kam, war für ihn charakteristisch. Gewiss hatte dieser Zug seines Wesens auch Schattenseiten, wenn wir an den März 1938 denken. Aber wir beurteilen den hl. Petrus ja auch nicht nach seiner Verleugnung des Herrn, sondern nach dem, was er tat und wie er nach seiner Umkehr lebte. Bemerkenswerterweise ist übrigens kaum jemals davon die Rede, dass der Sozialdemokrat Dr. Renner, der im Gegensatz zu Kardinal Innitzer wirklich ein Politiker war - der Kardinal war lediglich nur einmal Minister - am Rundfunk und in der Presse erklärte, dass er für Hitler stimme.

Wird hier nicht doch mit zweierlei Maß gemessen? – Wir wollen nicht drumherum reden, die mehr als peinlichen Äußerungen Kardinal Innitzers vom März 1938 sind durch nichts zu entschuldigen. Schließlich ist ein Kardinal einer der höchsten Repräsentanten des öffentlichen kirchlichen Lebens, der die Folgen seiner Worte und Handlungen noch viel sorgfältiger abwägen muss als irgendein Durchschnittsbürger. Man muss jedoch auch fairerweise einräumen, dass Kardinal Innitzer seine Illusionen vom März 1938 spätestens im Oktober des gleichen Jahres, nach dem Sturm der HJ auf sein Palais begraben hat. Und er hat sich dann sehr entschieden gegen den Ungeist des Regimes gewandt und keinerlei Kompromisse weiterhin geschlossen. Er stand vielmehr geradlinig auf dem Boden der Kirche und sein Einsatz für die Verfolgten war beispielhaft. Die Erzbischöfliche Hilfsstelle für nichtarische Katholiken wird für immer ein Ruhmesblatt der Kirche Wiens und seines Erzbischofs, Theodor Innitzer, bleiben.

Verschiedene Briefe

Der Hirtenbrief Kardinal Innitzers

Geliebte Diözesanen!

Am 19. September ist eine Polizeiverordnung in Kraft getreten, wonach es allen Juden, die das 6. Lebensjahr vollendet haben, verboten ist, sich in der Öffentlichkeit ohne Judenstern zu zeigen. Von dieser Maßnahme werden auch Tausende katholischer Christen getroffen, darunter solche, die seit Geburt getauft sind, andere, die seit vielen Jahren unserem heiligen katholischen Glauben angehören. Diese staatliche Maßnahme berührt nicht das kirchlich-religiöse Leben. Ich erinnere Euch daran, daß alle, die auf den Namen Jesu Christi getauft sind, unsere Brüder und Schwestern in Christus geworden sind. Der Apostel sagt: „Ihr alle, die ihr auf Christus getauft seid, habt Christus angezogen, - jetzt gilt nicht mehr Jude und Grieche, Sklave und Freier, Mann und Weib: ihr alle seid einer in Christus Jesus". (Gal 3,27 f). Derselbe Apostel sagt: „In Christus Jesus hat weder die Beschneidung noch das Unbeschnittensein einen Wert, sondern nur ein neues Geschöpf." (Gal 6,15; 5,6)

Noch an eines möchte ich Euch in dieser Stunde erinnern, daß ein Christ ohne die Liebe, wie sie Christus der Herr versteht, nicht den Namen eines Christen verdient. Und diese Liebe, wie sie unser hl. Glaube im Auftrage Christi lehrt, kennt keine räumlichen Grenzen, sie macht keinen Unterschied der Person, sie wendet sich vor allem denen zu, die durch ihre größere Not und Hilfebedürftigkeit uns Nächste geworden sind. Vergesst nicht, daß nach den klaren Worten Jesu Christi die Liebe der Maßstab beim Jüngsten Gericht sein wird und dass wir nur dann Anteil erhalten am ewigen Leben, wenn wir das Wort des Herrn im Leben verwirklicht haben: „ Was ihr dem Geringsten meiner Brüder getan habt, das habt ihr mir getan."

Wien, 17. September 1941
Mit Segensgruß

Mitteilung des bischöflichen Ordinariats

Vom erzbischöflichen Ordinariat Wien
Folgende Mitteilung ist am 21. 9.1941 zu verkünden:

Das durch die Dechanten übermittelte Hirtenwort über die Behandlung nichtarischer Katholiken ist zu vernichten.

„Am 19. September 1941 ist eine Polizeiverordnung in Kraft getreten, wonach es allen Juden, die das 6. Lebensjahr vollendet haben, verboten ist, sich in der Öffentlichkeit ohne Judenstern zu zeigen. Auf viele Anfragen, die an kirchliche Stellen ergangen sind, wird den Gläubigen mitgeteilt, dass alle katholisch getauften Christen, auch die nichtarischen Christen nach wie vor am religiös-kirchlichen Leben teilnehmen können."

+ *Kamprath e.h.*
Generalvikar
Wien, den 18. September 1941
Wagner e.h.
Kanzleidirektor

Es lässt sich nicht leugnen, dass die ursprünglich vorgesehene erste Fassung feierlicher, eindrucksvoller ist. Sachlich wurde bei der kurzen späteren Vermeidung nichts ausgelassen. Hat der Kardinal Angst vor der eigenen Courage bekommen? Dies dürfte man schwerlich behaupten. Feige war der Kardinal nie. Dafür gibt es viele Beweise, nicht zuletzt die Errichtung und jahrelange Unterstützung der Hilfsstelle.

Gestatten Sie mir eine persönliche Spekulation. Man hat nicht zu Unrecht darauf hingewiesen, dass Daniel in der Löwengrube die Bestien nicht mutwillig in den Schwanz gekniffen hat. War es sinnvoll, durch einen im Verständnis der Nazis provozierenden Hirtenbrief die Machthaber herauszufordern, wenn mit weniger Dramatik der gleiche Effekt zu erzielen war? Wie gesagt, das ist meine persönliche Spekulation. Möglicherweise hatte der Kardinal ganz andere Gründe. Wir kennen sie jedenfalls nicht.

Das Problem der rassischen Mischehen, mit denen die Hilfsstelle auch sehr intensiv befasst war, muss ich hier übergehen, da ich, um verständlich zu werden, hierüber recht ausführlich berichten müsste. Dasselbe gilt von den menschlich ergreifenden Hilferufen Kardinal Innitzers an Pius XII.

**Abschrift eines Briefes von P. Georg BICHLMAIR SJ
an Kardinal Innitzer**
aus Beuthen/ Oberschlesien, wohin er von der Gestapo verbannt war.

Beuthen, den 17. März 1940.
Eure Eminenz!
Hochwürdigster Herr Kardinal!

Es wurde an mich die Bitte gerichtet, in Sachen der Unterstützung nichtarischer Katholiken meine Meinung zu äußern. Daher nehme ich mir die Freiheit, Eurer Eminenz in folgenden Zeilen meine Stellungnahme darzulegen. Seitdem die Notwendigkeit bestand, sich der notleidenden nicht arischen Katholiken karitativ anzunehmen, war ich immer der Meinung, die einzige hierfür zuständige Stelle sei das Caritas-Institut der Erzdiözese Wien. Diese Meinung habe ich wiederholt sowohl Eurer Eminenz gegenüber wie auch an anderen Stellen klar zum Ausdruck gebracht.

Auf meine oftmaligen Bitten und Anregungen, das CI. möchte eine Aktion in dieser Richtung in die Wege leiten, wurde mir immer wieder mitgeteilt, dies sei nicht möglich, da eine Unterstützung getaufter Juden von der Geheimen Staatspolizei als unerwünscht bezeichnet worden sei. Das CI. erhalte keine Erlaubnis, getaufte Juden zu unterstützen. Eine derartige Hilfsaktion sei für das Caritas Institut praktisch untragbar. Aus diesem Grunde habe ich mich seinerzeit bereit erklärt, das tatsächlich schon in Gang befindliche Unterstützungswerk weiterzuführen, und bei einer eventuellen Beanstandung vonseiten der Staatspolizei persönlich die Verantwortung zu übernehmen. Eure Eminenz gaben mir dann mündlich den Auftrag zur Durchführung des Werkes, wodurch das Unternehmen den Charakter einer bischöflichen Diözesanstelle erhielt.

Ich wurde wegen der Durchführung dieser Aktion von der Geheimen Staatspolizei längere Zeit hindurch überwacht und mehrmals ausführlich verhört. Aus dem neuerlichen Verhör während meiner Schutzhaft ergab sich einwandfrei, dass ich u.a. auch wegen der Judenunterstützung verhaftet worden war. Ich habe bei der Geheimen Staatspolizei zu Protokoll gegeben, dass ich das Werk nur deshalb übernommen habe, weil sich keine andere katholische Stelle der notleidenden nicht arischen Katholiken annahm.

Mit großer Genugtuung erfahre ich nun, dass behördlicherseits kein Hindernis mehr dagegen besteht, dass das Caritas Institut seiner christlichen Pflicht gegenüber den notleidenden nicht arischen Katholiken nachkommen kann. Ich erachte es daher als meine selbstverständliche Pflicht, die ganze bisher von meinen Mitarbeiterinnen durchgeführte

Aktion an das Caritas Institut abzutreten, für das ich ja bisher nur eingesprungen war.

Ich habe daher meine bisherigen Mitarbeiterinnen gebeten, sich in Zukunft dem Caritas Institut zur Verfügung zu stellen und ebenso selbstlos und eifrig unter der neuen Leitung (es wurde mir das Frl. Sikora genannt) zu arbeiten, wie sie bisher unter der Leitung von Gräfin Kielmansegg gearbeitet haben. Sie haben bereitwilligst ihre weitere Mitarbeit zugesagt. Auch die Kartothek wird dem Caritas Institut gerne zur Verfügung gestellt.

Was die für den genannten Zweck aufzubringenden Mittel betrifft, so darf ich wohl mit Sicherheit annehmen, dass Eure Eminenz das Werk auch weiterhin in der bisherigen großzügigen Weise fördern werden. Ich habe auch Gräfin Kielmansegg gebeten, sich bei der Society of Friends durch ihren persönlichen Einfluss zu verwenden, dass sie dem Werk auch weiterhin die monatliche Spende in derselben Höhe wie bisher zur Verfügung stellt.

Bezüglich der Mittel, die aus den Kirchenbeiträgen an den Wiener Jesuitenkirchen geflossen sind, bleibt es dem hochwürdigsten Ordinariat überlassen, diesen Kirchen zu gestatten, dass sie ihre Beiträge in der bisherigen Höhe an das Caritas Institut zu dem genannten Zwecke abführen. Die Spenden, die durch private Beziehungen, sei es der Gräfin Kielmansegg, sei es meiner Person eingegangen sind, werden natürlich ausbleiben.

Ich habe zum Schluss nur den einen Wunsch und die eine Bitte, es möchte das Caritasinstitut dafür Sorge tragen, dass die wirklich dringend notwendige Unterstützung, wenn möglich, noch gesteigert wird.

Ich benütze gerne diese Gelegenheit, um Eurer Eminenz den Ausdruck meiner besonderen religiösen Verehrung und Ergebenheit darzubringen.

G. Bichlmair SJ e.h.

Abschrift eines Briefes von P. Bichlmaier aus Opole

Opole, 18. Feber 1941

Wenn Ihr heute von mir einen Brief erhaltet, dann ist es das größte Wunder Gottes. Ich kann Euch nicht schildern, was wir seit unserer Abfahrt von Wien bis jetzt durchgemacht haben und was wir jede Minute leiden. Wir fuhren Freitag 1/2 6 Uhr früh mit unserem Gepäck auf Lastautos verladen auf die Bahn. In der Nacht waren wir zu 10 in einem Coupee familienweise untergebracht, schrecklich eng und kein Klo!

Sonntag abends waren wir in einem Städtchen angekommen und wurden hier auf offene Züge verladen, wo wir zwei Stunden lang unter Soldaten fuhren. Endlich hatten wir unser Ziel erreicht. Opole. Dass es solche gottverlassene Dörfer überhaupt gibt, das wusste ich nicht und Ihr könnt Euch überhaupt kein Bild machen von dem Elend.

Alle, etwa über 1000, wurden hier in einer Synagoge untergebracht, wo Strohlager errichtet waren und hier warfen wir uns todmüde nieder. Die Bevölkerung ist arm, wie man sich überhaupt nicht vorstellen kann; die Fetzen hängen ihnen vom Leibe herunter und sie führen das elendste Leben. Auf den Straßen kann man kaum gehen, man versinkt fast in Kot und die Häuser kann ich überhaupt nicht beschreiben, etwas größere Hundehütten.

Wir haben uns bei einem Juden einquartiert, meine Mutter und ich schlafen in einen Bett; aber mein Vater hat noch kein Quartier gefunden und muss im Tempel auf dem Boden schlafen auf Stroh; es schlafen fast noch 80% aller Leute dort, man kann kein Quartier finden. Was die Lebensmittel anbetrifft, ist alles in Hülle und Fülle zu haben, aber entsetzlich teuer und wir hatten jeder nur 40Zl. (2 Zl.=1 RM) von denen wir noch 10 Zl. Kopfsteuer zu bezahlen hatten, sodass jedem 30 Zl. blieben. Ein Brot, welches wie Ziegel aussieht, kostet 3 Zl., ein Liter Milch 1.10, Zucker ist unerschwinglich, Mehl nicht zu haben, 1 kg Kartoffeln 30 Groschen.

Ihr könnt Euch vorstellen, wie unsere Zukunftsaussichten sind, Verdienstmöglichkeiten überhaupt keine! Ich kann Euch nur sagen, es wäre besser gewesen, man hätte uns alle in Wien an die Wand gestellt und erschossen. Es wäre ein zu schöner Tod gewesen, wir müssen elender sterben. Eines kann ich Euch aber sagen, so arm wie die Menschen hier sind, ebenso rührend haben sie sich unser angenommen und sie sind so zuvorkommend und gut und hilfreich, dass alle Juden Wiens sich vor diesen polnischen Juden verstecken können. Das Wenige, was sie haben, wollen sie mit uns teilen. Beispielsweise will ich Euch sagen, dass die Familie, bei denen wir wohnen, aus sechs Familienmitgliedern besteht und drei Betten haben.

Von diesen drei Betten haben sie uns ein Bett gegeben, zwei Mädchen machen sich Lager auf der Erde und in den restlichen Betten schlafen die Eltern und die zwei anderen Kinder. Welcher Wiener Jude würde sein Bett anderen Menschen abtreten. So arm sie sind und so schmutzig, so schön sind diese Menschen in ihrer Natürlichkeit. Ich kann Euch sagen, dass mir, als ich ankam, fast der Verstand stehenblieb. Ich kann auch bis heute nicht denken; ich weiß nicht, wie das weitergehen wird und wie das enden soll. Es ist alles furchtbar teuer und wir haben nichts.

Mit dem Geld, das wir haben, können wir höchstens eine Woche leben, und dann können wir glatt verhungern.

Wir haben bis jetzt unsere Koffer noch nicht bekommen, diese erhalten wir erst, bis die Kopfsteuer von 1000 Zl., die hier angekommene Juden bezahlen müssen, eingebracht sind. Wenn man hier anlangt, dann sieht man erst, wie gut es uns früher ergangen ist. Gerade hören wir jetzt, dass wir bis morgen alle Binden mit dem Zionsstern tragen müssen. Wir sind in einer solchen verzweifelten Lage, dass wir überhaupt nicht wissen, was zu tun und aufs tiefste bedauern, diesem Leben nicht schon zuhause ein Ende bereitet zu haben.

Pro Memoria -
von P. Bichlmaier

I. Zur Notwendigkeit einer Hilfsaktion für die nichtarischen Katholiken.

Die Notlage der nichtarischen Katholiken (Christen), die durch die nationalsozialistische Rassengesetzgebung in Deutschland durchgeführte weitgehende Trennung zwischen Ariern und Juden, wirkt sich auf kulturellem, wirtschaftlichem und gesellschaftlichem Boden aus. Nach dem Anschluss Österreichs ist diese Trennung nunmehr auch hier in voller Durchführung und zwar in einem weit schärferen Tempo als im Altreiche. Hierdurch ist gewiss auch für die Juden mosaischen Bekenntnisses, bei denen die Bande des Volkstums und des Glaubens seit Jahrtausenden zusammenfallen, eine schwere Lage entstanden. Sie haben aber einen Rückhalt an ihren Glaubensgenossen auch außerhalb Deutschlands, die ihnen mit reichen Mitteln ihre Hilfe angedeihen lassen und das über alle Bänder reichende Band der jüdischen Solidarität in den Dienst der Befürsorgung und Auswanderungshilfe stellen. Solche Hilfe haben jüdische Organisationen im Altreich seit 1933 in wirksamster Weise gewährt.

Diese Hilfe fehlt jedoch den innerhalb der Reichsgrenzen und in großer Zahl vor allem in Österreich lebenden nichtarischen Christen. Die Anzahl dieser nach den Nürnberger Rassengesetzen als Juden zu behandelnden christlichen Staatsangehörigen dürfte sich in Wien auf etwa 50.000 belaufen. Bei der Ermittlung dieser Ziffer wird von der Feststellung durch Ministerpräsidenten Göring ausgegangen, dass sich die Anzahl der Wiener Juden (im Sinne der Nürnberger Gesetze) auf 300.000 beläuft, sowie von der weiteren statistischen Feststellung der Zahl der Glaubensjuden anlässlich der letzten Volkszählung, die mit 176.000 ermittelt wurden. Jedenfalls sind heute diese Menschen christlicher Religionszugehörigkeit und jüdischer Abkunft einerseits aus der christlichen Bevölkerung arischer Abkunft, andererseits aus der zum überwiegenden Teil durch das mosaische Bekenntnis bestimmten jüdischen Gemeinschaft ausgeschlossen.

Die schwerwiegenden Folgen dieser Tatsache auf wirtschaftlichem, kulturellem und religiösem Gebiet haben in diesen Wochen zu zahlreichen tragischen Zusammenbrüchen von Familien nichtarischer Christen geführt. Diese Notlage, die sich ebenso in materieller, als in seelischer Beziehung auswirkt, muss sich bei dem unvermeidlich zu gewärtigenden Schwinden etwa noch vorhandener wirtschaftlicher Rücklagen fortschreitend verschärfen und weitere verhängnisvolle Rückwirkungen zeitigen.

II. Die Aufgaben einer Hilfsaktion

Da die Nichtariergesetzgebung des Deutschen Reiches auf weltanschaulicher Grundlage beruht, ist mit der Aufrechterhaltung, ja mit der Verschärfung der Sonderung zwischen arischen und jüdischen Staatsangehörigen jedenfalls zu rechnen. Das wirksamste Heilmittel ist in Anbetracht dieser Lage die Auswanderung und deren Organisierung. Im Sinne dieser Bestrebung muss hierbei die wesentlich verschiedene Lage verschiedener Auswanderungsgruppen berücksichtigt werden. Dabei ist nicht nur die innere Einstellung, sondern auch die äußere Lage der Juden mosaischen Bekenntnisses von der der nicht arischen Christen wesentlich verschieden.

Die ersteren, häufig auch noch die konfessionslosen Juden, werden von den wohlorganisierten Auslandsorganisationen der Glaubensjuden als ihnen zugehörig anerkannt. Diese organisieren mit ausländischen Mitteln Hilfsaktionen im Bunde selbst und fördern die Auswanderung vor allem nach den Zentren geschlossener jüdischer Siedlung, wie Palästina, New York etc.. Auch in Wien haben solche Hilfsaktionen unter Verwertung der im Altreich gewonnenen Erfahrung bereits eingesetzt.

Grundverschieden ist die Lage der nichtarischen Christen. Sie finden keinen Rückhalt bei den Glaubensjuden, die fast über die ganze Welt verbreitete jüdische Solidarität erstreckt sich nicht auf sie. Die Zentren geschlossener jüdischer Siedlung kommen für sie als Auswanderungsziele nicht in Betracht. Wo dies gleichwohl versucht würde, wie bei vereinzelten tief religiösen christlichen Judenkonvertiten, die in Palästina Fuß zu fassen versuchten, ist der Versuch misslungen: Sie wurden in den Jüdischen Gemeinschaften nicht gelitten.

Auch außerhalb Palästinas wurden die Christen jüdischer Abkunft nie, auch wenn sie sich dazu bekennen wollten, als Glieder einer jüdischen Volksgemeinschaft anerkannt. Für die Juden ist eben der Christ jüdischer Abstammung, anders als der bloß konfessionslos gewordene Jude aus einer Tradition der Verneinung des Christentums, nicht mehr Glied einer jüdischen Gemeinschaft. Dies gilt insbesondere für jene Judenstämmlinge, die mit Bekenntnis und Ausübung ihres Christentums Ernst machen.

Deshalb haben mit seltenen Ausnahmen die Konversionen von Juden oder die Tatsache der christlichen Erziehung von nichtarischen Kindern nicht nur religiöse Bedeutung, sondern sie bewirken auch die soziologische und nationale Ausgliederung dieser Christen aus der Abstammungsgemeinschaft; sie erleichtern andererseits auch die Eingliederung in fremdes Volkstum, dort wo sie als möglich und wünschenswert erachtet wird.

Es fehlt sohin für die nichtarischen Christen an jedem Anknüpfungsmoment an den im Entstehen begriffenen Judenstaat. Infolgedessen hat auch die Auswanderung der nichtarischen Christen anderen Gesetzen zu folgen als die der Glaubensjuden. Sie wären in erster Linie nach solchen Ländern zu richten, die sich gegen die Einwanderung einer national und religiös allzu sehr geschlossenen Bevölkerungsgruppe wenden. Im gemeinsamen Interesse aller beteiligten Faktoren ist es gelegen, dass auch diese für die religiös jüdische Auswanderung unzulänglichen

Auswanderungskanäle durch Zusammenfassung und Organisation der christlichen nichtarischen Auswanderungsbewegung voll erfasst und ausgenützt werden. Für die Auswanderung nichtarischer Christen kommen allerdings nur die auswanderungsfähigen Personen in Betracht. Wer infolge Alter, Krankheit oder fehlender Fähigkeit zur Umstellung im Inlande verbleiben muss, bedarf kulturell und vielfach auch wirtschaftlich der Befürsorgung. Dieser bedürfen übrigens auch die Auswanderer bis zum Zeitpunkt ihrer Auswanderung.

Einer weiteren besonderen Beachtung bedarf das Problem der arischen Ehegatten nichtarischer Christen. Ihre Zahl ist eine sehr große, ihre seelische Lage eine trostlose. Weniger fest begründete eheliche Lebensgemeinschaften dieser Art mögen wohl durch die Ereignisse zur Auflösung gelangen. Wirkliche Ehen im Sinne christlicher Auffassung werden und müssen diese Prüfung überdauern, insbesondere wenn Kinder vorhanden sind.

Die seelische Not aber dieser aus ihrem Kreise und ihrer bisherigen Gemeinschaft jäh herausgerissenen arischen Ehegatten ist eine ungeheure, sie darf nicht noch verschärft werden, dass man sie zwangsweise in eine ihnen fremde und vielfach feindliche Umgebung eingliedern will.

Ein weiteres sehr ernst zu nehmendes Problem ist das der Kinder nichtarischer Christen. Sie müssen im Zustande des geistigen und körperlichen Wachstums die Erschütterungen, die sich daraus ergeben, dass sie aus der bisherigen Umgebung und dem gewohnten gesellschaftlichen Umgang gerissen werden, besonders hart empfinden. Insbesondere gilt dies für die zwangsweise Einschulung in jüdische Schulen, wo sie einer ihnen vielfach fremden, ja feindlichen Geisteshaltung begegnen müssten. Eine Hilfsaktion für diese Kinder durch Unterbringung in ausländischen Schulen auch vor der Auswanderung der Eltern ist besonders dringlich. Hier ist ein Erfolg durch Organisation am raschestens zu erzielen.

Eine weitere besondere Frage bildet die Überleitung nichtarischer Christen, die bereits in einem reiferen Lebensalter stehen, insbesondere von Angehörigen intellektueller Berufe, in geeignete Erwerbsmöglichkeiten im Auslande.

III. Die christliche Caritas als einzige Hilfsmöglichkeit

Die Formen der Hilfsaktion:

Im Altreich haben die staatlichen Behörden gewisse jüdische Organisationen anerkannt und sogar mit offiziellen Funktionen ausgestattet, so dass gewisse Auswanderungserleichterungen nur im Wege derselben erlangt werden können. Für die nichtarischen Christen fehlt es bisher an solchen Organisationen. Sie können in ihrer Bedrängnis Hilfe nur von jener großen Gemeinschaft erlangen, bzw. erwarten, mit der sie durch das Sakrament der Taufe auf immer verbunden sind. Einzig wirksame Hilfe kann ihnen durch die christliche Caritas erwachsen. Nur die Kirche kann die Christen aller Länder zu wirksamer Hilfe für die in schwerste Not geratenen Glaubensbrüder anspornen.

Als bestes Mittel zur Organisierung der hilfsbedürftigen nichtarischen Christen erscheint deren Zusammenfassung in vereinsmäßiger Form. Ein solcher Verein nichtarischer Christen kann durchaus im Sinne nationalsozialistischer Auffassung vor den staatlichen und Parteibehörden als jüdischer Verein gelten. Auch in Bezug auf die wirtschaftliche Organisation, insbesondere der Auswanderung, wäre ein Zusammenwirken zwischen nichtarischen Christen und Glaubensjuden im Rahmen der vom nationalsozialistischen Staate anerkannten Organisationsformen durchaus denkbar. Die nichtarischen Christen müssen nur die Möglichkeit haben, wirtschaftlich ihre andersgerichteten Interessen im Auslande und ihre kulturellen Belange im Rahmen der geltenden Gesetze zu wahren.

Vor allem aber wollen die nichtarischen Christen auch jede Gefährdung ihres Zusammenhanges mit ihrer Kirche verhüten. Die völlige Abtrennung von den übrigen Mitgliedern der Glaubensgemeinschaft und die zwangsweise Eingliederung in die numerisch viel stärkere jüdische Glaubensgemeinschaft bringt die Gefahr der Beeinträchtigung christlichen Glaubensgutes mit sich. Es ist naheliegend, dass Menschen, die unverschuldet in die schwerste Not geraten sind, sich an ihre kirchlichen Oberen um Hilfe wenden und es nicht fassen können, wenn ihnen diese Hilfe nicht in dem Ausmaße gewährt wird, wie dies möglich ist, und wie dies von Seiten anderer Glaubensorganisationen für ihre Glaubensgenossen tatsächlich geschieht.

Ein Verein voll nichtarischer Christen hat im Altreich bisher nicht die Zustimmung der nationalsozialistischen Behörden gefunden; nur die Tätigkeit einer bescheidenen Hilfsstelle wurde gestattet. Für die große Zahl der nichtarischen Christen in Österreich scheint eine solche Hilfsorganisation nicht hinreichend. Es ist daher zu hoffen, dass das schon die nationalsozialistischen Faktoren zur Überprüfung ihres Standpunktes veranlassen wird. Dabei könnte ein Verein nichtarischer Christen natürlich jeder gewünschten mit der Vereinstätigkeit überhaupt noch zu vereinbarenden Aufsichtsform unterworfen werden. Gerade die Vertretung dieses Standpunktes und die Ermöglichung einer solchen Vereinstätigkeit könnte mit viel Aussicht auf Erfolg seitens der katholischen Kirche erfolgen.

Neben einem solchen Verein wäre jedoch von größter Bedeutung die offizielle Bestellung einer kirchlichen Persönlichkeit, die die Aufgabe hätte, im Einvernehmen mit den staatlichen Behörden die Verbindung mit den kirchlichen Stellen jener Länder herzustellen, die für eine Auswanderung bzw. Hilfsaktion in Betracht kommen. Durch eine solche Maßnahme könnte für sehr viele nichtarische Christen durch Einvernehmen mit außerdeutschen kirchlichen Stellen das erreicht werden, was die Glaubensjuden durch die Verbindung mit den ausländischen jüdischen Stellen erwirken: die Befürsorgung bis zur

Auswanderung, die Bewilligung zur Einwanderung und die Hilfe bei den ersten Schritten im neuen Aufenthaltsland. Dadurch würde auch das Eingreifen ausländischer Caritas ermöglicht, das heute noch durch das Fehlen jeder legitimierten Stelle, Organisation unterbunden wird. Eine solche Betätigung kirchlicher Stellen wäre durchaus auch im Sinne der herrschenden Auffassung einer Förderung der nichtarischen Auswanderung gelegen. Sie wäre auch für den Fall möglich und dringlich, falls die staatlichen Behörden Gründung eines selbständigen Vereines nichtarischer Christen nicht zulassen sollten. In diesem Fall käme vielleicht ein Einvernehmen mit dem schon bestehenden katholischen St. Raphaelsverein in Hamburg in Betracht, der wohl auch in Wien eine Beratungsstelle errichten könnte.

Von entscheidender Bedeutung ist jedenfalls, dass von kirchlicher Seite eine mit den schwierigen Problemen der nichtarischen Christen vertraute Persönlichkeit delegiert werde. Ihr Wirkungskreis wäre nochmals kurz umschrieben:

1. die ständige Fühlungnahme mit den maßgebenden inländischen Behörden und Parteiorganisationen zwecks Ermöglichung und Erleichterung der Tätigkeit einer Organisation nichtarischer Christen.

2. die Fühlungnahme mit ausländischen kirchlichen Stellen zwecks Förderung möglichst weitgehender Auswanderungsmöglichkeiten und Erleichterung der Einwanderung.

3. die Inanspruchnahme in- und ausländischer Caritas zur Befürsorgung der noch im Inland verbleibenden nichtarischen Christen in religiöser, kultureller und wirtschaftlicher Beziehung.

Mag die zu organisierende Hilfe für die nichtarischen Christen welche Form immer annehmen, sie kann nur gedeihen in enger Zusammenarbeit und dank der Hilfe der Kirche Jesu Christi, welche nicht vergeblich ihren Appell an die Christen aller Lande richten wird: sie möge in schwerste seelische und wirtschaftliche Not geratenen Glaubensbrüdern zu Hilfe kommen. Ein herzliches Vergelt's Gott und der Lohn des Herrn wird Ihnen dabei sicher sein.

Wien, im Mai 1938   *P. Bichlmair SJ*

Denkschrift - von P. Bichlmaier

KATHOLISCHES HILFSWERK FÜR CHRISTEN NICHTARISCHER ABSTAMMUNG

Die unerhörte seelische Not der nichtarischen Christen erfordert die Schaffung eines Hilfswerkes durch die Kirche unter der Leitung des Hl. Vaters und der Bischöfe.

Das Hilfswerk hätte zu umfassen:

1. Seelsorgehilfe.
2. Schaffung von Schule und Bildungseinrichtungen für nichtarische christliche Kinder.
3. Schaffung von Berufsumschulung für die zur Auswanderung gezwungene christliche Jugend (landwirtschaftlich, handwerklich, hauswirtschaftlich).
4. Schaffung eines katholischen Liebeswerkes durch die Weltkirche. Wohlhabende katholische Familien des Auslandes wären aufzufordern, katholische Kinder und Jugendliche aus Österreich aufzunehmen und bis zu ihrer Berufstätigkeit für sie zu sorgen. Nur unter diesen Umständen wird die Einrcise in die meisten Staaten möglich sein.
5. Verhandlungen, betr. die Mischlinge ersten Grades (zwei arische Großeltern, christlich erzogen). Diese Mischlinge haben Wahlrecht und Militärdienstpflicht, sind also Staatsbürger. Sie sind aber von

allen Anstellungen, von der Erlangung der Grade und Chargen im Militärdienst ausgeschlossen und ihre Ehe mit einem Arier ist von der Genehmigung des Führerstellvertreters abhängig, die bisher in keinem Falle gegeben worden sein soll. Diese Mischlinge sind also in einer völlig ungeklärten Lage, die für sie eine moralische und religiöse Gefahr bildet. Es wäre also dringlich, die für den Fall einer Eheschließung vorgesehene Begutachtung durch das Rasseamt früher durchzuführen, die Kinder und Jugendlichen, die alle Merkmale deutscher Abstammung aufweisen, als vollberechtigte Staatsbürger anzuerkennen und den anderen Mischlingen die Möglichkeit der Auswanderung zu geben.

Der Herr Kardinal ist dringend gebeten, mit dem Führer und mit dem Parteibeauftragten über diese dringlichste Frage zu sprechen und Klärung durch die Ermöglichung einer Feststellung durch das Rasseamt zu erbitten. Die Lage der nichtarischen Christen erfordert denkbar rasches Handeln. Die Oberleitung des Hilfswerkes müsste in der Hand des Bischofs sein. Das Arbeitskomitee müsste zum größten Teil aus erprobten Männern und Frauen arischer Abstammung bestehen und auch hilfsbereite Ausländer umfassen.

Wien, am 19. Mai 1938   *P. Bichlmaier SJ*

Aus der literarischen Aufarbeitung:

Ein Blick zurück von Ilse Aichinger

Heute, das war Donnerstag. Die anderen Tage hießen gestern, vorgestern, vorvorgestern oder auch morgen, übermorgen, überübermorgen. Sie teilten die alten Lasten unter sich, Vergangenheit und Zukunft, sie teilten unter sich Unsicherheit, Furcht vor Bomben und Staatspolizei, Gerüchte, Deportationsmöglichkeiten, schlechte Nachrichten. Sie waren ein finsterer Vorhang, und vielleicht wären manche von uns fortgegangen aus diesem Raum, der sich unsere Welt, unser Leben nannte, wäre nicht der helle blitzende Streifen gewesen, der uns das Licht hinter dem Vorhang bewies, die Möglichkeit der anderen Existenz, der Wärme, der Freude, der Geborgenheit, des Spiels. Des sinnvollen und unaufhebbaren Augenblicks. Dass es einen Ort gab wie den Universitätsplatz oder den kleinen Anbau im zweiten Hof des erzbischöflichen Palais: ich weiß viele, für die das der einzige, und genug, für die es der letzte Beweis dieser anderen Existenz war.

Unlängst ging ich an einem heißen Spätsommertag durch den zweiten Bezirk, vor langem und vor kurzem das Ghetto von Wien. Ich suchte in diesem Bezirk nach einer Straße, in der Straße nach einem Haus, in dem Haus nach einer Wohnung. Die Straße fand ich, bei dem Haus blieb ich unsicher, die Wohnung fand ich nicht. Einen Augenblick blieb ich stehen und schaute durch die stille heiße Luft auf die andere Straßenseite. Sie konnte dort gewesen sein, wo eine fast symmetrische Lücke den Durchblick noch immer freigab. Wie ein Ballon war sie weggeflogen, hinter ihren Bewohnern her, hinter allem, was dort gespielt hatte. Ich ging hinüber und fragte die Hausbesorgerin des alten niedrigen Hauses, das frisch verputzt ohne diesen weggerissenen Teil ganz gut auszukommen schien. Sie wusste nichts, sie war erst später in diese Gegend gezogen. Sie sah mich unsicher an, so wie ich nun selbst geneigt war, mich anzuschauen. Hatten sie jemals existiert, diese Bewohner? Nicht nur ihre Briefe, ihre Betten und Schränke waren verbrannt.

Wo waren sie bewiesen, nicht durch Urkunden, durch Geburt und Ahnen (wie sehr man dadurch unbewiesen blieb, hatten wir erfahren), sondern lebendig und sinnvoll sich selbst und mir bewiesen. Aus welchem Stein konnte ich die Funken wieder schlagen, konnte ich sie zurückholen in die Erinnerung und damit in die Gegenwart? Ich wusste es jetzt. Es waren wieder die beiden Türme auf dem alten Universitätsplatz, es war wieder der 2. Hof des erzbischöflichen Palais. Wo sie Hilfe und vielleicht Rettung gefunden hatten, fand sie auch die Erinnerung.

Ich erinnere mich an die Mauer, wo wir auf die anderen warteten, ehe wir hineingingen. Ich hörte die Gespräche von damals wieder, die Geplänkel, selbst die Spiele, mit denen wir uns die Freiheit des Schulkinderdaseins, der hellen verlassenen Schulhäuser zurückspielten, die dahin war. Ich sah uns die alte Kirche betreten, ein Schiff, das uns aufnahm, das uns in ein Land trug, wo keine Bürgschaften verlangt wurden, wo man nicht zurückgewiesen oder mit Unbehagen betrachtet wurde, ein Land, das sich um so mehr als Heimat erwies, je fremder es vielen von uns zuerst schien.

Der Westen und der Osten - unnütz, die aufzuzählen, die uns allein mit unseren Verfolgern gelassen hatten. Aber hier war ein Land. Ich sah uns an der rechten Seite der Kirchenbänke entlanggehen. Nie war die Tür verschlossen, die Treppe versperrt, die uns weiterführte. Nie waren wir unwillkommen, nie war die Stimme ungeduldig, die uns empfing. Das Glück, das uns hier gewünscht wurde, hielt stand.

Sie war eine der ersten gewesen, die gekommen, eine der ersten, die gegangen waren. Sie hieß Gretl, aber das Märchen hieß anders. Kein Hänsel, keine Rückkehr aus den finsteren Wäldern. Sie war sechzehn und hellsichtig genug: „Von uns kommt keine zurück!"

Manchmal sagte sie es fast triumphierend, wenn ich sie in der engen, immer etwas dumpfen Wohnung besuchte. Dann war es, als verwandelte sich diese Wohnung schon damals in die helle Lücke von später, die den Durchblick freigab. Sie hing nur selten den schwankenden Hoffnungen der Erwachsenen nach, ihrer Verwandten oder der Freunde in dem englischen Kurs, den sie besuchte. Sie hatte ihre Hoffnung in eine andere Richtung gewandt.

Ich sehe uns in der halbdunklen Kapelle stehen, ich höre die Stimme wieder, die erklärte, was ein Taufpate hier zu tun hätte. Denn hier lag kein Kind in den Steckkissen, keine verlegene Taufgesellschaft stand lächelnd herum. Die alten vertrauten Bilder waren dahin. Aber die Kerzen brannten und die Stimme von vorhin sagte jetzt die alten Worte, als sagte sie sie zum ersten Mal. Mit dem neuen Namen hob sie das Märchen auf. Keine Enten, die über die östlichen Flüsse trugen, Minsk, Lodz oder Riga, keine Orte für Vaterhäuser. Aber es war nicht mehr nötig, aus den Wäldern heimzufinden, die Wälder selbst führten heim. Die Finsternis war verwandelt worden. Aber nicht nur die Finsternis, auch was sich an Schattierungen, an Grau, an Öde, an Angst und Verlassenheit um sie ausbreitete, wurde hier verwandelt.

Von Weihnachten begonnen wurde jedes Fest sich selbst wiedergegeben und stand neu aus den Schatten auf. Und wenn die Gespräche rundherum sich mit der Möglichkeit zu überleben befassten, so befassten sie sich hier immer mit der Möglichkeit zu leben. Diese Art zu fragen, ist manchen von uns geblieben. Wenn sie sich zu verlieren droht, kommen uns die Bilder von damals zu Hilfe; unser Pater, der Äpfel oder Nüsse über den Tisch warf, der nach den schwierigsten Augenblicken des Tages fragte, und wie man ihnen beikommen könne, der gelassen den Platz vor der geheimen Polizei kreuzte, die Brücken, wann immer es ihm nötig schien; seine Helferinnen, die uns zu Schwestern oder Müttern wurden, oder zu beiden, die heimlichen Proben zu unseren Festen, zu denen manchmal der Kardinal kam, als Gastgeber der Hilfe und als ihr Gast. Nicht wie Wohltäter zu Waisenhausfesten zu kommen pflegen, mit einem raschen Lächeln und ebenso rasch entschlossen, zu gehen. Er kam, bereit zu bleiben, und nicht nur den Augenblick der Freude mit uns zu teilen. Die ihn gesehen haben, wissen es. Und die ihn nicht gesehen haben, wissen es auch. Wer diese Tür in seinem Haus offenhielt, ließ sich selbst keine andere Wahl, sowenig wie derjenige, der täglich, um zu helfen, durch sie aus- und einging.

Eingestellte Deportationen, ein Visum dahin, ein Visum dorthin? Daran zu glauben, fällt manchen von uns bis heute schwer. Autorouten, Schiffslinien, Straßennetze, die uns tragen, wohin wir möchten: es gibt Augenblicke, in denen sie mir wie die verzweifelten Gerüchte in den Gassen des Ghettos erscheinen. Aber bis zuletzt werden wir Dächer und Türme der Hilfsstelle von damals über uns fühlen, werden die Helfer von damals schützend in unseren Türen stehen, um die Schrecken abzuwenden oder, wo das unmöglich ist, sie zu teilen. Bis zuletzt werden uns die Stimmen von damals glaubwürdig versichern, dass uns nichts mehr geschehen kann.

Die Welt, die ich traf: der Erzbischöfliche „Stall" (Elsa Björkman-Goldschmidt)

Elsa Björkman-Goldschmidt: „Den värld jag mött" (Die Welt die ich traf, S. 240-257). Stockholm 1967. P.A Horstedt & Söners Förlag
Der Text wurde nur insofern gekürzt, als er Berichte betraf, die nichts mit der Erzbischöflichen Hilfsstelle oder dem allgemeinen „Klima" jener Tage zu tun haben oder schon anderweitig in der Dokumentation behandelt wurden.

Der Erzbischöfliche „Stall"

Ich sitze und schaue mir einen Teil der Fotos an, die während der Tätigkeit der Vereinigung „Rädda Barnen" (Rettet die Kinder) in Wien gleich nach dem 2. Weltkrieg aufgenommen worden sind..... Unter den Fotos fand ich eines, das uns, einen katholischen Pater und mich zeigt, als wir gerade mit der Kleiderverteilung des Caritasverbandes beschäftigt waren. Zwischen den zerlumpten und frierenden Kindern entdecke ich auch Schwester Verena, die eifrig damit beschäftigt ist, den Kindern die warmen schwedischen Kleider anzuziehen. Man sieht sie nur von hinten, aber wie sie so dahockt, spürt man förmlich ihren mütterlichen Charakter. Pater Born gleicht einem zufriedenen Vater, während ich wie unbeteiligt wirke - das Foto zeigt deutlich, dass ich damals nur mit halbem Herzen dabei war, was ja auch wirklich zutraf.

Inzwischen sind nur 20 Jahre vergangen. Sieht man nun das deutsche Wirtschaftswunder und erlebt das wiederauferstandene Wien, so empfindet man großen Trost bei dem Gedanken „all das nach nur 20 Jahren." Gleichzeitig entdeckt man aber auch, dass es viel schwerer war, die Wunden zu heilen, die den Menschen zugefügt worden sind, ihnen neuen Glauben an den Menschen zu geben, eine Glauben, der Berge versetzt, neues Vertrauen wachzurufen in die mitmenschliche Gemeinschaft. Noch an etwas denke ich dabei: An die Toten. Sie sind nicht mehr unter uns, sie konnten beim Bau der Zukunft nicht mehr direkt mitwirken.

Meine Freizeit benutzte ich, um alte Freunde wieder aufzusuchen, um Kontakte mit Wienern aus den verschiedensten Kreisen aufzunehmen und auch, um herauszufinden, was denen passiert war, die ich nicht finden konnte. Ich hatte noch 1938 den Einzug Hitlers erlebt, wie er mit rasselnden Panzern unter dem Jubel der Bevölkerung nach Wien kam. Ich war Zeuge, wie ihm die Massen begeistert huldigten. Aber ich erlebte auch Nachdenken, Unruhe und entschlossenen Widerstandswillen unter meinen Freunden und Bekannten. Während des Krieges war ich von vielen von ihnen abgeschnitten worden. Wie stand es nun um sie? Was war mit ihnen während der ganzen Zeit geschehen? Auf diese Fragen Antwort zu bekommen hatte ich mir zur Aufgabe gestellt. Ich wollte das Wien wiederfinden, das nicht gejubelt hatte.

Dies war kein leichtes Unterfangen. Ich hatte alte Adressen und bekam neue. Viele hatten aber auch ihren Wohnsitz verlassen „mit unbekanntem Ziel" - viele Wohnungen waren ausgebombt und keiner hatte die neuen Adressen.

Mein so unvollständiges, ganz privates Suchen fand statt, lange bevor Otto Molden im Jahr 1958 seinen ausführlichen Rechenschaftsbericht über den österreichischen Freiheitskampf 1938-45 herausbrachte unter dem Titel „Der Ruf des Gewissens". Einen Teil meiner Beobachtungen und Erfahrungen versuchte ich in dem Buch „Wien erwacht" (1949) zu schildern. Mit dem Resultat war ich jedoch nicht richtig zufrieden. Das, was ich antraf, waren Organisationen mit hauptsächlich politischer Einstellung. Was ich aber suchte, war der - Mensch - also Einzelpersonen.

Ich wollte wissen, was Kollegen, Nachbarn, andere Mitmenschen zustande gebracht hatten, wie viel in ihrer Macht gestanden hatte, etwas zu tun. Ein tieferes, mehr persönliches Bild vom Handeln der Einzelnen, das war es, was ich vergebens suchte.

Und hier kommt nun die Ironie des Schicksals mit einem ihrer aufreizenden Späße mit ins Bild herein: um dieselbe Zeit, als ich in den Ministerien herumsprang und vergebens in den Vororten nach einer gewissen Gartenlaube suchte, stand ich zerstreut bei der Kleiderverteilung Seite an Seite mit den Menschen, die mir die beste Antwort hätten geben können: Pater Born und Schwester Verena! Beide waren sie eifrige Teilnehmer bei gerade solchen Hilfsaktionen, nach denen ich suchte. Wenn ich nun auf die Fotos schaue, ist es nahe zu peinlich, einen so deutlichen Beweis dafür zu bekommen, wie blind man manchmal sein kann für das Naheliegende.

Gleichzeitig traf ich, wenn auch nur flüchtig, beim österreichischen Roten Kreuz, Gräfin Kielmansegg – eine rundliche Wienerin voller Charme und jeder Heldenpose abhold. Ich hatte keine Ahnung davon, dass sie so etwas wie eine „Rote Nelke" war, ein Scarlet Pimpernel - mit dem Unterschied jedoch, dass es nicht das flüchtende „Hochwild", verfolgte Aristokraten waren, die sie unter Einsatz ihres Lebens zu retten versuchte, sondern Pariagruppen, die als Menschen keinen Wert hatten: Wiener mit dem gelben Stern auf der Brust. Ihre Aktion bekam nach ihr den Namen „Organisation K." Gräfin Kielmansegg hatte die Hilfsaktion mit Pater Bichlmair gestartet, und nachdem dieser gleich im Anfang inhaftiert wurde, sprangen Pater Born und Schwester Verena ein.

All dies erfuhr ich erst jetzt, zwanzig Jahre danach. Jetzt, nachdem Jesuitenpater Ludger Born den Auftrag bekommen hat, alles Material an Ort und Stelle systematisch zu ordnen und aufzuzeichnen, jenes Material, das sich mit den legalen und illegalen Hilfsaktionen befasst, die während der Hitlerzeit unter der Obhut des Erzbischöflichen Palais, vom ehemaligen „Stall" aus betrieben wurden.

Im Kloster der Jesuiten, in der Nähe des alten Universitätsplatzes - ein stiller, fast vergessener Platz in der Innenstadt - wo während der stürmischen Tage von 1848 die liberalen Studenten Barrikaden aus leeren Bierfässern errichtet hatten - empfing mich Pater Born, und es war ermutigend für mich, von ihm wie eine alte Bekannte begrüßt zu werden. Wir saßen im Sprechzimmer des Klosters - ich glaube, das Besuchszimmer wird so genannt - an einem schweren Eichentisch, dessen Platte von Jahrhunderte alter Abnutzung poliert war. Kein Wind der Veränderung war hier durchgezogen. Ich fühlte mich in ein anderes Jahrhundert zurückversetzt. Die lärmende Außenwelt konnte nicht durch die dicken Mauern dringen. Durch das Fenster blickte man auf die dunklen, schweigenden Wände der Halle. Es befiel mich ein starkes Gefühl von Ruhe und Weltferne - nichts konnte jedoch irreführender sein.

„In unserer Kirche gibt es keinen Rasseunterschied", erklärte Pater Born klar und deutlich. „Es war also selbstverständlich, dass wir den sog. nichtarischen Christen beizustehen versuchten. Es war jedoch genauso selbstverständlich, dass wir, je grausamer und rücksichtsloser vorgegangen wurde, uns um alle Hilfesuchenden kümmerten, unabhängig von ihrer Konfession, besonders nachdem einige ausländische Helfer ausgewiesen worden waren, und die Mosaische Gemeinde immer kleiner und machtloser wurde. Zuletzt blieb praktisch nur der persönliche Einsatz von Mensch zu Mensch übrig. Wir versuchten, eine Art Rettungskorps zu organisieren. Kardinal Innitzer war uns die ganze Zeit eine große Hilfe."

„Innitzer? Aber .... ." Ich konnte es nicht bleiben lassen, daran zu erinnern, wie groß die Enttäuschung war, als Kardinal Innitzer, Wiens Erzbischof, beim Einzug Hitlers die Hakenkreuzfahne auf dem bischöflichen Palais, in der Nähe des Stephansdomes hissen ließ. Ich habe nicht vergessen können, was ich damals empfand, und ich erinnere mich, dass mir die Worte Kierkegaards einfielen - über das Christentum, welches das Christentum tötet. Pater Born ließ mir Zeit, mich wieder zu beruhigen und versuchte dann, mir einiges zu erklären: Der Kardinal hatte gehofft, den Schlag für viele abzumildern, wenn er einen vermittelnden Weg einschlug. Er sah jedoch bald ein, dass er auf diesem Weg nicht vorwärts kommen würde, und beschloss den sofortigen Rückzug. Dies geht ja auch ganz deutlich aus der Antwort hervor, die er daraufhin bekam. Aufgehetzte Nationalsozialisten stürmten das Palais des Erzbischofs, einer der Priester wurde durch das Fenster hinausgeworfen, Bilder wurden durchbohrt und Skulpturen zerschlagen. - „Soweit mir bekannt ist, sind es die einzigen Engel, die enthauptet wurden", soll Innitzer gesagt haben. Der Kardinal war damals selbst nicht antreffbar. Hätten ihn die Horden gefunden, wäre es vermutlich schlimm für ihn ausgelaufen. (Ich bemerkte, dass wenn ich, vermutlich ein wenig ehrfurchtslos, nur von „Innitzer" sprach, Pater Born stets mit „der Herr Kardinal" antwortete.)

„Keiner war so eifrig, unsere Hilfsaktionen zu stützen wie er", fuhr Pater Born fort. „Wenn es um Opfer des Nationalsozialismus ging, bat man nie vergebens, ob es sich nun um Schriftstücke, andere Bemühungen oder Geld handelte. Um viel Geld handelte es sich meistens. Einmal war der Herr Kardinal zugegen, als wir von hungernden Menschen aufgesucht wurden, solchen, die sich verborgen halten mussten und deshalb keine Lebensmittelkarten hatten. Der Kardinal verschwand und kam wieder, die Hände voll mit Lebensmittelkartenabschnitten, die er sich aus der Küche geholt hatte. Hinter ihm her sprang eine verschreckte Schwester, die darum bat, wenigstens ein paar von den Lebensmittelmarken zurückzubekommen - sie hätte sonst kein Essen für das Personal."

Im Anschluss an zwei große Innenhöfe, in der ehemaligen Kutscherwohnung des erzbischöflichen Palais wurden einige enge Büroräume eingerichtet, wo man relativ unbemerkt arbeiten konnte und wo verfolgte Personen hineingelangen konnten, ohne Aufmerksamkeit zu erregen. In einem der inneren Räume, abgetrennt durch einen alten Brokatvorhang, wurden Pläne geschmiedet, heimliche Gruppen gebildet, Maßnahmen erwogen, Aufträge abgeholt. Eine unserer Mitarbeiterinnen war Quäker, übrigens eine ihrer Landsleute, Malla Horn-Granat - wir nannten sie immer „unsere Malla". Sie war mutig, fast tollkühn, nahezu dreist, sie weigerte sich einfach, die Gefahr anzuerkennen. Die schwedische Staatsbürgerschaft gab ihr einen gewissen Schutz. Anfang 1944 wurde sie jedoch ausgewiesen. Ihre gute Freundin und treue Mitarbeiterin, die Schweizerin Rita Baechler, musste im Herbst des gleichen Jahres Österreich verlassen. (Sie hat es mir selbst erzählt, dass sie einen Wink von Pater Born erhielt, sich in den nächsten Zug zu setzen und nach Hause zu fahren. Das war unmittelbar, bevor die Gestapo eintraf, um sie abzuholen.)

Man verstand, welch verantwortungsvollen Posten der Leiter eines solchen Rettungskorps hatte - es galt ja auch, so weit wie möglich, die Mitarbeiter zu schützen. Schon aus reinen Sicherheitsgründen - ein Name, durch Folter herausgepresst, konnte den Anfang von Reihen dahingemähter Toter bedeuten. Der Versuch, einige Opfer aus den Krallen des Drachen zu befreien, bedeutete, dass man selbst von den Krallen zerfleischt werden konnte. Wiederholt erschienen von ihrem Gewissen gedrängte Menschen und baten darum, helfen zu dürfen.

Eine Glocke rief nach Pater Born und ich beeilte mich, aufzubrechen. Der Besuch hatte schon lange genug gedauert. Das Gespräch wollten wir am nächsten Abend im Caritasverband fortsetzen, wo Schwester Verena jetzt tätig war.

Auf dem Heimweg durch die Innenstadt, mit ihren engen, winkeligen Gassen, tauchte plötzlich eine Kindheitserinnerung in mir auf. Es ging da um den Bericht des Feldschers, die Szene, wo der schreckliche Pater Hieronymus, ein Jesuit, hinter dem Bettvorhang versteckt war. Dorthin hatte Regina von Emmeritz ihn in der Hoffnung geführt, dass er den König zum rechten Glauben zurückführen könnte. Beim Lesen des Buches wurde man damals von den verschiedensten Gefühlen hin und her gerissen. Man erstarrte vor Schreck bei dem Gedanken an den undurchsichtigen Pater und fühlte Stolz über den König, der in ein zorniges Donnerwetter ausbrach. Gleichzeitig identifizierte man sich natürlich mit Regina, die den König liebte, und auf ein einsames Schloss nach Finnland verbannt wurde. Dort sang und betete sie: „Maria, schone sein Leben, seine Krone. Lass mich mit meinem Leben seine Sünden büßen."

Ich vermute, dass das Wort „Jesuit" solche Assoziationen in mir hervorbrachte. Der Jesuitenpater, den ich soeben getroffen hatte, hatte nichts mit dem dämonischen Hieronymus von Topelius gemeinsam. Pater Born sah fast wie ein Schwede aus. Er war lang, hell und kräftig. Denkt man sich ihn mit dickem Bauch und Schnurrbart, gleicht er eher einem Bild vom Heldenkönig.

xxxxxxx

Ich gäbe viel darum, wenn ich Schwester Verena so richtig lebendig darstellen könnte. Während ihrer Arbeit zur Hitlerzeit war sie gezwungen, das Ordenskleid abzulegen und sich zivil zu kleiden. Auf die beiden Damen Malla Horn und Rita Baechler, die sie von Anfang der vierziger Jahre kannten, machte Schwester Verena den Eindruck einer vornehmen Wienerin. Im „Stall" hing ein Bild von Giorgione, „Il concerto", eine Reproduktion in schwarz-weiß, und in der dunklen Beleuchtung fanden alle, dass die Mittelfigur in ihrer herben Schönheit – mit den Händen auf den Tangenten und dem Blick von der Orgel abgewendet - an Schwester Verena (Abb. S. 282) erinnerte.

Mein Eindruck von Schwester Verena ist natürlich ein ganz anderer, da sie nun immer in Ordenstracht gehen konnte und sich auch die äußeren Verhältnisse völlig verändert hatten. Für mich glich sie am ehesten einer Frauengestalt aus Österreichs Bergbevölkerung mit ihrem breiten, ausdrucksvollen Gesicht. Auch ihre Art, sich zu bewegen, erinnerte mich an die Gebirgsbewohner. Für einen guten Scherz war Schwester Verena jederzeit zu haben, da leuchteten ihre klugen und wachen Augen auf. Sie war ein Mensch, der das Böse im Menschen gesehen, der Hungerjahre und Todesnähe überwunden und der nach einem mühevollen Weg den Blick für das Große und Weite bekommen hatte. Es schien, als arbeitete sie ziemlich selbständig, auf ihre eigenen Eingebungen hörend und mit großem Gottvertrauen - „der liebe Gott wird's schon wissen." Das Einverständnis und die Gewissensverantwortung gegenüber ihren Oberen behielt sie dabei aber immer im Auge.

Ich konnte sie mir übrigens in verschiedenen Rollen vorstellen und war keineswegs verwundert, als ich hörte, dass Schwester Verena in früher Jugend davon geträumt hatte, Schauspielerin zu werden. Es gab viele Berichte über sie. Sie war auf Krankenbesuch beim Kabarett-Schauspieler Schlesinger, einem ausgezeichneten Charakterdarsteller im komischen Fach. Nun war er in Hitlers Getto gelandet, wo er einem raschen Verfall entgegenging. Er war gezeichnet durch Hunger, Kälte und Erniedrigungen, seine Augen glichen zwei tiefen Brunnen, von seinen Zähnen waren nur noch zwei verblieben.

Allem zum Trotz sang und deklamierte er manchmal, wobei Schwester Verena sein einziger lachender und applaudierender Zuhörer war. „Mein Traum war einmal eine tragische Rolle zu spielen, etwas, das sich ja alle Komiker wünschen", - vertraute er Schwester Verena an, die stets mit besonderem Interesse seinen Theatererlebnissen zuhörte. - Er ahnte ja nicht, dass das Bühnenleben einstmals ihr eigener großer Traum war. Nun schenkte sie ihm Trost, galt es doch, über die ärgste Zeit hinwegzukommen, wie sie sagte.

„Später werden wir Ihnen eine gut sitzende Zahnprothese und neue, gutsitzende Kleider beschaffen. Da eignen Sie sich dann vielleicht für eine tragische Rolle, so mager, wie Sie nun geworden sind." Und gemeinsam vertieften sie sich auf der Suche nach einer auf ihn passenden Rolle. Es war die Wirklichkeit jedoch, die ihm diese Rolle zuteilte.

Die nächste Szene. Der Krieg war vorüber. Das Innere des Stephansdomes war kahl und ausgebrannt. In letzter Stunde hatte eine Bombe das Hilfsbüro im erzbischöflichen „Stall" in Trümmer gelegt. Die Russen waren einmarschiert. Schwester Verena war es geglückt, auf dem Land eine ansehnliche Wurst aufzutreiben, die für eine Reihe ihrer hungernden Schützlinge reichen sollte. Plötzlich erschien die Siegermacht, in Gestalt eines russischen Soldaten, in der erzbischöflichen Küche und versuchte ihr die Wurst zu entreißen. Unerschrocken verteidigte sich Schwester Verena, hielt das eine Ende der Wurst fest und klatschte dem Russen eine, wie man es eben mit einem ungezogenen Buben macht.

„Hände weg, das ist meine Wurst", erklärte sie im Brustton der Überzeugung, unbeeindruckt von dem aufgepflanzten Bajonett, „Du eine - wir viele Kameraden", erklärte der Russe mit Hilfe der Zeichensprache. Schwester Verena antwortete ihm, ebenso unbegreiflich in ihrem Wienerisch, dass auch sie die Wurst für viele brauche. Schließlich einigte man sich; jeder bekam die Hälfte. „Adieu, Babuschka", sagte der Russe und winkte zum Abschied. Als mir das erzählt wurde, konnte ich mir Schwester Verena so richtig vorstellen. So mütterlich, wie sie war, glich sie eben auch einer russischen Mutter, einer „Babuschka", fest verankert im irdischen Leben, hin und wieder den Blick auf das Licht vor der Ikonenmadonna gerichtet, sie, die Glück und Frieden im nächsten Leben verspricht.

Alle diese Bilder reichen jedoch nicht aus, das spüre ich. Es ist da noch ihre echte, tiefe Frömmigkeit, die von einem Außenstehenden so schwer zu erfassen ist. Diese echte Frömmigkeit, die ihr den felsenfesten Grund für ihre Sicherheit und Freiheit gab. Andererseits konnten sich ihre weltlichen Freunde manchmal über ihre Ergebenheit aufregen. Eine ihrer Mitarbeiterinnen im „Stall" empörte sich offen darüber, dass Schwester Verena nach Abschluss der gemeinsamen Arbeit ihre Zukunft vorbehaltlos in den Dienst des Ordenslebens stellen wollte, wohin auch immer dieser Weg sie führen sollte. Sie hatten so lange frei miteinander gearbeitet, dass diese Unterwerfung für die Kameradin unbegreiflich blieb, und sie dies Schwester Verena auch sagte. Schwester Verena kam nie aus dem Gleichgewicht, sie lächelte nur und nickte. „Ja, und müsste es sein, so würde ich auch mit der Zahnbürste Treppen scheuern", beteuerte sie. „Das sagt sie hauptsächlich, um uns herauszufordern", brummte die Mitarbeiterin.

Während des letzten schlimmen Kriegsjahres verdichteten sich die Gefahren immer mehr. Für die Organisation „K" wurde die Arbeit immer schwerer. Sie wurde nicht nur gefährlicher, sondern auch oft unbefriedigend. Man sah auch mehr und mehr ein, wie teuflisch die Lage war, besonders als die Deportationen immer mehr zunahmen. Verzweifelte Verwandte und Freunde suchten Hilfe für Menschen, die sich zum Abtransport einzufinden hatten. Man verhandelte unter großer Spannung, trieb Geld auf und es gelang, den einen oder anderen freizukaufen - nur um dann zu entdecken, dass die perfekte Gestapo Administration die entstandene Lücke mit irgendeinem anderen auffüllte: Die Anzahl musste stimmen.

Da galt es wieder neue Wege zu finden. Die Bedrohten mussten früh genug über die Grenze gebracht werden, oder aber man ließ sie, als letzten Ausweg, einfach als „U-Boote" untertauchen. Wenn die Verfolgten nicht ausgesprochen jüdisch aussahen, konnte man sie mit neuen Identitätspapieren ausrüsten, ohne diesen gefährlichen roten Todesstempel „J". Sie brauchten dann nicht mehr den gelben Judenstern zu tragen und konnten deshalb über die Grenze nach Deutschland gehen, versehen mit Adressen von zuverlässigen Freunden. Ein besonders gefährdetes junges Mädchen, ich glaube, sie war eifrige Pazifistin, erhielt Fahrkarte, Geld und die Adresse von einem Kloster, ganz oben in den Bergen, nahe der Grenze zur Schweiz. Sie war eine gute Skifahrerin. Die vorher benachrichtigten Mönche begleiteten sie dann in dem unwegsamen Skiterrain über den ihr unbekannten Pass. Als die Mönche Abschied von ihr nahmen, und das Mädchen sich, mit eingehenden Wegbeschreibungen versehen, einsam durch den ewigen Schnee kämpfen sollte, fühlte es sich ziemlich ausgestoßen. Der Weg zurück führte mit Sicherheit in einen qualvollen Tod - und da zog es doch die weiße, stille Einsamkeit hier oben vor. Dieser Gedanke tröstete es und gab ihm Kraft, erzählte das Mädchen, nachdem es glücklich im anderen Land angekommen war.

Eine schwerwiegende Aufgabe war die Unterbringung verfolgter „U-Boote" in leeren Gartenlauben und vergessenen Abstellräumen, mit Hilfe mutiger Familien. Neben der Gefahr, der sich die Familien aussetzten, bedeutete die Einquartierung auch einen Esser mehr - eine Person ohne Lebensmittelkarte. Zum Beispiel wohnte die Witwe eines weltbekannten Architekten viele Jahre versteckt in einer Kammer neben der Küche, bei ihrem ehemaligen Dienstmädchen, ohne das Versteck auch nur einen Augenblick verlassen zu können. - So überlebte sie die Ausrottung unter Hitler. Die Organisation „K" musste in vielen bedrohlichen Fällen eingreifen. Immer wieder galt es, neue Verstecke und Essvorräte zu beschaffen. Auch die Deportierten erhielten auf heimlichen Wegen Nahrungsmittel und Pakete. - Es dauerte oft lange, ehe man mehr von ihrem Los wusste.......

Ein nahezu noch größeres Problem als eine Geburt waren Krankheit oder Tod eines „U-Bootes". Wie konnte man die notwendige Arzthilfe bekommen? Und wie konnte man den Leichnam verschwinden lassen? In letzterem Fall schaufelte man nachts, voll Furcht und Beben, als gelte es das größte Verbrechen, mit der Hand die Erde aus, meist im Keller oder in dunklen Gartenecken, wenn es solche gab. Und so waren da noch alle die Menschen, denen man bis zu den überfüllten Gefangenentransporten folgte, Menschen, die man kennen und schätzen gelernt hatte. Mit aller erdenklichen Macht und Mühe hatte man versucht, sie zu retten und musste dann doch feststellen, dass die Gestapo stärker war. Die Ohnmacht würgte sie und drohte ihre Kräfte völlig zu brechen. „Wir hörten danach nichts mehr von ihnen."
Das Dasein zu dieser Zeit spielte sich in einem eigenartigen Licht ab - so sagten die, die mit dabei waren. Es war, als lebte man in der lebensfeindlichen Dämmerung einer Sonnenfinsternis. Einmal wurden die Menschen zum Tode verurteilt wegen der ganz einfachen Ursache,

weil sie lebten - ein Hohn auf das Leben selbst - zum anderen aber wurden auch ganz normale Reaktionen wie Rechtsgefühl, Hilfsimpulse, Freundschaft, gewöhnliche nette Mitmenschlichkeit als verbrecherische Handlungen gestempelt, die zu begehen, unerhört großen Mut erforderte. Ich konnte es nicht unterlassen, Schwester Verena zu fragen - und es waren viele mit ihr - „Sagt mir, wie konntet Ihr so viel wagen?" - Sie machte nur eine typische wienerische, abwinkende Geste, die genau das ausdrückte, was so ein Ausruf bei uns in Schweden bedeutet - „Das ergab sich einfach so. Man konnte gar nicht anders. "Eine Schwedin, die am polnischen Widerstandskampf teilgenommen hatte und dabei oft in Lebensgefahr schwebte, sagte so etwas Ähnliches, einen Engländer zitierend: „After all, it was a splendid time."

Worte können alltäglich wirken, sie bekommen ein besonderes Gewicht, wenn man gleichzeitig im Archiv in Dokumenten liest, wie ein junger katholischer Priester am 22. März 1944 (Karfreitag) in der Sakristei verhaftet wurde, gerade für diese oben erwähnten „Verbrechen". Er kam in das gefürchtete Konzentrationslager Mauthausen. Man riss ihm die Kleider herunter, fesselte ihn an das Fensterkreuz, und folterte ihn. Genau ein Jahr später, am 22. März 1945 - die Alliierten standen schon auf Österreichs Boden - wurde er ermordet. All das wird nun wieder hervorgeholt, mit Beweismaterial systematisch geordnet und niedergeschrieben - jetzt, zwanzig Jahre danach. Es ist, als würde man eine entzündete Wunde öffnen und säubern, damit sie dann heilen kann. Wenn man bei Ausgrabungen die schlechte verdorbene Luft einatmen muss, weil vorher keine ausreichende Entwässerung angelegt worden war, so kommt ja auch hierbei ein großer Teil des edlen Materials zutage. Dieser Gedanke drängt sich mir auf.

In diesem Zusammenhang habe ich das Bedürfnis, etwas über den Einsatz der Schwedischen Israelmission zu sagen, den diese gemeinsam mit den Quäkern und der Organisation „K" leistete. Umso mehr, als die protestantische Kirche in Wien im großen und ganzen den Lockungen des Nationalsozialismus unterlag, mit Ausnahme des Pfarrers Rieger und einiger für mich unbekannter Mitglieder, die sich in Opposition zu ihren Vorgesetzten stellten. Die Tatsache steht fest, dass die protestantischen Hauptkirche, den mit dem gelben Stern gezeichneten Gemeindemitgliedern den Zutritt zum Gottesdienst verweigerte, auch wenn diese bereits in der Gemeinde geboren waren. Von einigen, sich dieser Handlungsweise schämenden Mitgliedern, wurden die Ausgestoßenen an die Schwedische Israelmission verwiesen.

Dort wurden sie selbstverständlich aufgenommen. Der damalige Pfarrer Göte Hedenquist begann sofort mit der Rettungsaktion. Er gehört zu den relativ wenigen, die frühzeitig erkannten, dass ihr Leben auf dem Spiel stand, und er arbeitete intensiv daran, Einreisebewilligungen in neutrale Länder zu beschaffen oder wenigstens Aufenthaltsbewilligungen, bis es gelang, Visa für Amerika, Australien oder dem Fernen Osten zu erhalten.

Es war eine zähe, oft deprimierende Arbeit, kaum von irgendeiner Seite erwünscht - denn außerhalb des Hitlerreiches verstand man noch nicht, dass es um eine Frage auf Leben und Tod ging. Hedenquist musste viele Reisen von Land zu Land unternehmen, um die lebensrettenden Papiere zu erbetteln. So komisch es sich anhört - ergab sich bei diesen Unternehmungen eine Zusammenarbeit mit Eichmann, dessen erstes Ziel es war, sein „Revier Österreich-Ungarn" „judenrein" zu bekommen.

Nur heraus aus dem Land, wohin auch immer - waren die Grenzen einmal geschlossen, verblieb nur noch der Weg in die Gaskammer. Anfangs war es noch möglich, einen Stoß Pässe vorzulegen und sie für die Ausreise gestempelt zu bekommen. Hedenquist gelang es sogar, den Machtkampf zwischen Eichmann und Himmler für seine Zwecke auszunutzen. Wenn er Eichmann zögernd fragte, ob er vielleicht beim Reichsführer SS Himmler die Erlaubnis einholen müsste, unterschrieb Eichmann augenblicklich, um zu demonstrieren, dass er es war, der hier zu bestimmen hatte.

Langsam aber sicher wurde der Riemen immer enger geschnallt, und die Verhältnisse im Land wurden schlimmer und schlimmer. Die Mission wurde einer Hausdurchsuchung durch die Gestapo unterzogen. Das Personal hatte sich an der Wand aufzustellen und wurde von bewaffneten Soldaten bewacht. Kurz darauf wurden alle Ausländer ausgewiesen und die Mission geschlossen. Nun blieben einzig und allein die Organisation „K" und ähnliche Hilfskorps übrig, die die letzten Jahre buchstäblich das blanke Schwert als ständige Todesdrohung über sich hängen hatten.

Gesetzliche Regelungen und Verordnungen Juden betreffend
diese Bestimmungen trafen im Wesentlichen
auch auf rassische Mischlinge zu

POLIZEIVERORDNUNG
ÜBER DIE KENNZEICHNUNG DER JUDEN
VOM 1. SEPTEMBER 1941

Auf Grund der Verordnung über die Polizeiverordnungen der Reichsminister vom 14. Nov. 1938 (RGBl. I Seite 1582) und der Verordnung über das Rechtssetzungsrecht im Protektorat Böhmen und Mähren vom 7. Juni 1939 (RGBl. I S. 1039) wird im Einvernehmen mit dem Reichsprotektor in Böhmen und Mähren verordnet:

§ 1.
1) Juden (§5 der Ersten Verordnung z. Reichsbürgergesetz vom 14. XI. 1935 RGBl. I S. 1039), die das 6. Lebensjahr vollendet haben, ist es verboten, sich in der Öffentlichkeit ohne Judenstern zu zeigen.
2) Der Judenstern besteht aus einem handtellergrossen schwarz ausgezogenen Sechsstern aus gelbem Stoff mit der schwarzen Aufschrift „Jude". Er ist sichtbar auf der linken Brustseite des Kleidungsstückes fest aufgenäht zu tragen.

§ 2.

Juden ist es verboten

a) den Bereich ihrer Wohngemeinde zu verlassen, ohne eine schriftliche Erlaubnis der Ortspolizei-Behörde bei sich zu führen.

b) Orden, Ehrenzeichen und sonstige Abzeichen zu tragen.

§ 3.

Die §§ 1 und 2 finden keine Anwendung

a) auf den in einer Mischehe lebenden jüdischen Ehegatten, sofern Abkömmlinge aus der Ehe vorhanden sind und diese nicht als Juden gelten, und zwar auch dann, wenn die Ehe bereits nicht mehr besteht oder der einzige Sohn im gegenwärtigen Kriege gefallen ist.

b) auf die jüdische Ehefrau bei kinderloser Mischehe während der Dauer der Ehe.

§ 4.

1) Wer dem Verbot der §§ 1 und 2 vorsätzlich oder fahrlässig zuwiderhandelt, wird mit Geldstrafe bis zu RM 150,- oder mit Haft bis zu 6 Wochen bestraft.

2) Weitergehende polizeiliche Sicherheitsmaßnahmen sowie Strafvorschriften, denen eine höhere Strafe verwirkt ist, bleiben unberührt.

§ 5.

Die Polizeiverordnung gilt auch im Protektorat Böhmen und Mähren mit der Maßgabe, dass der Reichsprotektor in Böhmen und Mähren die Vorschrift des § 2 Buchst. a. den örtlichen Verhältnissen im Protektorat Böhmen und Mähren anpassen kann.

§ 6.

Die Polizeivorordnung tritt 14 Tage nach ihrer Verkündigung in Kraft.

Berlin, den 1. September 1941
Der Reichsminister des Inneren   Im Auftrage Heydrich

ALLGEMEINE VORSCHRIFTEN

EV. 20.5.1938 RGBl. I S. 594, öGBl. Nr.150/1938, Art. I; G. 15.9.1935, RGBl. I S. 1146 (Reichsbürgergesetz), öGBl. Nr.150/193. 1.V. 14.11.1935, RGBl. I S. 1333, ÖGBl. Nr. 150/1938. 9. V 5 5 1939, RGBl. I S. 891, öGBl. Nr. 618/1939. 10.V. 4.7.1939 RGBl. I S. 1097. - Slg. I a 12 und I a 13 S. 1 und 29.

Das ns. Recht scheidet die Juden von der Bevölkerung deutsch oder artverwandten Blutes (s.d.) und unterwirft sie in vielfacher Beziehung einer Sonderstellung. Diese Regelung beruht auf den sog. Nürnberger Rassengesetzen. Von diesen Gesetzen enthält das Reichsbürgergesetz mit den hierzu ergangenen oben angeführten V. die Grundsätze für die Scheidung, während die Verhinderung künftiger weiterer Vermischung den Inhalt des Gesetzes zum Schutz des deutschen Blutes und der deutschen Ehre samt AV. (s. „Blutschutzgesetz") bildet. Nach den reichsbürgerrechtlichen Grundsätzen erfolgt die Scheidung nicht auf konfessioneller, sondern auf rassemäßiger (biologischer) Grundlage.

Unterschieden werden von der Bevölkerung deutschen oder artverwandten Blutes neben den Juden auch noch die jüdischen Mischlinge (s.d.). Jude (Par. 5 der 1.DV. z. Reichsbürgergesetz) ist einerseits (Abs. 1 des Par. 5), wer von mindestens drei der Rasse nach volljüdischen Großeltern abstammt (Dreivierteljude, Volljude), und als Jude gilt andererseits (Abs. 2 des Par. 5), wer von zwei solchen Großeltern abstammt, Staatsangehöriger ist und außerdem unter eine der folgenden Bestimmungen fällt (Geltungsjude, nämlich entweder - a) am 16.9.1935 der jüdischen Religionsgesellschaft angehört hat (u.zw. rechtlich· ERk.d.VwGH. A 86/39) oder danach in sie aufgenommen wird oder - b) am 16.9.1935 mit einem Juden verheiratet war (ausgenommen, dass die Ehe damals von Tisch und Bett geschieden bzw. getrennt war und seither keine Wiedervereinigung erfolgt ist) oder sich danach mit einem Juden verheiratet oder - c) aus einer Ehe mit einem Dreiviertel - oder Volljuden stammt, die nach dem 17.9.1935 geschlossen ist oder - d) aus dem außerehelichen Verkehr mit einem Dreiviertel- oder Volljuden stammt oder nach dem 31.7.1936 außerehelich geboren wird. - Bei der Prüfung der Abstammung gilt ein Großelternteil ohneweiters als volljüdisch, wenn er der jüdischen Religionsgemeinschaft angehört hat.

Befreiungen von diesen und den sonstigen Vorschriften der Ausführungsverordnungen zum Reichsbürgergesetz kann nur der Führer und Reichskanzler erteilen.

Alle Staatsangehörigen und staatenlosen Juden, die ihren Wohnsitz oder gewöhnlichen Aufenthalt im Reichsgebiet haben (auch solche, die in einer Mischehe leben, wenn die Abkömmlinge aus der Ehe als Juden gelten oder wenn der Mann der jüdische Teil ist und Abkömmlinge nicht vorhanden sind), sind in der „Reichsvereinigung der Juden in Deutschland" mit dem Sitz in Berlin zusammengeschlossen. Diese Vereinigung ist ein rechtsfähiger Verein, der sich als örtliche Zweigstelle der jüdischen Kultus-Vereinigungen bedient.

Zweck der Vereinigung ist, die Auswanderung der Juden zu fördern; außerdem ist sie Träger des jüdischen Schulwesens und der freien jüdischen Wohlfahrtspflege. Die von der Vereinigung unterhaltenen Schulen sind Privatschulen. Als Träger der freien jüdischen Wohlfahrtspflege hat sie nach Maßgabe ihrer Mittel hilfsbedürftige Juden so ausreichend zu unterstützen, dass die öffentliche Fürsorge nicht einzutreten braucht, und Vorsorge zu treffen, dass für anstaltspflegebedürftige Juden ausschließlich für sie bestimmte Anstalten zur Verfügung stehen. In den Reichsgauen der Ostmark kommen diese Aufgaben der Wiener israelitischen Kultusgemeinde zu.

Im einzelnen äußert sich die Sonderstellung der Juden vor allem in bestimmten allgemeinen Vorschriften, von denen die wichtigsten im folgenden angeführt sind, außerdem aber auch noch in den Vorschriften, die unter „Juden, Ausscheidung aus dem Berufsleben" und „Juden, vermögensrechtliche Vorschriften" wiedergegeben sind.

AUFTRETEN IN DER ÖFFENTLICHKEIT;
KENNZEICHNUNG (JUDENSTERN)

PV. 28.11.1938 RGBl. I S. 1076
(Auftreten der Juden in der Öffentlichkeit),
öGBl. Nr. 622/1938; PV. 1.9.1941 RGBl. I S. 547
(Kennzeichnung der Juden). - Slg I f 4.

Juden, die das 6. Lebensjahr vollendet haben, ist es verboten, sich in der Öffentlichkeit ohne einen Judenstern, der sichtbar auf der linken Brustseite des Kleidungsstückes fest aufgenäht zu tragen ist, zu zeigen; ferner ist es Juden verboten, den Bereich ihrer Wohngemeinschaft zu verlassen, bzw. die Erlaubnis der Ortspolizeibehörde (in Wien der Zentralstelle für jüdische Auswanderung, 1. Prinz Eugenstrasse 22) bei sich zu führen, sowie Orden, Ehrenzeichen und sonstige Abzeichen zu tragen.

Diese Bestimmungen finden keine Anwendung auf den in einer Mischehe lebenden jüdischen Ehegatten, sofern Abkömmlinge aus der Ehe vorhanden sind und diese nicht als Juden gelten (u.zw. auch dann, wenn die Ehe nicht mehr besteht oder der einzige Sohn im gegenwärtigen Kriege gefallen ist), sowie auf die jüdische Ehefrau bei kinderloser Mischehe während der Dauer der Ehe. Außerdem können Staatsangehörigen und staatenlosen Juden vom Reichsstatthalter räumliche und zeitliche Beschränkungen des Inhalts auferlegt werden, dass sie bestimmte Bezirke nicht betreten oder sich zu bestimmten Zeiten in der Öffentlichkeit nicht zeigen dürfen.

An solchen Beschränkungen wurden, zum Teil auch durch sonstige Vorschriften, in Wien den Juden unter anderm auferlegt: ein Ausgehverbot während der Monate April bis September für die Zeit von 21 bis 5 Uhr und während der übrigen Monate von 20 bis 6 Uhr (Befreiungen aus zwingenden Gründen auf Ansuchen bei der Staatspolizeileitstelle, für die in Mischehe lebenden Jüdinnen, deren

Ehemann oder Sohn im Felde steht, auf Ansuchen beim Polizeiamt), das Verbot des Betretens bestimmter Parkanlagen, das Verbot des Besuches von Unterhaltungsstätten aller Art: Kinos, Theater, Konzerte, kulturelle Ausstellungen, Tanzvorführungen, Sportveranstaltungen u. dgl.) sowie das Verbot des Besuches solcher Gast- und Kaffeehäuser, deren Inhaber den Wunsch, keine jüdischen Gäste zu haben, durch entsprechende Aufschriften zum Ausdruck gebracht haben.

BESCHÄFTIGUNG
V. 3.10.1941. RGBl. I S. 675
(Beschäftigung von Juden); DV. 31.10.1941 RGBl. I S. 681.

Juden, die in Arbeit eingesetzt sind, stehen in einem Beschäftigungsverhältnis eigener Art, für das die folgenden Bestimmungen gelten: Niemals können Juden Mitglieder einer deutschen Betriebsgemeinschaft sein; die Gesetze zur Ordnung der nationalen Arbeit, zur Ordnung der Arbeit in öffentlichen Verwaltungen und Betrieben und über die Heimarbeit und über die Lohnzahlungen an Feiertagen finden auf ihr Beschäftigungsverhältnis keine Anwendung.

Über Streitigkeiten, die sich aus dem Beschäftigungsverhältnis ergeben, entscheidet eine besondere, mit einem Richter besetzte Spruchstelle gegen deren Entscheidung ein Rechtsmittel nicht gegeben ist. Die von den Arbeitsämtern zugewiesenen Beschäftigungen haben Juden stets anzunehmen. Jüdische Beschäftigte sind von der übrigen Gefolgschaft getrennt zu halten und bei Einsatz außerhalb des Heimatortes in gesonderten Unterkünften unterzubringen.

Als Lehrlinge oder Anlernlinge dürfen Juden weder vermittelt noch beschäftigt werden. Für jüdische Beschäftigte im Alter von 14 bis 18 Jahren gelten die Vorschriften über die Arbeitszeit der Erwachsenen. Die Vorschriften über die Beschäftigung Schwerbeschädigter finden auf Juden nur insoweit Anwendung, als es sich um Schwerkriegsbeschädigte handelt.

Die Vorschriften der Reichsversicherung gelten für jüdische Beschäftigte bis zum Erlass besonderer Bestimmungen zunächst weiter. Sofern es sich nicht um Juden in Mischehen handelt, auf die die oben unter „Auftreten in der Öffentlichkeit; Kennzeichnung (Judenstern)" angegebenen Voraussetzungen zutreffen, oder aber auch der Beschäftigungsgeber Jude ist, gilt außerdem noch folgendes: Anspruch auf Lohn besteht nur für die tatsächlich geleistete Arbeit, nicht auch bei Krankheitsfällen, Urlauben u. dgl. Auf Zuschläge für Sonn- und Feiertagsarbeit oder Überstundenarbeit besteht kein Anspruch. Familien- oder Kinderzulagen, Geburten- oder Heiratsbeihilfen, Sterbegelder u. dgl. oder Leistungen aus Anlass der Niederkunft dürfen nicht gewährt werden.

Der Beschäftigungsgeber kann das Beschäftigungsverhältnis - abgesehen von den Fällen der fristlosen Entlassung - jederzeit zum Schluss des folgenden Werktages kündigen, soweit nicht besondere Vorschriften über die Kündigung auch auf das Beschäftigungsverhältnis von Juden für anwendbar erklärt sind (für die Kündigung des Beschäftigungsnehmers gelten die allgemeinen Vorschriften).

EHESCHLIESSUNG
EV. 20.5.1938, RGBl. I S. 594, öGBl. Nr.150/1938, Art. II, Par.9:
G.15.9.1935, RGBl. I. S. 1146 (Blutschutzgesetz), öGBl. Nr.150/1938,
Par.1, Par.5, Abs. 1; 1. AV. 14.11.1935
RGBl. I S. 1334, öGBl. Nr. 150/1938, Par.2, Par.5, Par.8 Abs. 1, Par.9,
Par.14-16. - Slg. I a 12 und 14.

Eheschließungen zwischen Juden und Personen deutschen oder artverwandten Blutes oder jüdischen Mischlingen 2. Grades (s.d.), sofern diese Personen Staatsangehörige oder Staatenlose sind, die ihren Wohnsitz oder gewöhnlichen Aufenthalt in Inland haben oder früher die Staatsangehörigkeit besaßen, sind verboten; Strafe: Zuchthaus.

Befreiungen kann nur der Führer und Reichskanzler erteilen. Trotzdem geschlossene Ehen sind nichtig, auch wenn sie zur Umgehung im Ausland geschlossen sind; die Nichtigkeitsklage kann aber nur der Staatsanwalt erheben. Besitzt einer der Ehepartner eine fremde Staatsbürgerschaft, so ist vor einer Versagung des Aufgebotes wegen dieses Ehehindernisses die Entscheidung des RInnMin einzuholen.

EINKAUFSZEITEN
A. WrVBl.Nr.32/1939, Z.5
(Mittagssperre im Kleinhandel mit Lebensmitteln);
B. WrVBl.Nr.136/1941 (Einkaufszeiten für Juden)

Juden, deren Lebensmittelkarten mit dem Aufdruck „J" versehen sind, dürfen Einkäufe nur während der nachstehend angeführten Zeiten tätigen.

- a) in Lebensmittelgeschäften sowie in Kleinhandelsbetrieben, in denen Lebensmittel und andere Waren feilgeboten werden: im allgemeinen in der Zeit von 12-13 und von 15-16 Uhr, bei Fleischern und Milchhändlern in der Zeit von 11-13 Uhr;
- b) in Einzelhandelsgeschäften, die andere Waren als Lebensmittel feilbieten, im 2., 9. und 20. Bezirk in der Zeit von 11-16 Uhr, in den übrigen Bezirken von 14-16 Uhr;

- c) in Handwerksbetrieben im 2., 9. und 20. Bezirk in der Zeit von 16-18 Uhr, in den übrigen Bezirken von 17-18 Uhr.

Die Gewerbetreibenden, die Waren an Juden abgeben dürfen, sind verpflichtet, außen am Geschäftslokal eine deutlich lesbare Tafel mit der Angabe der Einkaufszeiten anzubringen.
Der Verkauf von Waren an Juden außerhalb der festgesetzten Einkaufszeiten ist verboten und strafbar. Im Lebensmittelhandel dürfen Waren an Juden auch nicht zugestellt werden.

Für den Einkauf von Tabakwaren, Postwertzeichen, Zeitungen und Kurzwaren durch Juden in selbständigen Trafiken gilt im 2., 9. und 20. Bezirk die Zeit von 11-13 Uhr, in den übrigen Bezirken die Zeit von 15-16 Uhr, sofern es sich aber um Trafiken handelt, die mit einem Gewerbe verbunden sind, die für dieses festgesetzte Einkaufszeit.

FARBEN UND FLAGGEN

G. 15.9.1935 RGBl. I S. 1146
(Blutschutzgesetz), öGBl. Nr.150/1938, Par.4, Par.5 Abs. 3;
RE 7.12.1936 RMBliV. S. 1631. - I a 14.

Juden ist das Zeigen der Reichsfarben (Schwarz-Weiss-Rot) und das Hissen der Reichs- und Nationalflagge (Hakenkreuzflagge) verboten, ebenso aber auch Deutschblütigen, deren Hausgemeinschaft ein Jude angehört, bzw. die in einer jüdischen Mischehe leben.
Strafe: Gefängnis.

FÜRSORGE

V. 1911/1938, RGBl. I S. 1649 (öffentliche Fürsorge für Juden),
öGBl. Nr.641/1938. - Slg. IVc 9. - G. öGBl. Nr.181/1939
(Abänderung des Kleinrentnergesetzes), Par.7. - Slg. IVc. 10. -
10. Verordnung (z. Reichsbürgergesetz) 4.7.1939 RGBl. I S. 1097,
Par.12.

Juden sind im Fall der Hilfsbedürftigkeit zunächst auf die Hilfe der jüdischen, freien Wohlfahrtspflege zu verweisen, deren Träger die Reichsvereinigung der Juden, bzw. in den Reichsgauen der Ostmark die Wiener Israelitische Kultusgemeinde ist (s. oben „Einleitung zu Allgemeine Vorschriften"), und erst, soweit diese nicht helfen kann, greift die öffentliche Fürsorge nach besonderen Bestimmungen ein. Die Voraussetzungen der Hilfsbedürftigkeit sind streng zu prüfen. Die Vorschriften über die Kleinrentner (s. diese) gelten nicht für Juden.

GESCHLECHTSVERKEHR, AUSSEREHELICHER
EV. 20.5.1938 RGBl. I S. 594, öGBl. Nr.150/1938,
Art.II, Par.9; G. 15.9.1935 RGBl. I S. 1146 (Blutschutzgesetz),
öGBl. 150/1938, Par.2, Par.5 Abs. 2;
1.AV. 14.11.1935 RGBl. I S. 1334,
öGBl. Nr.150/1938, Par.11, Par.14, Par.15;
Erg.V. zur 1.AV. 16.2.1940 RGBl. I S. 394. - Slg. I a 12 und 14.

Außerehelicher Geschlechtsverkehr zwischen Juden und Personen deutschen oder artverwandten Blutes oder jüdischen Mischlingen 2. Grades (s.d.) ist, sofern diese Personen Staatsangehörige oder aber Staatenlose sind, die ihren Wohnsitz oder gewöhnlichen Aufenthalt im Inland haben oder früher die Staatsangehörigkeit besaßen, verboten (Rassenschande).
Strafe: Gefängnis oder Zuchthaus, verantwortlich ist nur der Mann.

HITLERJUGEND
2. DV. (z. Gesetz über die Hitlerjugend)
25.3.1939 RGBl. I S. 710, Par.7. Slg. I d 11 S. 13.

Juden sind von der Zugehörigkeit zur Hitlerjugend ausgeschlossen.

KENNKARTE
V 22.7.1938 RGBl. I S. 913, öGBl. Nr. 305/1938;
3.B. 23.7.1938 RGBl. I S. 922, öGBl. Nr. 327/1938. - Slg. I b 2,
S. 31 und S. 39.

Alle Juden, die Staatsangehörige sind, gleichgültig welchen Alters, müssen mit einer Kennkarte (s.d.) versehen sein. Für neugeborene Juden ist die Ausstellung der Kennkarte innerhalb von drei Monaten nach der Geburt bei der Kreispolizeibehörde (in Wien beim Polizeiamt) des Wohnsitzes zu beantragen. Juden über 15 Jahre haben sich auf amtliches Erfordern jederzeit über ihre Person durch ihre Kennkarte auszuweisen.

Bei allen Anträgen, Anfragen und Eingaben an amtliche oder parteiamtliche Dienststellen und bei der polizeilichen Meldung haben Juden unaufgefordert auf ihre Eigenschaft als Juden hinzuweisen sowie Kennort und Kennummer ihrer Karte anzugeben bzw. im Falle des mündlichen Herantretens an die Dienststelle die Kennkarte vorzulegen; die Hinweispflicht und die Pflicht zur Angabe von Wohnort und Kennummer der Kennkarte gilt auch bei Vertretung eines Juden für dessen Vertreter (s. Foto S. 281 u. 287).

KINDERBEIHILFEN
V. 9.12.1940 RGBl. I S. 1517 (Kinderbeihilfenverordnung),
Par.1 Abs. 2. Slg. V a 3 S. 39.

Da die Gewährung von Kinderbeihilfen an die Voraussetzung deutschen oder artverwandten Blutes gebunden ist, sind Juden hiervon ausgeschlossen.

MIETVERHÄLTNIS
EV. 10.5.1939 RGBl. I.S. 906, öGBl. Nr. 607/1939;
30.4.1939 RGBl I S. 864 (Mietverhältnisse mit Juden),
öGBl. Nr. 607/1939 ErgV. 10.9.1940 RGBl. I S. 1235. - Slg II b 24.

Ein Jude kann sich, wenn es sich nur um andere Mietgegenstände als Wohnräume handelt, überhaupt nicht, sonst aber dann nicht auf den Mieterschutz berufen, wenn der Vermieter bei der Kündigung durch eine Bescheinigung der Gemeindebehörde nachweist, dass für die Zeit nach Beendigung des Mietverhältnisses die anderweitige Unterbringung des Mieters sicher gestellt ist; ist jedoch auch der Vermieter Jude, so kann sich (außer in Wien) der jüdische Mieter diesem gegenüber auf den Mieterschutz berufen.

Bei Mietverträgen, bei denen nur ein Vertragsteil Jude ist (in Wien auch wenn beide Vertragsteile Juden sind) ist die vorzeitige Kündigung durch den andern Vertragsteil unter Einhaltung einer Kündigungsfrist von drei Monaten zulässig, durch den Vermieter jedoch nur gegen Erbringung des im vorstehenden Absatz angegebenen Nachweises.

Untermietverträge dürfen Juden nur mit Juden abschließen. Auf ein vertragliches Verbot der Untervermietung kann sich der Vermieter nicht berufen, wenn auch er Jude ist.

Zur Aufnahme von Juden als Mieter oder Untermieter sind Juden, die Wohnräume als Eigentümer oder aufgrund eines Nutzungsrechts innehaben oder von Juden gemietet haben, auf Verlangen der Gemeindebehörde verpflichtet.

Spätere Kündigungen sind in solchen Fällen nur mit Genehmigung der Gemeindebehörde zulässig. Die Neuvermietung leerstehender oder freiwerdender Räume durch Juden darf nur mit Genehmigung der Gemeindebehörde stattfinden. Im Falle von Mischehen ist bei der Anwendung aller dieser Bestimmungen die Voraussetzung der jüdischen Eigenschaft von Mietern oder Vermietern dann nicht gegeben, wenn die Frau Jüdin ist oder, auch ohne dass die Ehe noch besteht, Abkömmlinge aus der Ehe vorhanden sind, die nicht als Juden gelten. Anderseits aber finden die Bestimmungen auch auf jüdische Betriebe (s.d.) Anwendung.

Bezüglich der Weitervermietung freiwerdender Judenwohnungen s. noch „Wohnungen, Vermietung" (Z.3) und „Mietzins" (A).

NAME

2. DV. (z. Namensänderungsgesetz) 17.8.1938 RGBl. I S. 1044,
öGBl. Nr. 144 ex 1939; RE 18.8.1938 RMBliV S. 1345 A
(Richtlinien für die Führung der Vornamen). - Slg. I b 22 S. 11.

Staatsangehörigen und staatenlosen Juden dürfen nur solche Vornamen beigelegt werden, die in den vom RINNMin. herausgegebenen Richtlinien aufgeführt sind. (Juden, die von früher her andere Vornamen führen, mussten vom 1.4.1939 ab zusätzlich einen weiteren Vornamen

- männliche, Israel, weibliche, Sara - annehmen und waren verpflichtet, hiervon Anzeige zu erstatten.)

Sofern es im Rechts- und Geschäftsverkehr üblich ist, den Namen anzugeben, müssen Juden auch wenigstens einen ihrer Vornamen bzw. auch den zusätzlich angenommenen Vornamen führen. Über den Widerruf früherer Änderungen von Familiennamen s. „Familienname, Bestimmung und Änderung".

POLITISCHE RECHTE
G. 15.9.1935 RGBl. I S. 1146 (Reichsbürgergesetz),
öGBl. 150/1938, Par.2; 1.V. 14.11.1935 RGBl. I S. 1333,
öGBl. Nr.150/1938, Par.4. - Slg. I a 13.

Träger der vollen politischen Rechte sind allein die Reichsbürger (s. d.). Juden können nicht Reichsbürger sein. Ihnen steht ein Stimmrecht in politischen Angelegenheiten nicht zu; sie können ein öffentliches Amt nicht bekleiden.

RECHTSBERATUNG UND VERTRETUNG
5.V. (z. Reichsbürgergesetz) 27.9.1938 RGBl. I S. 1403,1439,
öGBl.Nr.513/1938, Art. III. - Slg. II a 2 S. 5.

Zur rechtlichen Beratung und Vertretung von Juden werden von der Justizverwaltung jüdische Konsulenten (s. d.) zugelassen. Rechtsanwälte sollen die rechtliche Beratung und Vertretung von Juden nur ausnahmsweise mit Zustimmung des Gaurechtsamts der NSDAP übernehmen.

REICHSARBEITSDIENST
G. 9.9.1939 RGBl. I S. 1747 (Reichsarbeitsdienstgesetz), öGBl.Nr.
1243/1939, Par.7 Abs. 1. - Slg- IV f S. 3. - V- 17.4.1937 RGBl. I S. 469

(Musterungs- und Aushebungsverordnung), öGBl. Nr.313/1938, Par.19 Absl. - Slg. I g 17.

Juden werden zum Reichsarbeitsdienst nicht zugelassen.

REISEPASS
V. 5.10.1938 RGBl. I S. 1348, öGBl.Nr.452/1938. - Slg. I b 2 S. 41.

Alle Reisepässe von Juden, die sich im Reichsgebiet aufhalten, sind mit 7.10.1938 ungültig geworden; die Inhaber waren verpflichtet, diese Reisepässe der Passbehörde einzureichen. Später einreisende Juden hatten ihre Reisepässe ebenfalls der Passbehörde einzureichen.

Die mit Geltung für das Ausland ausgestellten Pässe, konnten wieder gültig werden, wenn sie von der Passbehörde mit einem bestimmten Merkmal versehen wurden, das den Inhaber als Juden kennzeichnet. Dieses Merkmal besteht in einem roten „J" auf der Seite 1 des Reisepasses links oben. - Gegenwärtig werden Reisepässe für Juden in der Regel nur mehr zum Zweck der Auswanderung ausgestellt.

RELIGIONSBEKENNTNIS
RE 12.6.1941 RMBliV.S. 1053 (religiöses Bekenntnis der Juden).

Juden, die aus der jüdischen Religionsgemeinschaft ausgetreten sind, haben sich als „glaubenslos" zu bezeichnen, die Bezeichnung „gottlos" dürfen sie nicht führen. (Siehe hierzu „Religionszugehörigkeit").

RUNDFUNKEMPFANG
Staatsangehörige und staatenlose Juden sind vom selbstständigen Rundfunkempfang ausgeschlossen. Eine Ausnahme besteht zu Gunsten Schwerkriegsbeschädigter jüdischer Haushaltungsvorstände, wenn weitere Juden der Hausgemeinschaft nicht angehören.

Bei Mischehen ist der selbstständige Rundfunkempfang gestattet, wenn der Haushaltungsvorstand deutschblütig ist und außer der Frau der Hausgemeinschaft weitere Juden nicht angehören, ebenso auch der jüdischen Frau, wenn der Ehemann oder ein Sohn im Felde steht. - Lebt sonst ein Deutschblütiger in häuslicher Gemeinschaft mit Juden, so ist auch dieser vom selbstständigen Rundfunkempfang ausgeschlossen.

SCHULBESUCH
10.V. (z. Reichsbürgergesetz) 4.7.1939 RGBl. I S. 1097, Par.7.

Juden dürfen nur jüdische Schulen (s. oben Einleitung zu „Allgemeine Vorschriften") besuchen. Zum Besuch dieser Schulen sind sie nach Maßgabe der allgemeinen Vorschriften über die Schulpflicht verpflichtet.

STAATSANGEHÖRIGKEIT
V. 11.7.1939 RGBl. I S. 1235 (Aberkennung der Staatsangehörigkeit und Widerruf des Staatsangehörigkeitserwerbes in der Ostmark). öGBl. Nr.892/1939, Par.3 Abs. 2. - Slg. I b 8 S. 17. - 11.V. (z. Reichsbürgergesetz) 25.11.1941 RGBl. S. 722.

Außer den auch auf Juden Anwendung findenden allgemeinen Vorschriften über die Aberkennung der Staatsangehörigkeit und den Widerruf des Staatsangehörigkeitserwerbes (s. „Staatsangehörigkeit") können noch Bescheide, mit denen Optionserklärungen, die von Juden in Österreich auf Grund des Artikels 80 des Staatsvertrages von St. Germain abgegeben worden sind, als zu Recht bestehend anerkannt wurden, bis zum 14.7.1942 ohne weiteres Verfahren für ungültig erklärt werden. Ferner gilt gemäß der Verordnung 25.11.1941 RGBL. I S. 722 die Bestimmung, dass Juden, die ihren gewöhnlichen Aufenthalt im Ausland haben, (d.h. sich im Ausland unter Umständen aufhalten, die erkennen lassen, dass sie dort nicht nur vorübergehend verweilen), nicht deutsche Staatsangehörige sein können. Demgemäß haben Juden, die bereits beim Inkrafttreten dieser Verordnung ihren gewöhnlichen Aufenthalt im Ausland hatten, mit dem Inkrafttreten der Verordnung die deutsche Staatsangehörigkeit verloren und tritt dieser Verlust seither jeweils mit der Verlegung des gewöhnlichen Aufenthaltes ins Ausland ein. Das Vermögen solcher Juden verfällt dem Reich, ebenso auch das Vermögen von Juden, die beim Inkrafttreten der Verordnung staatenlos waren und zuletzt die deutsche Staatsbürgerschaft besessen hatten, wenn sie ihren gewöhnlichen Aufenthalt im Ausland haben oder nehmen; das verfallene Vermögen soll zur Förderung aller mit der Lösung der Judenfrage im Zusammenhang stehender Zwecke dienen.

Alle Personen, die eine zu dem verfallenen Vermögen gehörige Sache im Besitz haben oder zu der Vermögensmasse etwas schuldig sind, haben dies innerhalb von sechs Monaten nach Eintritt des Vermögensverfalles dem Oberfinanzpräsidenten Berlin anzuzeigen, bei dem innerhalb derselben Frist auch Forderungen gegen das verfallene Vermögen anzumelden sind. Personen, deren Vermögen verfallen ist, können von deutschen Staatsangehörigen nichts von Todes wegen erwerben; Schenkungen von deutschen Staatsangehörigen an solche Personen sind verboten. Versorgungsansprüche von Juden, die auf Grund der obigen Bestimmung die deutsche Staatsangehörigkeit verlieren, erlöschen mit dem Ablauf des betreffenden Monats; versorgungsberechtigte Angehörige können, solange sie sich im Inland aufhalten, Unterhaltsbeiträge bis zur Höhe ihrer Versorgungsansprüche, jüdischen Angehörigen nur bis zur Hälfte dieser Ansprüche, gewährt werden.

UNIFORM, MILITÄRISCHE

FE 16.11.1938 RGBl. I S. 1611 (Entziehung des Rechts zum Tragen einer Uniform), öGBl. Nr.597/1938. V. 5.5.1939 RGBl I S. 873, öGBl. Nr.604/1939, Par.2 Nr.3. - Slg. I g 10, S. 5.

Das Recht zum Tragen der letzten militärischen Uniform kann Juden nicht verliehen werden, da eine der Voraussetzungen hierfür die deutsche oder artverwandte Abstammung im Sinne des Reichsbürgergesetzes ist. Juden von früher her zugestandene Rechte zum Tragen österreichischer Uniformen wurden allgemein entzogen.

WAFFEN UND MUNITION
V. 11.11.1938 RGBl. I S. 1573 (gegen den Waffenbesitz der Juden), öGBl. Nr.577/1938. - Slg. I b 18.

Juden ist der Erwerb, der Besitz und das Führen von Schusswaffen und Munition sowie von Hieb- und Stoßwaffen seit 13.11.1938 verboten; Strafe: Gefängnis, eventuell Zuchthaus. Die damals im Besitz von Juden gestandenen derlei Gegenstände verfielen entschädigungslos dem Reich und waren unverzüglich der Ortspolizeibehörde abzuliefern. Dasselbe gilt, wenn Juden später in den Besitz solcher Gegenstände gelangen. Für Juden fremder Staatsangehörigkeit kann der RInnMin. Ausnahmen zulassen.

WEHRDIENST
G. 21.5.1935 RGBl. I S. 609 (Wehrgesetz),
F.d.G. 26.6.1936 RGBl. I S. 518, öGBl. 313/1938, Par.15; V. 17.4.1937
RGBl. I S. 469 (Musterungs- und Aushebungsverordnung), öGBl.
Nr.313/1938, Par.19 Abs. 1 - Slg. I g 3 und 17. *(s. S. 289)*

Juden können nicht aktiven Wehrdienst leisten. Dienstpflichtige Juden werden im Frieden zur Erfüllung der aktiven Dienstpflicht nicht herangezogen, sie sind der Ersatzreserve II zuzuweisen. Besondere Dienstleistungen bleiben einer besonderer Regelung vorbehalten.

WEIBLICHE HAUSHALTSBESCHÄFTIGTE
EV. 20.5.1933 RGBl. I S. 594, öGBl.Nr.150/1938, Art.II, Par.6, Par.7; G.
15.9.1935 RGBl. I S. 1146 (Blutschutzgesetz), öGBl.Nr.150/1938, Par.3,

Par.5 Abs. 3; 1.AV. 14.11.1935 RGBl. I S. 1334, öGBl. 150/1938, Par.12, Par.13, Par.15 - Slg. I a 12 und 14.

Juden dürfen weibliche Staatsangehörige und Staatenlose deutschen oder artverwandten Blutes unter 45 Jahren in ihrem Haushalt nicht beschäftigen, wobei ein Haushalt als jüdisch gilt, wenn ein jüdischer Mann Haushaltungsvorstand ist oder zur Hausgemeinschaft gehört; Strafe: (auch für einen zuwiderhandelnden Nichtjuden!) Gefängnis. Eine Ausnahme besteht, wenn die betreffende weibliche Person bereits am 16.9.1935 in diesem jüdischen Haushalt beschäftigt war und bis 31.12.1935 das 35. Lebensjahr vollendet hatte.

JUDEN, AUSSCHEIDEN AUS DEM BERUFSLEBEN ALS ANGESTELLTER ODER ARBEITER IN ÖFFENTLICHEN DIENSTEN

E. 30.4.1938 RGBl. I S. 461 (allgemeine Dienstordnung für nichtbeamtete Gefolgschaftsmitglieder), zu Par.2 ATO Nr. 1.
V. 31.5.1938, RGBl. I S. 607 (Neuordnung des österreichischen Berufsbeamtentums), öGBl. Nr. 160/1938, samt ÄV., zuletzt 9 ÄV. 20.12.1941 RGBl. I S. 791, Par.3, Par.7 bis 15. Slg. I c 6.

Die Einstellung von Juden sowie auch mit Juden Verheirateten ist innerhalb des Reichsgebietes unzulässig. Abweichungen hiervon sind an die Zustimmung des sonst zuständigen R. Min. gebunden. Jüdische Angestellte und Arbeiter sowie auch mit Juden verheiratete Angestellte und Arbeiter sind durch eine spätestens bis zum 31.12.1942 zuzustellende Verfügung zu kündigen, wobei sie im allgemeinen Abfertigungen erhalten bzw. ihnen für den Fall der Auflösung des Dienstverhältnisses wegen Dienstunfähigkeit oder bei Erreichung eines bestimmten Alters zustehende Ansprüche auf dauernden Ruhegenuss (Rente) nach näheren Bestimmungen gewährt bleiben (Härteausgleichsmaßnahmen zulässig);

Ausnahmen, insbesondere für solche, die mit Juden nur verheiratet sind, mit Zustimmung des Leit. d. Part. Kzl. oder der von ihm bestimmten Stelle möglich.

APOTHEKER

V. 8.10.1937 RGBl. I S. 1118, F.d.V. 25.9.1939 RGBl. I S. 1939 (Bestallungsordnung), öGBl. Nr.1400/1939, Par. 6 Abs. 1 Nr. 5. - Slg. IV d 14, S. 47. - 8.V. (z. Reichsbürgergesetz) 17.1.1939 RGBl. I S. 47, öGBl. 106/1939. - Slg. I a 13, S. 25.

Juden ist die Bestallung als Apotheker zu versagen. Frühere Berechtigungen jüdischer Apotheker sind am 31.1.1939 erloschen.

ARZT, ZAHNARZT

G. 13.12.1935 RGBl. I S. 1433 (Reichsärzteordnung), öGBl. 849/1939, F.d.B. 12.6.1939 RGBl. I S. 1014, Par.3 Abs. 2 Nr.5. - Slg. IV d 17, S. 3. - 4.V. (z. Reichsbürgergesetz) 25.7.1938 RGBl. I S. 969,öGBl. 320/1938. - Slg. I a 13, S. 21.

Juden sowie auch mit Juden Verheirateten ist die Bestallung als Arzt zu versagen. In Härtefällen können Ausnahmen von RInnMin im Einvernehmen mit der Reichsärztekammer zugelassen werden.

Frühere Berechtigungen jüdischer Arzte sind am 30.9.1938 erloschen; den Betreffenden kann, wenn sie Frontkämpfer gewesen sind, bei Bedürftigkeit und Würdigkeit von der Reichsärztekammer ein jederzeit widerruflicher Unterhaltszuschuss gewährt werden.

Einzelnen solchen Ärzten kann die Ausübung des Ärzteberufes auf Vorschlag der Reichsärztekammer vom RInnMin oder der von ihm ermächtigten Stelle widerruflich, gegebenenfalls auch unter Auflagen, gestattet werden; sie dürfen, abgesehen von ihrer Frau und ihren ehelichen Kindern, nur Juden behandeln.

BEAMTER

G. 26.1.1937 RGBl. I S. 39 (Deutsches Beamtengesetz), öGBl.
Nr.587/1938, Par.25. - Slg. I c 2. - V. 31.5.1938 RGBl. I S. 607
(Neuordnung des österr. Berufsbeamtentums),
öGBl. Nr. 160/1938, samt ÄV., zuletzt 9.ÄV. 20.12.1941 RGBl. I S. 791,
Par.3, Par.8-15. - Slg. I c 6.

Juden sowie auch mit Juden Verheiratete können nicht Beamte sein;
in Einzelfällen können Ausnahmen von der obersten Dienstbehörde
im Einvernehmen mit dem RInnMin und dem Leiter der Parteikanzlei
zugelassen werden. Jüdische Beamte oder mit Juden verheiratete
Beamte sind durch eine spätestens bis 31.12.1942 zuzustellende
Verfügung nach den für den Fall der Dienstunfähigkeit geltenden
Vorschriften in den Ruhestand zu versetzen. Beamtenanwärter,
Gleichgestellte und Aspiranten gegen eine Abfertigung durch Auflösung
des Dienstverhältnisses aus dem Dienst auszuscheiden, ehrenamtlich
bestellte oder nicht hauptberuflich tätige Träger eines öffentlichen
Amtes fristlos und ohne Entschädigung zu verabschieden (in allen
diesen Fällen Härteausgleichsmassnahmen zulässig); Ausnahmen
sind, insbesondere für solche, die mit Juden nur verheiratet sind, mit
Zustimmung des Leiters der Parteikanzlei oder von ihm bestimmten
Stelle möglich.

HEBAMME

G. 21.12.1938 RGBl. I S. 1893 (Hebammengesetz),
öGBl. 2/1940, Par.7. - Slg. IV d. 23, S. 3.

Jüdinnen ist die Anerkennung als Hebamme zu versagen.

HEILPRAKTIKER

1.DV. (z. Heilpraktikergesetz) 18.2.1939 RGBl. I S. 259,
öGBl. Nr. 251/1939, Par.2 Abs. 1 P c. - Slg. IV d 5, S. 5.

Juden sowie auch mit Juden Verheirateten wird die Erlaubnis als Heilpraktiker nicht erteilt.

HILFSKRAFT IN DER GESUNDHEITSPFLEGE

8.V. (z. Reichsbürgergesetz) 17.1.1939 RGBl. I S. 47, öGBl. 106/1939, Par.121 - Slg. I a 13. S. 25. - 1.V. 15.11.1939 RGBl. I S. 2239 (Säuglings- und Kinderpflegeverordnung), Par.3 Abs. 1, Nr.1 und Abs. 3, Par.8 Abs. 3 Nr. 1 und Abs. 5. - Slg. IV d 4, S33.

Juden, die zu den Hilfskräften in der Gesundheitspflege (Par.1 Abs. 1 d. Gesetzes zur Ordnung der Krankenpflege vom 28.9.1938 RGBl. I S. 1309, öGBl. Nr. 687/1938) zählen, dürfen ihre Berufstätigkeit nur an Juden oder in jüdischen Anstalten ausüben.

Jüdinnen kann die Erlaubnis zur berufsmäßigen Ausübung der Tätigkeit einer Säuglings- und Kinderschwester nicht erteilt werden, auch können sie nicht zur Säuglings- und Kinderpflegeschule zugelassen werden. Ausnahmen können vom Reichsstatthalter/Staatl.V. im Einvernehmen mit dem zuständigen Reichsamtsleiter im Stabe des Leiters der Parteikanzlei genehmigt werden.

KRANKENPFLEGER

V. 28.9.1938 RGBl. I S. 1310 (Krankenpflegeverordnung), öGBl.Nr. 687/1938, Par.2 Abs. 1 Nr.1 und Abs. 3, Par.7, Abs. 3 Nr.1 und Abs. 6, Par.20. - Slg. IV d 4, S. 7.

Juden kann die Erlaubnis zur berufsmäßigen Ausübung der Krankenpflege nicht erteilt werden, auch können sie nicht zur Krankenpflegeschule zugelassen werden, sie dürfen vielmehr die Krankenpflege nur an Juden oder in jüdischen Anstalten berufsmäßig ausüben und nur an jüdischen Krankenpflegeschulen ausgebildet werden; Ausnahmen können vom Reichsstatthalter/Staatl.V. im

Einvernehmen mit dem zuständigen Reichsamtsleiter im Stabe des Leiters der Parteikanzlei genehmigt werden.

NOTAR
V. 13.2.1937 RGBl. I S. 191 (Reichsnotarordnung),
Par.3 Abs. 2. - Slg. II a 11, S. 13. -
V. 31.5.1938 RGBl. I S. 607. (Neuordnung des österr.
Beamtentums), öGBl, Nr.160/1938, Par. 8 Abs. 3-5. -Slg. I c 6.

Juden sowie auch mit Juden Verheiratete dürfen nicht zu Notaren bestellt werden. Jüdische Notare oder mit Juden verheiratete Notare sind durch eine spätestens bis zum 31.12.1942 zuzustellende Verfügung aus dem Amte auszuscheiden, bei Notariatskandidaten ist das Dienstverhältnis durch Kündigung aufzulösen; Ausnahmen, insbesondere für solche, die mit Juden nur verheiratet sind, mit Zustimmung des Leiters der Parteikanzlei oder der von ihm bestimmten Stelle möglich. Bedürftigen aus dem Amte geschiedenen Notaren, die keinen Anspruch nach dem Notarversicherungsgesetz BGBl.2/1938 haben, kann ein jederzeit widerruflicher Unterhaltsbeitrag gewährt werden; die Notariatskandidaten, deren Dienstverhältnis aufgelöst wird, erhalten eine Abfertigung.

PATENTANWALT
G. 28.9.1933 RGBl. I S. 669 (Patentanwaltsgesetz), F.d.G. 4.9.1938
RGBl. I S. 1150, öGBl. Nr.3240, Par.3. - Slg. II a 6, S. 13. - 6.V. (z.
Reichsbürgergesetz) 31.10.1938, RGBl. I S. 1545, öGBl. 562/1938. -
Slg. II a 6, S. 1.

Juden ist der Beruf des Patentanwalts verschlossen, mit Juden Verheirateten kann die Eintragung in die Liste der Patentanwälte versagt werden. Jüdische Patentanwälte und ebenso auch in das Register des Reichspatentamtes, Zweigstelle Wien, eingetragene jüdische

Ziviltechniker, waren mit Wirkung auf den 30.11.1938 zu löschen. Den aus der Patentanwaltschaft ausgeschiedenen Juden, eventuell aber auch denjenigen, die diese Voraussetzung nicht erfüllen, können bei Bedürftigkeit und Würdigkeit aus Mitteln der Patentanwaltskammer jederzeit widerrufliche Unterhaltszuschüsse gewährt werden.

RECHTSANWALT, VERTEIDIGER IN STRAFSACHEN
5.V. (z. Reichsbürgergesetz) 27.9.1938 RGBl. I S. 1403, 1439,
öGBl. Nr.513/1938, Art.I, II,IV. - Slg. II a 2, S. 5.

Jüdische Rechtsanwälte sowie Rechtsanwaltsanwärter und Verteidiger in Strafsachen waren spätestens bis zum 31.12.1938 auf Verfügung des RImmMin. zu löschen; bei den in die Liste der Rechtsanwaltskammer eingetragenen Rechtsanwälten, deren Familie mindestens seit 50 Jahren in der Ostmark ansässig ist und die Frontkämpfer sind, konnte jedoch von der Löschung vorläufig abgesehen werden. Die Folgen der Löschung erstrecken sich nicht auf die Wahrnehmung ihrer eigenen Angelegenheiten sowie der Angelegenheiten ihrer Ehefrauen und ihrer minderjährigen Kinder, soweit nicht Anwaltszwang besteht. Den aus der Rechtsanwaltschaft ausgeschiedenen Juden, die Frontkämpfer sind, eventuell aber auch denjenigen, die diese Voraussetzung nicht erfüllen, aber bereits seit dem 1.8.1914 in die Rechtsanwaltsliste eingetragen waren, können bei Bedürftigkeit und Würdigkeit jederzeit widerrufliche Unterhaltszuschüsse gewährt werden.

SCHRIFTLEITER
F.V. 14.6.1938 RGBl. I S. 629. öGBl. 192/1938 Par.5; G. 4.10.1939
RGBl. I S. 713 (Schriftleitergesetz), öGBl. 192/1938, Par.5 Nr.3, Par.9
Abs 1. DV. 19.12.1933 RGBl. I S. 1085, Par.16, Par.17. - Slg. I d 3.

Juden sowie auch mit Juden Verheiratete können nicht Schriftleiter sein. Ausnahmen können auf Antrag des Leiters des Landesverbandes vom Leiter des Reichsverbandes der deutschen Presse mit

Genehmigung des RPropMin. und wenn die Ausnahme auf bestimmte Zeit der Tätigkeit eines Schriftleiters beschränkt wird, vom genannten R.Min. im Einvernehmen mit der zuständigen obersten Reichs- und Landesbehörde bewilligt werden.

TIERARZT - (TIERGESUNDHEITSPFLEGE)
G. 3.4.1936 RGBl. I S. 347 (Reichstierärzteordnung), Par.3 Abs. 2 Nr.5. - Slg. IV d 3, S. 7. - 8V. (z. Reichsbürgergesetz) 17.1.1939 RGBl. I Nr.47, öGBl. Nr. 106/1939.- Slg. I a 13, S. 25.

Juden sowie auch mit Juden Verheirateten ist die Bestallung als Tierarzt zu versagen; in Härtefällen können Ausnahmen vom RInnMin. im Einvernehmen mit der Reichstierärztekammer zugelassen werden. Frühere Berechtigungen jüdischer Tierärzte sind am 31.1.1939 erloschen.

Auch die berufsmäßige Ausübung der Tiergesundheitspflege (z.B. in Tierkliniken als Hundescherer) ist Juden verboten.

VERMESSUNGSINGENIEUR
V. 20.1.1938 RGBl. I S. 40 (Berufsordnung der öffentlich bestellten Vermessungsingenieure), öGBl. Nr.42/1940, Par.3 Abs. 2 Nr.6. - Slg. I b 26, S. 7.

Juden sowie auch mit Juden Verheirateten ist die Zulassung als öffentlich bestellter Vermessungsingenieur zu versagen. Die früher in der Ostmark vorhanden gewesenen behördlich autorisierten Ziviltechniker, an deren Stelle nunmehr die Öffentlich bestellten Vermessungsingenieure treten, bedurften zur Weiterführung ihrer Tätigkeit einer neuen Zulassung, bei welchem Anlass sich die Ausscheidung jener ergab, die der oben erwähnten Zulassungsvoraussetzung nicht entsprachen.

WIRTSCHAFTSTRÄGER

V. 12.11.1938 RGBl. I S. 1580 (Ausscheidung der Juden aus dem deutschen Wirtschaftsleben), öGBl. Nr.584/1938; 1.DV. 23.11.1938 RGBl. I S. 1642, öGBl. Nr.619/1938; 2. DV. 14.12.1938 RGBl. I S. 1902, öGBl. Nr.38/1939 - Slg. III f 11.

Juden ist seit 11.1939 untersagt: der Betrieb von Einzelhandelsgeschäften, Versandgeschäften oder Bestellkontoren, der selbständige Betrieb eines Handwerks, das Anbieten von gewerblichen Leistungen oder von Waren auf Märkten aller Art, Messen oder Ausstellungen, die Mitgliedschaft bei einer Genossenschaft sowie die Bekleidung der Stelle eines Betriebsführers (auch eines stellvertretenden) im Sinne des Gesetzes zur Ordnung der nationalen Arbeit vom 20.1.1934 RGBl. I S. 45, öGBl. Nr.290/1938.

Für die Einzelfälle kann der RWirtschMin. Ausnahmen zulassen, soweit diese infolge der Überführung eines jüdischen Gewerbebetriebes in nichtjüdischen Besitz, zur Liquidation jüdischer Gewerbebetriebe oder in besonderen Fällen zur Sicherstellung des Bedarfs erforderlich sind. In Betrieben, deren Unternehmer Jude ist, hat der Reichstreuhänder der Arbeit einen Betriebsführer im Sinne des Gesetzes zur Ordnung der nationalen Arbeit oder des Gesetzes zur Ordnung der Arbeit in öffentlichen Verwaltungen und Betrieben vom 23.3.1943 RGBl. I S. 220, WrVB. Nr.17/1940 zu bestellen, der deutschen oder artverwandten Blutes ist.

Dasselbe gilt auch für juristische Personen und Personengemeinschaften, bei denen ein Jude gesetzlicher Vertreter nach Par. 3 des Gesetzes zur Ordnung der nationalen Arbeit ist; wenn neben den Juden andere Personen als gesetzliche Vertreter Betriebsführer sind und dadurch eine ordnungsmäßige sozialpolitische Führung des Betriebes gewährleistet ist, kann von der Bestellung eines Betriebsführers abgesehen werden. Hinsichtlich der über jüdische Betriebe zu treffenden Verfügungen s. „Juden, vermögensrechtliche Vorschriften betreffend Gewerbebetriebe".

ZAHNTECHNIKER

8. V. (z. Reichsbürgergesetz) 17.1.1939 RGBl. I S. 47, öGBl.
Nr.106/1939 - Slg. I a 13, S. 25. - V. 19.9.1939 RGBl. I S. 1855
(Teilnahme an der kassenärztlichen und kassendentistischen
Versorgung), öGBl. Nr.1316 ex 1939. - Slg. IV a 1, S. 7.

Frühere Berechtigungen jüdischer Zahntechniker sind am 31.1.1939
erloschen. Einzelnen solchen Zahntechnikern kann die Ausübung
ihres Berufs vom RInnMin. oder von der von ihm ermächtigten Stelle
widerruflich, gegebenenfalls auch unter Auflagen, gestattet werden;
sie dürfen abgesehen vor ihrer Frau und ihren ehelichen Kindern, nur
Juden behandeln, wobei sie mit jederzeit widerruflicher Genehmigung
des RStatth/Staatl.V. (E.d.ArbMin. vom 19.9.1939, Amtl. Nachr. S. IV
461 an der kassenärztlichen (kassendentistischen) Versorgung jüdischer
Versicherter und deren jüdischer Familienangehörigen beteiligt werden
können.

ZIVILTECHNIKER

S. oben „Vermessungsingenieur" und soweit es sich um die in das
Ziviltechnikerregister des Reichspatentamtes, Zweigstelle Wien,
eingetragenen Ziviltechniker handelt, auch „Patentanwalt".

JUDEN, VERMÖGENSRECHTLICHE VORSCHRIFTEN BETREFFEND
ANMELDUNG DES VERMÖGENS UND VON VERÄNDERUNGEN IM VERMÖGENSSTAND

V. 26.4.1938 RGBl. I S. 414, öGBl. Nr.102/1938;
DV. 18.6.1938 RGBl. I S. 640,
öGBl. Nr.200/1938; 4. A. 4.5.1940 RGBl. I S. 730. -
Slg. III f 3, S. 1,13,35. -

Alle Juden deutscher Staatsangehörigkeit und Staatenlose hatten erstmalig bis 30.6.1938 (bei Wohnsitz oder gewöhnlichem Aufenthalt außerhalb des Reichsgebietes bis 31.7. bzw. 31.10.1938) ihr gesamtes in- und ausländisches Vermögen, wenn der Gesamtwert ohne Berücksichtigung der Verbindlichkeiten 5000 RM überstieg, nach dem Stand vom 27.4.1938 anzumelden und zu bewerten; für Juden fremder Staatsangehörigkeit galt dies nur bezüglich ihres inländischen Vermögens. Dieselbe Pflicht traf auch den nicht-jüdischen Ehegatten eines Juden.

Jede in dem angemeldeten Vermögensstand eingetretene Veränderung (Erhöhung oder Verminderung), die über den Rahmen einer angemessenen Lebensführung oder des regelmäßigen Geschäftsverkehrs hinausgeht sowie auch der Erwerb eines 5000 RM übersteigenden Vermögens durch einen ursprünglich Nichtanmeldepflichtigen war bisher und ist auch weiterhin jeweils unverzüglich unter Benutzung eines amtlichen Musters anzuzeigen, inzwischen nunmehr beim Finanzamt des Wohnsitzes, im Falle mehrerer inländischer Wohnsitze beim Finanzamt des vorwiegenden Aufenthaltes. Strafe: Gefängnis, in besonders schweren Fällen vorsätzlicher Zuwiderhandlung Zuchthaus, eventuell auch Einziehung des betreffenden Vermögens.

BESTEUERUNG

G. 27.2.1939 RGBl. I S. 297 (Einkommensteuergesetz),
öGBl. Nr.1446/1939, Par.32, Abs. 6; DB. 17.3.1939 RGBl. I S. 503,
öGBl. Nr.1446/1939 Par.21, Abs. 3. - Slg. V b 6, S. 15. -
EV (z. Erbschaftssteuergesetz) 8.12.1940 RGB.. I S. 1604, Par.4. -
Slg. V b 29. - E.d.RFinMin. und RInnMin. 27.3.1941 RStBl. S. 257
(Grundsteuer), Abschn. I, Zeile 5. -
DV. (z. Vermögensteuergesetz) 2.2.1935 RGBl. I S. 100, F.d.V.
22.11.1939 RGBl. I S. 2271, Par. 12, Abs. 1 I Nr.3. - Slg. V b 20, S. 45.

Nach den Vorschriften über die Einkommensteuer gilt für Juden grundsätzlich die höchste Steuergruppe, nämlich die Steuergruppe I. Nur dann, wenn sie eheliche Abkömmlinge oder Stiefkinder haben, die keine Juden sind und die sonstigen Voraussetzungen für eine Kinderermäßigung erfüllen, fallen sie in die Steuergruppe IV und, wenn diese Voraussetzung nachträglich weggefallen ist, (z.B. durch Tod des Abkömmlings oder Stiefkindes), in die Steuergruppe III. Wegen außergewöhnlicher Belastungen durch Kinder oder sonstige Angehörige (Par.10 Steueranpassungsgesetz), die Juden sind, wird keine Steuerermäßigung gewährt.

Bei der Erbschaftssteuer (s.d.) stehen den Juden bestimmte sonst vorgesehene Vergünstigungen nicht zu und tritt für die an Stelle der sonst festgesetzten Freibeträge und Besteuerungsgrenzen eine allgemeine Besteuerungsgrenze von 500 RM.

Bei der Grundsteuer (s.d.) gibt es für den Grundbesitz, der noch Juden gehört, keinen Erlass aus Billigkeitsgründen. Zur Vermögenssteuer (s.d.) haben unbeschränkt steuerpflichtige Juden und mit Jüdinnen Verheiratete eine Vermögenserklärung über ihr Gesamtvermögen abzugeben, wobei das Vermögen derjenigen Personen mit zu berücksichtigen ist, mit denen der Steuerpflichtige zusammen zu veranlagen ist, d.s. die nicht dauernd von ihm getrennt lebende Ehefrau und die zu seinem Haushalt gehörigen minderjährigen Kinder und andern minderjährigen Angehörigen (Par.10 Z.3 bis 6 Steueranpassungsgesetz). Die sonst vorgesehenen Freibeträge sind außer Betracht zu lassen.

S. ferner noch unter „Sozialausgleichsabgabe" und „Vermögensabgabe" (Sühneleistung)

EDELMETALLGEGENSTÄNDE, EDELSTEINE, PERLEN
V. 3.12.1938 RGBl. I S. 1709 (Einsatz des jüdischen Vermögens), öGBl. Nr. 633/1938, Art IV; 1.DV. 16.1.1939 RGBl. I S. 37, öGBl. Nr. 36/1939. Art. II; 4.DV. 27.12.1940 RGBl. 1941 I S. 2; 3.A. (z.V. über die Anmeldung des Vermögens der Juden) 21.2.1939 RGBl. I S. 282, öGBl. Nr. 254/1939 und

V.3.3.1939 RGBl. I S. 387. öGBl. 316/1939. DV. z. 3.A. 23.12.1940 RGBl. 1941 I S. 2. - Slg. III f 3, S. 17, 29, 30 a (13), 31.

Juden, die deutscher Staatsangehörigkeit oder staatenlos sind, ist es verboten, Gegenstände aus Gold, Platin oder Silber sowie Edelsteine und Perlen zu erwerben, zu verpfänden oder freihändig zu veräußern. Bei im Eigentum solcher Juden befindlichen derlei Gegenstände waren, abgesehen von denen in der A. 1.3.1939 RAnz. Nr. 58 zugelassenen allgemeinen Ausnahmen bis 31.3.1939 gegen Entschädigung an öffentliche, von Gemeinden betriebene Pfandleihanstalten abzuliefern (in Wien Dorotheum; gegenwärtig kommt als Ablieferungsstelle nunmehr die Städtische Pfandleihanstalt, Zentrale, in Berlin NO 55, Danziger Straße 64, in Betracht).

Das Verbot und die Ablieferungspflicht wurden nachträglich auch auf Juden mit früherer tschechoslovakischer Staatsangehörigkeit, die das Heimatrecht in einer Gemeinde von Böhmen und Mähren besitzen oder besessen haben, es sei denn, dass sie vor dem 2.1.1941 eine andere Staatsangehörigkeit erworben haben, ausgedehnt; für sie lief die Ablieferungspflicht bis 16.1.1941.

ERBRECHT, PFLICHTTEIL

EV. 31.12.1939 RGBl. I S. 35, öGBl. Nr. 11/1940, Par.1:
G. 5.11.1937, RGBl. I S. 1161 (Erbrechtliche Beschränkungen wegen gemeinschaftswidrigen Verhaltens),
öGBl. Nr. 11/1940, Par.2, Nr.1. - Slg. II b, S. 29.

Erblasser deutscher Staatsangehörigkeit und deutschen oder artverwandten Blutes können einem Abkömmling, der als Staatsangehöriger deutschen oder artverwandten Blutes entgegen dem gesetzlichem Verbot mit einem Juden die Ehe eingegangen ist, den Pflichtteil entziehen; dies gilt jedoch nur, wenn die Ehe eingegangen wurde von einem Staatsangehörigen aus dem Altreich nach dem 16.9.1935, von einem

Staatsangehörigen infolge der Wiedervereinigung Österreichs nach dem 24.5.1938, infolge der Wiedervereinigung der sudetendeutschen Gebiete nach dem 1.1.1939, infolge der Errichtung des Protektorats Böhmen und Mähren nach dem 1.8.1939.

GEWERBEBETRIEBE

1.A. (z.V. über die Anmeldung des Vermögens der Juden) 26.4.1938 RGBl. I S. 415, öGBl. Nr.103/1938; V. 3.12.1938 RGBl. I S. 1709 (Einsatz des jüdischen Vermögens), öGBl. Nr.633/1938, Art. I,V; A. öGBl. Nr. 1426/1939; 2.DV. 18.1.1940 RGBl. I S. 188, Art. I,II. - Slg. III f 3, S. 7.17, 30a (5).

Über die Ausschließung von Juden vom Betrieb von Gewerben s. „Juden, Ausscheidung aus dem Berufsleben als Wirtschaftstätiger". Jede Veräußerung oder Verpachtung eines gewerblichen Betriebes oder Bestellung eines Niessbrauchs an einen solchen bedarf zu ihrer Wirksamkeit der Genehmigung des RStatth/Staatl.V., wenn an dem Rechtsgeschäft ein Jude als Vertragschließender beteiligt ist. Den Inhabern jüdischer Gewerbebetriebe (s. „jüdische Betriebe") kann von der Vermögensverkehrsstelle der Auftrag gegeben werden, den Betrieb binnen einer bestimmten Frist zu veräußern oder abzuwickeln, wobei auch Auflagen erteilt und gegebenenfalls Treuhänder eingesetzt werden können.

Der Auftrag zur Veräußerung kann außerdem auch an den jüdischen Inhaber anderer Vermögensanteile (z.B. Gesellschafts-, Geschäftsanteile, Aktienpakete) ergehen, deren Übertragung zur Entjudung erforderlich ist. Die Veräußerung bedarf auch in allen diesen Fällen der obenerwähnten Genehmigung. Einzelhandelsverkaufsstellen, Versandgeschäfte und Bestellkontore von Juden sind grundsätzlich aufzulösen und abzuwickeln. Verfügungen, durch die ein Jude fremder Staatsangehörigkeit betroffen wird, sollen nur mit Zustimmung des RWirtschMin. ergehen.

GRUNDEIGENTUM UND DERGLEICHEN, LAND- ODER FORSTWIRTSCHAFTLICHE BETRIEBE

1.A. (z.V: über die Anmeldung des Vermögens der Juden) 26.4.1938 RGBl. I S. 415, öGBl. Nr.103/1938, Art.I, III; V. 3.12.1938 RGBl. I S. 1709 (Einsatz des jüdischen Vermögens), öGBll. Nr.633/1938, Art.II, V; A. öGBl. Nr.1426/1939; 2. DV. 18.1.1940 RGBl. I S. 188, Art.I, II; 3.DV. 4.12.1940 RGBl. I S. 1564. - Slg. III 3, S. 7,17,30a (11). - G.29.9.1933 RGBl. I S. 685 (Reichserbhofgesetz), öGBl. Nr.335/1938, Par.11 Abs. 1, Par.13. Slg. II b 9, S. 43.

Juden, einschließlich der jüdischen Gewerbebetriebe sowie Vereine, Stiftungen, Anstalten und sonstigen Unternehmungen, die nicht Gewerbebetriebe sind, können Grundstücke, grundstücksgleiche Rechte (z.B. Bergwerkseigentum, Erbbaurechte) und Rechte an Grundstücken (z.B. Niessbrauch, Hypotheken) durch Rechtsgeschäft nicht erwerben. Eigentümer eines Erbhofs kann ein Jude überhaupt nicht sein. Jede Verfügung über Grundstücke und grundstücksgleiche Rechte (nicht auch über Rechte an Grundstücken) durch Juden bedarf zu ihrer Wirksamkeit der Genehmigung der unteren Verwaltungsbehörde, in Wien des RStatth/GemV., wenn es sich aber um landwirtschaftliches oder forstwirtschaftliches Vermögen handelt des RStatth/StaatlV. (obere Siedlungsbehörde, bzw. Landesforstamt).

Diese Genehmigung ersetzt die Genehmigungen, die nach der Grundstücksverkehrsbekanntmachung 26.1.1937 RGBl. I S. 35, öGBl. Nr. 283/1938, dem Gesetz über die Aufschließung von Wohnsiedlungsgebieten 29.9.1933 RGBl. I S. 659, öGBl. Nr. 526/1939, der L.DV. zum Gesetz über die Sicherung der Reichsgrenze und über Vergeltungsmassnahmen 17.8.1937 RGBl. I S. 905, öGBl. Nr.327/1939 sowie nach preisrechtlichen Vorschriften erforderlich sind. Die obenerwähnte Genehmigung entfällt, wenn das betreffende Rechtsgeschäft der anerbengerichtlichen oder fideikommissrechtlichen Genehmigung bedarf. Den jüdischen Inhabern von forst- oder landwirtschaftlichen Betrieben, anderen land- oder forstwirtschaftlichen Vermögens, sonstigen Grundeigentums oder anderer Vermögensteile kann von der Vermögensverkehrsstelle der Auftrag zur Veräußerung binnen einer bestimmten Frist gegeben werden, wobei auch Auflagen erteilt und gegebenenfalls Treuhänder eingesetzt werden können.

Die Veräußerung bedarf auch in diesem Fall der oben erwähnten Genehmigung. Verfügungen, durch die ein Jude fremder Staatsangehörigkeit betroffen wird, sollen nur mit Zustimmung des RWirtschMin. im Einvernehmen mit dem RErnMin. bzw. dem RForstMin. ergehen.

KRIEGSSACHSCHÄDEN
V. 30.11.1940 RGBl. I S. 1547 (Kriegssachschädenverordnung), Par.31;
V. 20.7.1941 RGBl. I. S. 437 (Behandlung der Kriegsschäden von
Juden). Slg. I RV 12 S. 25 und 101.

Juden, auch staatenlose und solche fremder Staatsangehörigkeit sowie jüdische Unternehmungen (s. „Jüdische Betriebe") erhalten keine Entschädigung auf Grund der Vorschriften über den Ersatz der Kriegsschäden (s.d.). Sie sind auch nicht berechtigt, diesbezügliche Anträge zu stellen. Die Rechte nichtjüdischer Personen, die von dem Schaden betroffen sind, bleiben jedoch unberührt und werden nach Maßgabe besonderer Bestimmungen wahrgenommen. Soweit danach dem Reich Aufwendungen erwachsen, besteht ein jederzeit geltend zu machender Erstattungsanspruch des Reichs gegen den geschädigten Juden. Kriegsschäden von Juden in Mischehen, auf die oben unter „Juden, Allgemeine Vorschriften, Auftreten in der Öffentlichkeit; Kennzeichnung, (Judenstern)" angegebenen Voraussetzungen zutreffen, sind nach den allgemeinen Vorschriften über den Ersatz der Kriegssachschäden (s.d.) zu behandeln.

KUNST- UND SCHMUCKGEGENSTÄNDE

V. 3.12.1938 RGBl. I S. 1709 (Einsatz des jüdischen Vermögens),
öGBl. Nr. 633/1938, Art. IV; 1.DV. 16.1.1939 RGBl. I S. 37, öGBl. Nr.
96/1939, Art.II; 4.DV. 24.12.1940 RGBl. I S. 2; 5.DV. 25.4.1941;
RGBl. I S. 218 und Verfahrensordnung hierzu 6.5.1941. RGBl. I S. 245.
- Slg. III f 3, S. 17, 29,30a(13),45.

Sofern es sich um Kunst- oder Schmuckgegenstände mit Edelmetallen, Edelsteinen oder Perlen handelt, s. oben „Edelmetallgegenstände usw." Sonstige Kunst- oder Schmuckgegenstände dürfen Juden, die deutsche Staatsangehörige oder staatenlos sind sowie Juden mit früherer tschechoslowakischer Staatsangehörigkeit (s. oben „Edelmetallgegenstände usw.") ebenfalls weder erwerben noch verpfänden noch auch anderweiters freihändig veräußern.

Über die Veräußerung entscheidet vielmehr auf Grund eines schriftlichen Antrages die Reichskammer der bildenden Künste (Berlin W 35, Blumeshof 6) nach den näheren Bestimmungen der Verfahrensordnung 6.5.1941 mit Beschwerdezug an den RPropMin. Entscheidet die Reichskammer im Sinne der Zulassung der freihändigen Veräußerung, so wird dem Veräußerer über die Berechtigung hierzu eine Bescheinigung ausgestellt. Eine Ablieferungspflicht für Kunst- oder Schmuckgegenstände ohne Edelmetalle, Edelsteine oder Perlen ist nicht vorgesehen.

SOZIALAUSGLEICHSABGABE

V. 5.8.1940 RGBl. I S. 1077 (Erhebung einer Sozialausgleichsabgabe);
1.DV. 10.8.1940 RGBl. I S. 1094, Par.3-5; 2.DV. 24.12.1940 RGBl I S.
1666. - Slg. V b 6a.

Juden haben seit 1.1.1941 eine Sozialausgleichsabgabe als Zuschlag zur Einkommensteuer im Ausmaß von 15 v.H. des Einkommens an das Reich zu leisten.

VERMÖGENSABGABE
(SÜHNELEISTUNG)
V. 12.11.1938 RGBl. I S. 1579 (Sühneleistung der Juden), öGBl.
578/1938; 1.DV. 21.11.1938 RGBl. I S. 1638, öGBl. Nr.612/1938; 2.DV.
19.10.1939 RGBl. I S. 2059. - Slg. V a 7.

Aus Anlass der von einem Juden an einem Beamten der Deutschen Botschaft in Paris begangenen Mordtat wurden den Juden deutscher Staatsangehörigkeit und den staatenlosen Juden in ihrer Gesamtheit die Zahlung einer Kontribution von einer Milliarde RM an das Deutsche Reich auferlegt, die als Vermögensabgabe eingezogen wurde.

Jeder Jude, der sein gesamtes in- und ausländisches Vermögen anzumelden hatte, hatte diese Abgabe in der Höhe von 25 % des Gesamtwertes seines Vermögens nach dem Stande vom 12.11.1938 zu leisten.

WERTPAPIERE, DEPOTZWANG
V. 3.12.1938 RGBl. I S. 1709 (Einsatz des jüdischen Vermögens), öGBl.
Nr. 633/1938 Art.III; 1.DV. 16.1.1939 RGBl. I S. 37, öGBl. Nr.96/1939,
Art.III; 4.DV. 27.12.1940 RGBl. 1941 I S. 2. -
Slg.III f 3, S. 17, 29, 30a (13).

Alle Juden, deutscher Staatsangehörigkeit und Staatenlose, einschließlich der jüdischen offenen Handelsgesellschaften und Kommanditgesellschaften, Personenvereinigungen, Stiftungen und Anstalten, die nicht Gewerbetreibende sind, hatten bis 13.12.1938 ihre gesamten Aktien, festverzinslichen Werte und ähnlichen Wertpapiere in ein Depot bei einer Devisenbank einzulegen. Soweit zugunsten von solchen Juden Wertpapiere bereits im Depot bei einer Devisenbank einlagen oder Schuldbuchforderungen eingetragen waren, war der betreffenden Stelle die jüdische Eigenschaft des Eigentümers anzuzeigen.

Diese Bestimmungen wurden nachträglich auch auf Juden mit früherer tschechoslovakischer Staatsangehörigkeit, die das Heimatrecht in einer Gemeinde von Böhmen oder Mähren besitzen oder besessen haben, es sei denn, dass sie vor dem 2.1.1941 eine andere Staatsangehörigkeit erworben haben, ausgedehnt; für sie lief die Einlege- bzw. Anzeigefrist bis 9.1.1941. Von Juden neuerworbene Wertpapiere sind jeweils binnen einer Woche nach dem Erwerb in ein Depot bei einer Devisenbank einzuliefern. Depots und Schuldbuchkonten von Juden sind als jüdische zu kennzeichnen.

JÜDISCHE BETRIEBE, ENTJUDUNG
3.V. (z. Reichsbürgergesetz) 14.6.1938, öGBl. Nr.193/1938; RE. 14.7.1938 RMBliV. S. 1152 - Slg. I a 13, S. 9. 1.A. (z.V. über die Anmeldung des Vermögens der Juden) 26.4.1938 RGBl. I S. 415, öGBl. Nr.103 ex 1938; K. öGBl. 139/1938 (Vermögenverkehrsstelle); K. öGBl. Nr.288/1938. V. 3.12.1938 RGBl. I S. 1709 (Einsatz des jüdischen Vermögens), öGBl. Nr. 633/1938, Art. I,II,V; 1.DV. 16.1.1939 RGBl. I S. 37, öGBl. Nr.96/1939, Art.III; 2.DV. 18.1. 1940 RGBl. I S. 188. V. öGBl. Nr.388/1939 (Ausgleichszahlungen bei bereits durchgeführten Arisierungsfällen), DE. öGBl. Nr.978/1939. V. 10.6.1940 RGBl. I S. 891 (Nachprüfung von Entjudungsgeschäften); DV. 14.11.1940 RGBl. I S. 1520. - Slg. III f 3, S. 7, 17, 37. - V. 22.4.1938 RGBl. I S. 404 (Tarnung jüdischer Gewerbebetriebe), öGBl. Nr. 91/1938, Par.1. - Slg. f 9. V. 27.3.1941 RGBl. I S. 177 (Firmen von entjudeten Gewerbebetrieben). - Slg. II b 51.

Als jüdische Gewerbebetriebe gelten: Gewerbebetriebe, deren Inhaber Jude ist; Gewerbebetriebe von offenen Handelsgesellschaften oder Kommanditgesellschaften, wenn ein oder mehrere persönlich haftende Gesellschafter Juden sind; Gewerbebetriebe von juristischen Personen, wenn eine oder mehrere von den zur gesetzlichen Vertretung berufenen Personen oder eines oder mehrere von den Mitgliedern des Aufsichtsrates Juden sind oder Juden nach Kapital oder Stimmrecht entscheidend beteiligt sind (mehr als ein Viertel des Kapitals oder die Hälfte der Gesamtstimmenanzahl, bei Aktiengesellschaften oder Kommanditgesellschaften auf Aktien Vermutung der entscheidenden Beteiligung, wenn am 1.1.1938 ein oder mehrere Mitglieder des Vorstandes oder des Aufsichtsrates Juden waren); Gewerbebetriebe, die tatsächlich unter dem beherrschenden Einfluss von Juden stehen; Zweigniederlassungen jüdischer Gewerbebetriebe; Zweigniederlassungen nicht-jüdischer Gewerbebetriebe, wenn der Leiter oder einer von mehreren Leitern der Zweigniederlassung Jude ist. Vereine, Stiftungen, Anstalten und sonstige Unternehmungen die nicht Gewerbebetriebe sind, stehen unter den angegebenen Voraussetzungen den jüdischen Gewerbebetrieben gleich.

Alle jüdischen Gewerbebetriebe waren zu verzeichnen. Mitwirkung bei der Tarnung jüdischer Gewerbebetriebe aus eigennützigen Beweggründen wird an deutschen Staatsangehörigen mit Gefängnis, eventuell Zuchthaus bestraft.

Über die Maßnahmen zur Entjudung (Arisierung) der jüdischen Gewerbebetriebe, aber auch der jüdischen land- und forstwirtschaftlichen Betriebe, des jüdischen Grundeigentums und anderer in der Hand von Juden befindlichen Vermögensteile, zu deren Durchführung in der Ostmark die Vermögensverkehrsstelle eingesetzt wurde, s. „Juden, vermögensrechtliche Vorschriften" unter „Gewerbebetriebe" und unter „Grundeigentum u. dgl.; Land- und forstwirtschaftliche Betriebe".

Bei allen Übertragungen von gewerblichen Betrieben und von Anteilsrechten an solchen, die vom 31.3.1938 bis zum 27.4.1938 von Juden an Arier vorgenommen worden sind, konnte auf Grund einer besonderen Vorschrift des ö. Rechts den Erwerbern noch nachträglich eine Ausgleichszahlung (auch in Ergänzung zu einer früheren) im Sinne des P.IV des DE des RWirtschMin. vom 6.2.1939 III Id 1-2082/1939 vorgeschrieben werden, ebenso bei den von der Vermögensverkehrsstelle genehmigten Veräußerungen, wenn der

Genehmigung nicht ein vollkommen entsprechendes, also nicht anfechtbares Wirtschaftsprüfergutachten zugrunde gelegt worden war und es sich um ein Unternehmen mit einem Jahresumsatz 1937 von über 50.000 RM gehandelt hatte.

Überdies besteht noch die reichsrechtliche Vorschrift, dass bei allen Entjudungen der Erwerber oder sein Rechtsnachfolger sowie auch der Vermittler, soweit sie einen unangemessenen Vermögensvorteil erlangt haben, zu einer Ausgleichszahlung zugunsten des Reichs verhalten werden können; dasselbe gilt auch für ein Unternehmen, das einen solchen Vorteil durch Kündigung eines jüdischen leitenden Angestellten seit dem 15.11.1938 erlangt hat.

Ferner ist reichsrechtlich angeordnet, dass in den Fällen, in denen ein Jude bereits vor dem 15.11.1938 aus der Stellung als leitender Angestellter in einem Wirtschaftsunternehmen ausgeschieden war, auf Antrag des Schuldners oder des RWirtschMin. eine verbindliche Regelung der aus dem Dienstverhältnis herrührenden vermögensrechtlichen Ansprüche durch Entscheidung einer Schiedsstelle zu erfolgen hat und, wenn der Schuldner hierdurch einen erheblichen Vorteil erlangt, die Schiedsstelle diesem eine Ausgleichszahlung zugunsten des Reichs auferlegen kann, sofern dies unter Berücksichtigung aller Umstände der Billigkeit entspricht. Wer einen jüdischen Gewerbebetrieb übernommen hatte und in der Firma den Namen eines früheren jüdischen Inhabers oder Gesellschafters führte, war verpflichtet, den Namen des Juden bis zum 7.7.1941 (oder dem vom Registergericht bewilligten verlängerten Termin) aus der Firma zu entfernen und eine neue Firma zu bilden. Die Vermögensverkehrsstelle kann auf Antrag zulassen, dass die frühere Firma neben der neuen Firma mit einem das Nachfolgeverhältnis andeutenden Zusatz während einer Übergangszeit, jedoch längstens bis zum 31.12.1942 fortgeführt wird. Bei der Bildung der neuen Firma kann mit Bewilligung des RJustMin. im Einvernehmen mit den RArbMin. der in der früheren Firma enthaltene Name eines nichtjüdischen Inhabers oder Gesellschafters verwendet werden.

JÜDISCHE DRUCKWERKE

EV. 11.6.1938 RGBl. I S. 624, öGBl.Nr.191/1938, Par.4: A. 6.9.1935. -
Slg. I d 2.

Jüdische Druckwerke können nur von Juden bezogen werden. Sie
dürfen öffentlich nicht verkauft werden. Sie unterliegen daher nicht dem
Schriftleitergesetz vom 4.10.1933 RGBl. I S. 713, öGBl. Nr.192/1938
(Par.2 Abs. 1).

JÜDISCHE KONSULENTEN

5.V. (z. Reichsbürgergesetz) 27.9.1938 RGBl. I S. 1403, öGBl. Nr.513
ex 1938, Art.II, IV; DV. 12.6.1940 RGBl. I S. 872. - Slg. IIa 2, S. 5. -
6.V.(z.Reichsbürgergesetz) 31.10.1938 RGBl. I S. 1545, öGBl. Nr.562 ex
1938, Par.11. - Slg. II a 6.

Zur rechtlichen Beratung und Vertretung von Juden werden von der
Justizverwaltung, soweit ein Bedürfnis besteht, jüdische Konsulenten
zugelassen; die Zulassung erfolgt auf Widerruf, gegebenenfalls auch
nur auf Zeit. Den Konsulenten wird ein bestimmter Ort für ihre
berufliche Niederlassung zugewiesen und auch der Bezirk bestimmt, in
dem sie tätig sein können. Sie sind befugt, in diesem Bezirk vor allen
Gerichten und Verwaltungsbehörden außerdem aber auch vor allen
diesen übergeordneten Gerichten und Behörden aufzutreten und als
Bevollmächtigte zu handeln.

Näheres in der AV. 17.10.1938 Deutsche Justiz S. 1666 Nr. 341. Die
Konsulenten dürfen nur Rechtsangelegenheiten von Juden sowie
von jüdischen Gewerbebetrieben, jüdischen Vereinen, Stiftungen,
Anstalten und sonstigen jüdischen Unternehmungen geschäftsmäßig
besorgen; in diesem Wirkungskreis können sie insbesondere auch
als Armenvertreter oder Pflichtverteidiger beigeordnet werden. Als
Verteidiger in Strafsachen können sie zurückgewiesen werden, wenn
dies aus besonderen Gründen, insbesondere mit Rücksicht auf den
Gegenstand des Verfahrens, geboten erscheint. Auf dem Gebiet des

Patent-, Gebrauchsmuster- und Warenzeichenwesens dürfen sie nicht als Vertreter vor dem Reichspatentamt bestellt werden und auch nicht Schriftsätze u. dgl. verfassen oder Auskünfte erteilen.

JÜDISCHE MISCHLINGE, ALLGEMEINE VORSCHRIFTEN

EV. 20.5.1938 RGBl. I S. 594, öGBl. Nr.150/1938 Art.I: G. 15.9.1935 RGBl. I S. 1146 (Reichsbürgergesetz), öGBl. Nr. 150/1938; 1.V. 14.11.1935 RGBl. I S. 1333, öGBl. Nr.150/1938. - Slg. I a 12 und 13.

S. die einleitenden Ausführungen unter „Juden, allgemeine Vorschriften". Jüdischer Mischling (Par.2 Abs. 2 der 1.DV. z. Reichsbürgergesetz) ist, wer von einem oder zwei der Rasse nach volljüdischen Großelternteilen abstammt, sofern er nicht im zweiten Falle infolge besonderer Umstände als Jude gilt (Par.5 Abs. 2 der 1.DV); hierbei gilt ein Großelternteil ohne weiteres als volljüdisch, wenn er der jüdischen Religionsgemeinschaft angehört hat. Die jüdischen Mischlinge werden entsprechend den genannten beiden Fällen in solche zweiten Grades (Einvierteljuden) und solche ersten Grades (Zweivierteljuden, Halbjuden) unterschieden. Ein geringerer jüdischer Bluteinschlag als bei einem Mischling zweiten Grades, (ein volljüdischer Urgroßelternteils Achteljude, Mischling dritten Grades; ein volljüdischer Ururgroßelternteils Sechzehnteljude, Mischling vierten Grades usw.) hindert die rechtliche Zugehörigkeit zu den Personen deutschen oder artverwandten Blutes nicht, dessen ungeachtet sind aber in Reichsgesetzen (z.B. Reichserbhofgesetz, Par.13, Abs. 3) oder in Anordnungen der NSDAP und ihrer Gliederungen an die Reinheit des Blutes gestellte weitergehende Anforderungen zu beachten.

Befreiungen von diesen und den sonstigen Vorschriften der Ausführungsverordnungen zum Reichsbürgergesetz kann nur der Führer und Reichskanzler erteilen. Die Sonderstellung der Mischlinge ersten und zweiten Grades äußert sich vor allem in bestimmten allgemeinen Vorschriften, von denen die wichtigsten im folgenden angeführt sind, außerdem aber auch noch in den Vorschriften die unter „Jüdische Mischlinge, Ausscheidung aus dem Berufsleben" und unter „Jüdische Mischlinge, Vermögensrechtliche Vorschriften" wiedergegeben sind.

EHESCHLIESSUNG

EV. 20.5.1938 RGBl. I S. 594, öGBl. Nr.150/1938, Art. II, Par.6,7: G. 15.9.1935 RGBl. I S. 1146 (Blutschutzgesetz), öGBl. Nr.150/1938, Par.1, Par.5 Abs. 1; 1.AV. 14.11.1935 RGBl I S. 1334, öGBl.Nr.150/1938, Par.2-5, Par.8,9,14-16. - Slg. I a 12 und 14. - MBliV. 1942 Nr. 10, S. 515.

Eheschließungen zwischen Mischlingen zweiten Grades, die Staatsangehörige oder aber Staatenlose sind, die ihren Wohnort oder gewöhnlichen Aufenthalt im Inland haben oder früher die Staatsangehörigkeit besaßen, und Juden sind verboten; Strafe: Zuchthaus. (Befreiungen kann nur der Führer und Reichskanzler erteilen). Trotzdem geschlossene Ehen sind nichtig, auch wenn sie zur Umgehung im Ausland geschlossen sind; die Nichtigkeitsklage kann aber nur der Staatsanwalt erheben.

Mischlinge ersten Grades bedürfen zur Eheschließung mit Mischlingen zweiten Grades oder mit Personen deutschen oder artverwandten Blutes, sofern die Ehepartner Staatsangehörige oder aber Staatenlose sind, die ihren Wohnsitz oder gewöhnlichen Aufenthalt im Inland haben oder früher die Staatsangehörigkeit besaßen, der beim RStatth/Staatl.V. zu beantragenden Genehmigung des RInnMin. und des Leiters der Parteikanzlei oder von ihnen bestimmten Stelle. Außerdem soll auch keine Ehe zwischen Mischlingen zweiten Grades untereinander geschlossen werden. In allen diesen Fällen ist die Eheschließung zu verweigern; trotzdem geschlossene Ehen sind nicht nichtig und auch nicht strafbar. Besitzt einer der Ehepartner eine fremde Staatsangehörigkeit, so ist vor einer Versagung des Aufgebotes wegen der genannten Ehehindernisse die Entscheidung des RInnMin. einzuholen.

GESCHLECHTSVERKEHR, AUSSEREHELICHER

EV. 20.5.1938 RGBl. I S. 594, öGBl. Nr.150/1938, Art. II; G.15.9.1935
RGBl. I S. 1146 (Blutschutzgesetz), öGBl. Nr.150/1938, Par.2, Par.5
Abs. 2; 1.AV. 14.11.1935 RGBl.I S. 1334, öGBl.Nr. 150/1938, Par.11,
Par.15; ErgV.z.1.AV. 16.2.1940 RGBl.I S. 394. - Slg. I a 12 und 14.

Außerehelicher Geschlechtsverkehr zwischen Mischlingen zweiten
Grades, die Staatsangehörige oder aber Staatenlose sind, die ihren
Wohnsitz oder gewöhnlichen Aufenthalt im Inland haben oder früher die
Staatsangehörigkeit besaßen, und Juden ist verboten (Rassenschande);
Strafe: Gefängnis oder Zuchthaus, verantwortlich nur der Mann.

HITLERJUGEND

1 DV. (z. Gesetz über die Hitlerjugend) 25.3.1939 RGBl. I.S. 709, Par.2
Abs. 3. - Slg. I d 11 S. 9

Mischlinge können in die Stammhitlerjugend nicht aufgenommen
werden.

KINDERBEIHILFEN

V. 9.12.1940 RGBl. I S. 1571 (Kinderbeihilfenverordnung), Par.1, Abs.
2. - Slg. V a 3, S. 39

Da die Gewährung von Kinderbeihilfen an die Voraussetzung
deutschen oder artverwandten Blutes gebunden ist, sind Mischlinge
hiervon ausgeschlossen.

POLITISCHE RECHTE

G.5.9.1935 RGBl. I S. 1146 (Reichsbürgergesetz), öGBl. Nr.150/1938,
Par.2. - Slg. I A 13.

Träger der vollen politischen Rechte sind allein die Reichsbürger (s. d.). Reichsbürger können nur Staatsangehörige deutschen oder artverwandten Blutes sein, daher nicht Mischlinge, auch nicht solche zweiten Grades.

REICHSARBEITSDIENST

G. 9.9.1939 RGBl. I S. 1747 (Reichsarbeitsdienstgesetz), öGBl. Nr.1243 ex 1939, Par.7 Abs. 2. - Slg. IV f 3.- V. 174. 1937 RGBl. I S. 469 (Musterungs- und Aushebungsverordnung), öGBl. Nr.313/1938, Par.19 Abs. 2. - Slg. I g 17.

Dienstpflichtige Mischlinge haben die Arbeitsdienstpflicht zu erfüllen, können jedoch nicht Vorgesetzte im Reichsarbeitsdienst werden.

WEHRDIENST

G. 21.5.1935 RGBl. I S. 609 (Wehrgesetz), F.d.G. 26.6.1936 RGBl. I S. 518, öGBl.Nr. 313/1938, Par.19 Abs. 2. - Slg. I g 3 und 17.

Dienstpflichtige Mischlinge haben die aktive Dienstpflicht zu erfüllen, können jedoch nicht Vorgesetzte in der Wehrmacht werden.

Abkürzungen und Namen

AHO	Auswanderungshilfsorganisation (für nichtmosaische Juden)
Art.	Artikel
ErgV.	Ergänzungsverordnung
G.	Gesetz
GemV.	Gemeindeverordnung
GESTAPO	Geheime Staatspolizei (zählte zusammen mit dem SD zur gefürchtetsten Organisation der Nazis zur Bekämpfung politischer Gegner)
I.B.M.V.	Institutum Beatae Mariae Virginis, Institut der Englischen Fräulein
IKG	Israelitische Kultusgemeinde
Iskult	Israelitische Kultusgemeinschaft
KZ	Konzentrationslager: Sammellager für politische Häftlinge wie auch Straffällige
M.	Mater
NSDAP	Nationalsozialistische Deutsche Arbeiterpartei
öGBl.	österreichisches Gesetzblatt
Par.	Paragraph
RArbMin.	Reichsarbeitsministerium
RErnMin.	Reichsernährungsministerium
RForstMin.	Reichsforstministerium
RPropMin.	Reichspropagandaministerium
RWirtschMin.	Reichswirtschaftsministerium
RGBl.	Reichsgesetzblatt
RSHA.	Reichssicherheitshauptamt
RStatth.	Reichsstatthalter
s.d.	siehe dort
Slg.	Sammlung
SS	Schutzstaffel, polizeiähnliche bewaffnete Einheit
SD	Sicherheitsdienst, der SS zugehörig mit polizeilichen Sonderaufgaben
SJ	Societas Jesu, Jesuitenorden
V.	Verordnung

Erläuterungen zu den Endnoten

(1)   Briefe an Papst Pius XII. vom 5.7.41 und Nuntius Orsenigo vom 21.7.41

(2)   Bericht über das „Hilfswerk beim Bischöflichen Ordinariat Berlin", Petrusblatt, Berlin, 11.6.1961

(3)   Es waren dies: Frau Anna Böhmerwald, Frau Dr. Anna Eppstein, Frl. Liselotte Fuchs, Frau Wilhelmine Kardosch, Frau Dr. Ortony, Frau Olga Paschka, Frau Valerie Pollizer und Frau Paula Schönwälder.

(4)   Es handelte sich um die alte Kartei der Aktion „K", der Gräfin Kielmansegg.

(5)   Ihr Leiter war von 1936 bis zum März 1940 Pastor Göte Hedenquist, von da ab bis zum 15.6.1941 Pastor Johannes Ivarson.

(6)   Für diese Aufteilung waren praktische Gründe maßgebend, da die finanziellen Mittel beschränkt waren. Die Quäker machten keinen Unterschied zwischen den einzelnen Konfessionen.

(7)   Ab Juni 1941 diente das Gebäude der Schwedischen Mission in der Seegasse 16 als Krankenhaus und Altersheim für christliche und konfessionslose Juden, während die Seegasse 9 den mosaischen Juden vorbehalten blieb.

(8)   Vgl. Erzbischöfliche Hilfsstelle und Israelitische Kultusgemeinde

(9)   Wiener Telefonbuch 1943, S. 99 Kolonne 1. Österreichisches Post- und Telegraphenmuseum. Vgl. auch: Weinzierl-Hofrichter, Österreich, Zeitgeschichte in Bildern, 1918-1968, S. 182

(10)   Mischlinge und Mischehen sind hier gemeint im Sinn der NS-Gesetzgebung, der Nürnberger Gesetze.

(11)   Um dem Leser eine Vorstellung der nahezu schrankenlosen Entrechtung der jüdischen Bürger zu geben, sind im Anhang die Allgemeinen Vorschriften und Verordnungen für Juden bis zu ganz detaillierten Schikanen aufgeführt, S. 227 ff

(12)   „U-Boote" wurden die verfolgten Juden genannt, denen es gelang, unterzutauchen, um der drohenden Liquidierung zu entgehen.

(13) Die Zahl der regelmäßig Unterstützten betrug in der Zeit von
      Dezember 1940 bis Mai 1941 durchschnittlich 234;
      Juni bis Dezember 1941: 187; im Jahr 1943: 232;
      Januar 1944 bis Juni 1945 monatlich über 200. -
      Für die Monate Juni 1941 bis Juni 1942 fehlen die Unterlagen.
(14) 1.12.1940 - 31.5. 1941:   RM 28.263,00;
      1.7. - 31.12.1942:   RM 24.424,40;
      1.1. - 31.12.1943:   RM 59.012,15;
      1.1. - 31.12.1944:   RM 63.344,90;
      1.1. - 30. 6.1945:   RM 30.379,89
      (Die Unterlagen vom 1.6.1941 bis 30.6.1942 sind nicht mehr
      vorhanden. Der Betrag für diese Monate, der aber nicht mehr
      festgestellt werden kann, ist zur Gesamtsumme von
      RM 205.424,34 hinzuzurechnen.)
(15) Aus den erhalten gebliebenen Unterlagen lässt sich ersehen,
      dass in der Zeit vom 1.7.41 bis 30.6.45 neben direkter finanzieller
      Unterstützung folgende Beiträge ausgegeben wurden:
      Ausspeisung: RM 2.765,00 (2.625,00)
      Übersiedlung: RM 3.274,00
      Kinderferien: RM   540,00
      Ärztepauschale: RM 1.135,00
      Zahnprothesen,
      Medikamente p.p.   RM 2.718,66
      Wöchnerinnen: RM   230,00
      Krankenhausaufenthalte: RM 14.742,26
      Begräbnisse: RM 4.004,00
(16) Vgl. hierzu etwa „Das Tagebuch der Anne Frank",
      Fischerbücherei, Band 77, 1955
(17) Vgl. hierzu das Kapitel über das Schulwesen
(18) Schreiben der Auswanderungshilfsorganisation für
      nichtmosaische Juden in der Ostmark vom 27.11.1940
(19) Dezember 1940: RM 700; Januar 1941: RM 1.003; Februar bis
      Mai 1941: je RM 700; Juli und August 1942: je RM 882,75.
      Über die anderen Monate liegen keine Angaben mehr vor.

(20) Bericht von Dr. Bondy vom 14.8.1945

(21) November/Dezember 1942: RM 1.240;
      1943: RM 3.390; 1944: RM 4.070;
      Januar-April 1945: RM 1.240

(22) Brief des Ältestenrates der Juden vom 19.12.1943

(23) Diözesanarchiv St. Pölten, Nachlass Memelauer,
      Protokolle der österreichischen Bischofskonferenz
      vom 25. Dez.1941 in Wien, Durchschlag

(24) Wir haben zu den Unkosten der Begräbnisse beigetragen
      im 2. Halbjahr 1942: RM 137,- ;
      im Jahre 1943: RM 2.372,- ;
      im Jahre 1944: RM 915,- und
      im 1. Halbjahr 1945: RM 580,-
      insgesamt 4.004,- RM

(25) Der Wortlaut befindet sich im Anhang, S. 227

(26) Verordnung vom 26.3.1942

(27) Meldungen aus dem Reich. Auswahl aus den geheimen
      Lageberichten des Sicherheitsdienstes der SS 1939-1944.
      Herausgegeben von Heinz Boberach.
      Neuwied und Berlin, Luchterhand-Verlag, 1965

(28) A.a.O. S. 196

(29) A.a.O. S. 197

(30) Abschrift dieses Schreibens des erzbischöflichen Ordinariates
      vom 18.9.1941 im Anhang, S. 196

(31) Diözesanarchiv St. Pölten, Nachlass Memelauer. (Durchschlag)

(32) Die Denkschrift von P. Bichlmair betr. „Kathol. Hilfswerk für
      Christen nichtarischer Abstammung" trägt das Datum vom
      19.5.38, das „Pro Memoria" hat nur den Vermerk: „Im Mai 1938".
      Am 17. März 1940 äußerte P. Bichlmair in einem Brief an
      Kardinal Innitzer aus Beuthen, wohin er von der Gestapo
      verbannt worden war, auf Verlangen seine Meinung zur
      Unterstützung nicht-arischer Katholiken.
      Der Brief ist im Anhang Seite 197 ff abgedruckt.

(33) Adler, Theresienstadt 1941 bis 1945, Hohr, Tübingen 1960, S. 23

(34) Walter Adolph, Verfälschte Geschichte,
     Berlin, Morus 1963, S. 107

(35) Diözesanarchiv St. Pölten, Nachlass Memelauer. Protokoll
     der Plenarkonferenz d. Bischöfe der Diözesen Deutschlands
     in Fulda vom 17.-19.8.1943. Als Manuskript gedruckt. -
     Leider ist der Text nur verstümmelt vorhanden, so dass
     der letzte Satz nicht mehr verständlich ist. (Der Verfasser)

(36) Walter Adolph, Verfälschte Geschichte,
     Berlin, Morus 1963, S,107

(37) G. Adler, Theresienstadt 1941-1945, Tübingen,
     J.C.B. Mohr, 1960, 781, n. 188

(38) Walter Adolph a.a.O., S. 107

(39) J. Neuhäusler, Kreuz und Hakenkreuz, München 1946, II 70

(40) Protokoll der Plenarkonferenz der Bischöfe der Diözesen
     Deutschlands in Fulda vom 17.-19.8.1943,
     Diözesanarchiv St. Pölten, Nachlass Memelauer.

(41) Walter Adolph a.a.O., S. 107

(42) Hugo Gold, Geschichte der Juden in Wien,
     Tel Aviv, Olemann 1966, S. 112

(43) H.G. Adler a.a.O., 788, Nr. 195a

(44) Bericht der IKG an die Gestapo vom 15. Oktober 1942, in
     Jonny Moser, Die Judenverfolgung in Österreich 1938-1945,
     Wien, Europa Verlag 1966, S. 47

(45) Hugo Gold a.a.O.

(46) Auf Ersuchen des Bischofs von Osnabrück, Dr. Wilhelm Berning,
     des Präsidenten des St. Raphael-Vereins und des
     Staatssekretariates, war 1940 im Haus der Pallottiner in Rom
     eine Filiale des Raphael-Vereins gegründet worden.
     Mit der Leitung wurde P. Anton Weber SAC betraut, der sich im
     Auftrag Pius XII. aller Verfolgten und Flüchtlinge annahm.

(47) Folgende Einzelheiten stammen von P. Andreas Jungmann SJ,
     der zu dieser Zeit im Mutterhaus in der Gumpendorferstraße
     Exerzitien gab.

(48) Siehe Tätigkeitsberichte 1944 S. 55 ff

(49) Vgl. den Bericht von Mutter Immaculata, S. 59

(50) G. Metzler. Heimführen werd Ich euch von überall her -
      Aufzeichnungen am Rande des Zeitgeschehens.
      Verlag Herder Wien 1959, S. 85 f.; s. a. (79)

(51) Vgl. das Kapitel über die Donnerstagskinder, S. 53

(52) Vgl. Sorge für ein christliches Begräbnis, S. 64

(53) Die Konvertitenkurse hielt der Leiter der Hilfsstelle,
      P. Ludger Born SJ, in Räumen der Universitätskirche.

(54) Kurz vor dem Einmarsch der Roten Armee hatten die Delegierten
      des IRK, Professor Bovey und Colonel de Meyer, einen
      Schutzbrief überreicht.

(55) Sie wurde am 6. April 1945 neu konstituiert.

(56) Die erste Sitzung fand am 10. Oktober 1945 statt.
      Zu den Zusammenkünften erschienen die Leiter der militärischen
      Wohlfahrtsstellen als Vertreter der Militärregierung sowie die
      Vertreter der Wiener öffentlichen und freien Wohlfahrtspflege.

(57) Neben dem Wohlfahrtsamt der Gemeinde und des
      Sozialministeriums, Vertretern der drei Konfessionen,
      des österreichischen und Internationalen Roten Kreuzes
      nahmen auch Vertreter der alliierten Wohlfahrtsorganisationen
      sowie der jeweiligen neu eintreffenden Hilfsorganisationen teil.
      Die erste Zusammenkunft fand am 23.7.45 im Erzbischöflichen
      Palais statt.

(58) Gründungsdatum war der 12.2.46.

(59) Es handelt sich um Professor Bovey und Colonel de Meyer.

(60) Frau Elsa Björkman-Goldschmidt war mit dem bekannten
      Wiener Chirurgen Dr. Goldschmidt verheiratet. Ihre Erfahrungen
      und Erlebnisse schilderte sie in dem Buch „Den värld jag
      mött" (Die Welt, die ich traf), Verlag Horstedt & Söner, Stockholm
      1967. Diesem Buch ist auch das Kapitel über den „Stall"
      entnommen, das wir in Anhang abdrucken, um dem Leser
      einen Eindruck der damaligen Situation zu vermitteln.
      Den Aussagen Frau Elsa Björkman-Goldschnidts kommt
      um so höherer Wert zu, als sie unparteiische Beobachterin war

und ihre Recherchen unmittelbar nach Kriegsende durchführte, als die Erinnerung an die Geschehnisse noch frisch war.

(61) Vgl. S. 26 u. 32

(62) Angaben in RM: Juli 1945 - 5.272,22; August: 4.521,60; September: 3.464,00; Oktober: 4.321,00; November: 2.611,94; Dezember: 5.149, 90;
Januar 1946: 2.743,50; Februar: 2.215,12; März: 2.590,90

Zur Währungsumstellung: 1938 wurden 3 Schillinge in 2 RM umgetauscht, 1945 150 RM in 100 Schillinge. Die Reichsmark wurde am 20. Dezember 1945 eingezogen. Ab 21. Dezember 1945 galt ausschließlich wieder Schillingwährung. Da die Beträge für die Monate Januar bis März 1946 in RM aufgeführt waren, hat der Verfasser dies so belassen.

(63) Angaben in RM: Juli 3.090,-; August 2.450,- ; September 1.700,-; Oktober 1.280,-
Die Angaben von Juli bis Dezember 1945 sind der Aufstellung der „Zentralen Hilfsstelle" (Abschlussbericht) entnommen.
Die Zahlen von Januar bis März 1946 der Aufstellung von Frau Steinitz-Metzler.

(64) Diese oft nur stichwortartigen Notizen wurden so belassen, um nicht etwa falsch zu interpretieren. Leider konnte P. Born keine Auskunft mehr über diese Aufzeichnungen geben. Er selbst machte die Notizen nach Aufzeichnungen der Heimkehrer.

(65) 1933: 781; 1934: 655; 1935: 492; 1936: 616; 1937: 613

(66) 1940: 472; 1941: 517; 1942: 46; 1944: 1

(67) Schönere Zukunft XI (1935/36), 1408,
Statistisches über Judenkonversionen.

(68) „Weltanschauliche Lageberichte" Nr.26, zitiert nach Karl Stadler, Österreich 1938-1945, Im Spiegel der NS-Akten, Verlag Herold Wien, 1966, S. 105.

(69) 1933: 366; 1934· 529; 1935: 381; 1936: 337; 1937: 262

(70) Joint ist eine aus den USA stammende jüdische Hilfsorganisation in Österreich nach 1945.

(71) Über die Ausgaben der Hilfsaktion P. Bichlmair, der
      Diözesanstelle für nichtarische Katholiken und der
      Beratungsstelle für Auswanderer des Caritasverbandes sind
      keine Unterlagen vorhanden. Also für die Zeit von 1938
      bis Dezember 1940.

(72) Der Bericht der Hilfsstelle von Juni 1941 bis Juni 1942
      hat keine Aufstellung über die Ausgaben in dieser Zeit.

(73) Da trotz intensiver Bemühungen das Buch von
      Frederic W. Nielsen „Emigrant für Deutschland",
      Bläschke Verlag, Darmstadt 1977, 515 S. und dokumentarisches
      Beiheft, 37,50 DM, in Wien nicht zu erhalten war, hat der
      Verfasser die Angaben der Buchbesprechung von Günther
      Deschner in der „Welt" vom 7.5.1977 übernommen.

(74) Für die Beträge, die für Fürsorge und Auswanderung aufgewendet
      wurden, liegen noch Unterlagen vor. Die nicht mit genauen
      Beträgen angegebene finanzielle Hilfe lässt sich heute nicht mehr
      belegen. Teils wurden keine Notizen aus Sicherheitsgründen
      gemacht, teils ging die eine oder andere Unterlage im Lauf
      der Zeit verloren.

(75) Selbstverständlich musste auch der Kardinal das Geld
      irgendwoher bekommen. In Wien gab es einen bekannten
      Chirurgen, der nach jeder Operation dem Kardinal eine hohe
      Geldsumme übergab. Der Verfasser wurde jedoch gebeten,
      den Namen dieses großen Wohltäters, der ganz wesentlich zur
      Unterstützung der verfolgten Juden beigetragen hat, nicht
      zu nennen.

(76) Im Sommer 1977 wurde Frau Dr. Luckner mit dem Ehrendoktor
      des Hebrew Union College/Jewish Institute of Religion in
      Cineinnati und New York ausgezeichnet. In der Begründung
      heißt es u.a., sie erhalte diese Auszeichnung „für die
      hervorragenden menschlichen Bemühungen und den Mut und
      die Entschlossenheit, mit denen sie ihr Schicksal mit dem des
      jüdischen Volkes verbunden habe"
      (Deutsche Tagespost, 22.6.1977).

(77)   Beilage Weltspiegel, Nr.19, o.J.

(78)   Im Churhaus zählten zu den großen Gönnern und Wohltätern der Hilfsstelle der spätere Weihbischof Dr. Streit und der spätere Sekretär des Pastoralamtes, Dr. Velechovsky.

(79)   Frau Gertrud Steinitz-Metzler ist die spätere Verfasserin des Buches „Heimführen werd ich euch von überall her", in der sie in eindrucksvoller Sprache über die Arbeit in der Hilfsstelle berichtet. Sie hatte seinerzeit P. Born zahlreiche Tagebuchaufzeichnungen für seine Arbeit zur Verfügung gestellt. Ursprünglich sollten diese in die Dokumentation aufgenommen werden. Da aber zur gleichen Zeit wie diese Dokumentation das Buch „Heimführen..." neu herausgegeben wird, hat der Verfasser die Tagebuchaufzeichnungen von Frau Steinitz-Metzler mit wenigen Ausnahmen wieder aus dem Text der Dokumentation herausgenommen, um Wiederholungen zu vermeiden. Das Buch von Frau Steinitz-Metzler (sie schrieb unter ihrem Mädchennamen Metzler) gibt einen hervorragenden Eindruck von der damaligen Zeit, der Situation der ausgestoßenen Juden wie auch der Mitarbeiter der Hilfsstelle.

(80)   Vgl. die Gedanken von Lotte Fuchs über Fürsorge, S. 140 ff

(81)   Vgl. im Anhang den entsprechenden Abschnitt aus „Die Welt, die ich traf". Hirtenwort von Kardinal Innitzer vom 17. September 1941 (Polizeiverordnung und Judenstern)

(82)   In diesem Zusammenhang darf daran erinnert werden, dass beispielsweise nach dem 20. Juli 1944 zahlreiche Menschen verhaftet und später hingerichtet wurden, weil man bei Angehörigen des Widerstandes Namen und Angaben über geheime Treffen und Beratungen fand.

(83)   Es wurden zwar kurze Jahresberichte gemacht und Aufstellungen über Hilfeleistungen angefertigt, die aber mehr der internen Rechenschaft gegenüber dem Kardinal dienten. Den Anforderungen einer „beweiskräftigen" Dokumentation werden sie aber nicht ganz gerecht.

(84) Es gibt aber auch zahlreiche Zeugnisse von geradezu heroischer Haltung der dem Tode Geweihten. Das Gedicht von Frau Dr. Grete v. Kolischer, das sie kurz vor ihrem Transport in das Vernichtungslagerschrieb, mag als Beispiel dienen. (Siehe Anhang S. 188)

(85) Sie war der Wiener Leo-Gesellschaft nachgebildet. Von Dr. Donath angeregt, war sie als Anregung für Akademiker gedacht.

(86) Gemeint sind wahrscheinlich „Amtsträger"

(87) Adler a.a.O. S. 59

(88) P. Ludger Born SJ. - Einen guten Eindruck vom Geist, der Lotte Fuchs beseelte, und von den Anforderungen, die an eine Mitarbeiterin der Hilfsstelle gestellt wurden, vermitteln die folgenden Seiten, auf denen ein Vortrag von ihr über „Fürsorge" wiedergegeben ist, den sie bei einem Besinnungstag hielt.

(89) Gertrud Steinitz-Metzler a.a.O. S. 196. Frau „Diamant" ist Frau Böhmerwald.

(90) Brief vom 17.3.1958

(91) Brief vom 8.8.1959

(92) Brief vom 9.12.1960

(93) Brief vom 5.4.1961

(94) P. Johannes Chrys. Pilz SJ, der damalige Spiritual im Priesterseminar, der sie versah, war von ihrer heiligmäßigen Haltung tief beeindruckt. (Mitteilung von P. Pilz an den Verfasser vom 3.10.1977).

(95) Von ihnen gingen 7 in die USA, 3 nach Argentinien.

(96) Brief des Leiters des Ältestenrates der Juden Dr. Josef Loewenherz, vom 19.12.1942 an den Leiter der Erzbischöflichen Hilfsstelle, P. Ludger Born SJ

(97) Schreiben Pius XII. vom 1.5.1943, S. 76

(98) Vgl. etwa den Fall Mirjam, S. 88 ff

(99) American Joint Distribution Committee: Zentrale Sammel- und Hilfsorganisation der amerikanischen Juden für ihre ausländischen Glaubensgenossen. Sitz: New York.

Seine soziale Hilfstätigkeit erstreckte sich auf fast alle Länder Europas und des Vorderen Orients, besonders auch im Interesse der Flüchtlingsfürsorge.

(100) Von Leitmeritz konnte man 25-kg-Pakete in das benachbarte Theresienstadt schicken.

(101) a) Begleitschreiben vom 18. März zur „Feierlichen Erklärung" der österreichischen Bischöfe zur Volksabstimmung am 10. April 38.
b) Brief an Bürckel vom 31. März 1938 zu einem Bericht der französischen Nachrichtenagentur Havas, in dem es hieß, die „Feierliche Erklärung" der österreichischen Bischöfe sei als entspannende Geste gegenüber den Nazis zu werten.

(102) Kloster der Karmelitinnen. Man nannte die Nonnen in der Umgebung ganz allgemein die „Judenschwestern".

(103) Die Verhandlungen zum Freikauf des Jungen gingen über einen Rechtsanwalt. Ob Verrat im Spiel war, lässt sich nicht mehr feststellen. Jedenfalls wurde der Junge trotz Zahlung des Geldes deportiert.

(104) Hugo Gold, Geschichte der Juden in Wien, Tel Aviv 1966, S. 78

(105) Schreiben vom 6.2.1941

(106) Schreiben von Kardinalstaatssekretär Maglione v. 1.5.1943, S. 76

(107) Zitiert nach Walter Adolph, Verfälschte Geschichte, Morus-Verlag, Berlin 1963, S. 112

(108) Brief vom 29.2.1941 an Pius XII., S. 210

(109) Gertrud Steinitz-Metzler zum 26. März 1946, P. Born gewidmet

(110) z.B. das Material über die Auswanderung, die Bichlmair-Aktion und über die Diözesanstelle

(111) Bermann-Fischer Verlag, Amsterdam 1948, Auszug daraus im Anhang, S. 124

Bildteil

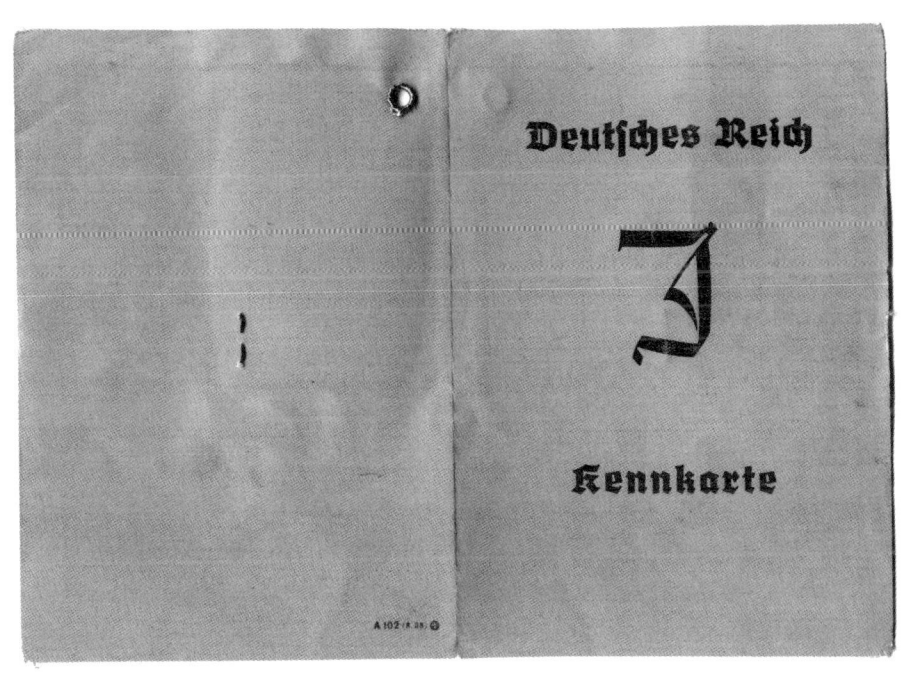

Deutsches Reich

J

Kennkarte

A 102 (8.38)

P. Born und Helferinnen in der alten Hilfsstelle (20.2.1946)

*Der Kernkreis | v.l.n.r. Sr. Verena, Frl. Perner, P. Born, Frau Steinitz-Metzler
(vgl. S. 24 ff)*

*Liselotte Fuchs
„Symbol des Christlichen"
(vgl. S. 16 ff und S. 134)*

*Gertrud Steinitz-Metzler,
Verfasserin des Tagebuchs der
Hilfsstelle (vgl. S. 96 und S. 149)*

Mirjam
(das „weggelegte
Baby", vgl. S.88)
mit ihrer Familie

P. Ludger Born SJ
(vgl S. 14, S. 24,
S. 86 ff)

Das Ende des „Stalls"
(vgl. S.170)

Verleihung des großen Ehrenzeichens der Republik Österreich an P. Born SJ durch Minister Dr. Piffl-Percevicz.

Erzbischof Jachym gratuliert P. Born.

Verleihung des Bundesverdienstkreuzes I. Klasse
der Bundesrepublik Deutschland an P. Born SJ
durch Oberbürgermeister Niewand von Essen.

Weihbischof Angerhausen gratuliert P. Born.

Dokumentarische Zeugnisse zur Judenverfolgung

Die Polizeiverordnung vom 1.9.1941 verbot allen Juden,
die das 6. Lebensjahr vollendet hatten, sich in der Öffentlichkeit
ohne Judenstern (s. S. 65 ff und Seite 190) zu zeigen. Zudem mussten alle
Juden zusätzlich den Vornamen Israel, bzw. Sarah, annehmen.
Rechte Seite oben | **Kennkarte** von Rudolf Buchsbaum mit eingefügtem
Namen Israel (s. S. 237). Rechte Seite unten | **Bescheinigung** für Herrn
Buchsbaum zur Teilnahme an der **Musterung** (s. S. 240 ff)

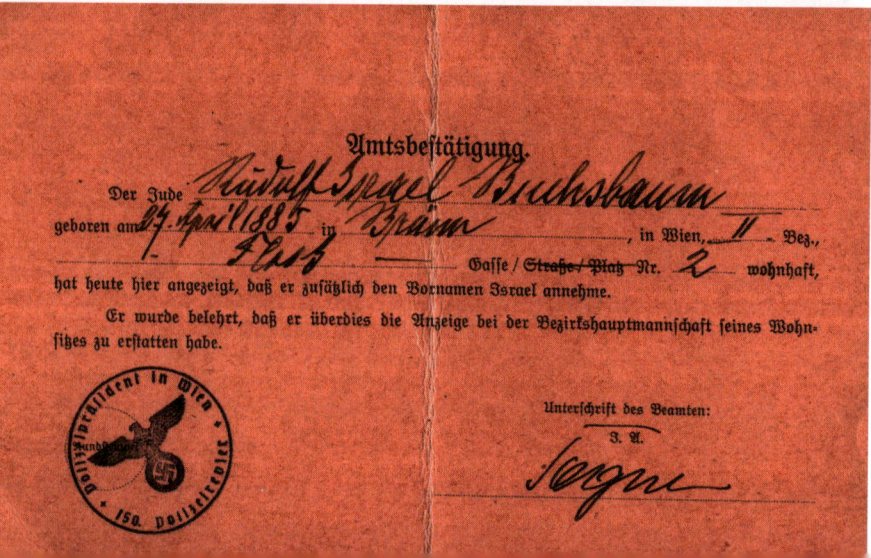

Amtsbeſtätigung.

Der Jude _Rudolf Israel Buchsbaum_
geboren am _27. April 1885_ in _Brünn_, in Wien, _II_. Bez.,
Haſt Gaſſe / Straße / Platz Nr. _2_ wohnhaft,
hat heute hier angezeigt, daß er zuſätzlich den Vornamen Israel annehme.

Er wurde belehrt, daß er überdies die Anzeige bei der Bezirkshauptmannſchaft ſeines Wohn-
ſitzes zu erſtatten habe.

Unterſchrift des Beamten:
J. A.

Wehrbezirkskommando Wien IV
Musterungsstab

Wien, den 19. April 1944.

Bescheinigung

Der Wpfl. Rudolf Israel Buchsbaum, geb. 27.4.1885

war am 19.4.44 von 7⁰⁰ Uhr bis 9⁰⁰ Uhr bei der

Musterung anwesend. Bei der fachärztlichen Untersuchung am ─────────

von ──── Uhr bis ──── Uhr.

I. A. I. V.

Unterschrift und Dienstgrad.
Feldwebel

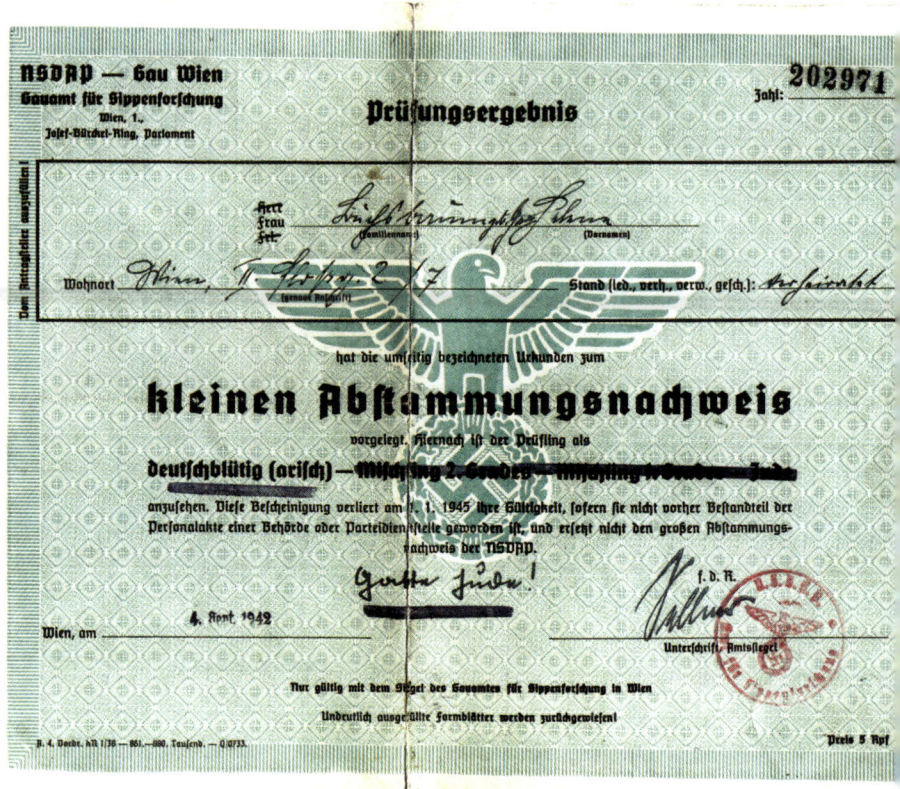

Abstammungsnachweis

*Das Gauamt für Sippenforschung legte im Auftrag
der NSDAP kleine Abstammungsnachweise an.
In dem Nachweis der Frau von Rudolf Buchsbaum,
die als deutschblütig (arisch) ausgewiesen wurde,
ist vermerkt „Gatte Jude!"*

Rechte Seite | **Ausschließungsschein vom Wehrdienst.**
*Alle Juden waren vom Dienst in der deutschen Wehrmacht
ausgeschlossen (s. S. 243)*

Wehrnummer
Wien IV *[handwritten numbers]*

Polizeil. Meldebehörde	**Wehrbezirkskommando**
Pol. Amt Leopoldstadt	W.-Bez.-Kdo. Wien IV.

Volljude

Ausschließungsschein *Jude*

Der *Pensionist*
(Beruf, Vor- und Familienname)

Buchsbaum Rudolf Israel

geb. am *27.4. 1885* zu *Brünn*
(Tag, Monat, Jahr) (Ort)

Pret

(Gemeinde, Kreis usw., Regierungsbezirk, Land)

wird hiermit vom Dienst in der Wehrmacht im Frieden *und im Kriege wegen Abstammung*

ausgeschlossen.

Er scheidet auf die vorstehend eingetragene Dauer aus dem Wehrpflichtverhältnis aus.

Wien , den *15. APR. 1944* 19....
(Musterungsort) (Tag, Monat, Jahr)

Die Kreispolizeibehörde	**Der Wehrbezirkskommandeur**
	J. A

J. A *[signature]*
Pol. Ob. Insp.

[signature]
(Unterschrift)
Oberstleutnant

Zur Beachtung

1. Alle Eintragungen sind mit Tinte oder mit Hilfe der Schreibmaschine auszuführen.
2. Der Verlust dieses Scheines ist sofort dem zuständigen Wehrmeldeamt zu melden.
3. Fälschung und mißbräuchliche Benutzung dieses Scheines wird als Urkundenfälschung gerichtlich verfolgt.

Korrespondenz aus dem Konzentrationslager Buchenwald

*von Eduard Pasterný. Rechte Seite oben | Bitte an seine Frau,
Postanweisungen auf 10 RM zu begrenzen. Rechte Seite unten |
Gesuch um Erlaubnis einen Brief schreiben zu dürfen.*

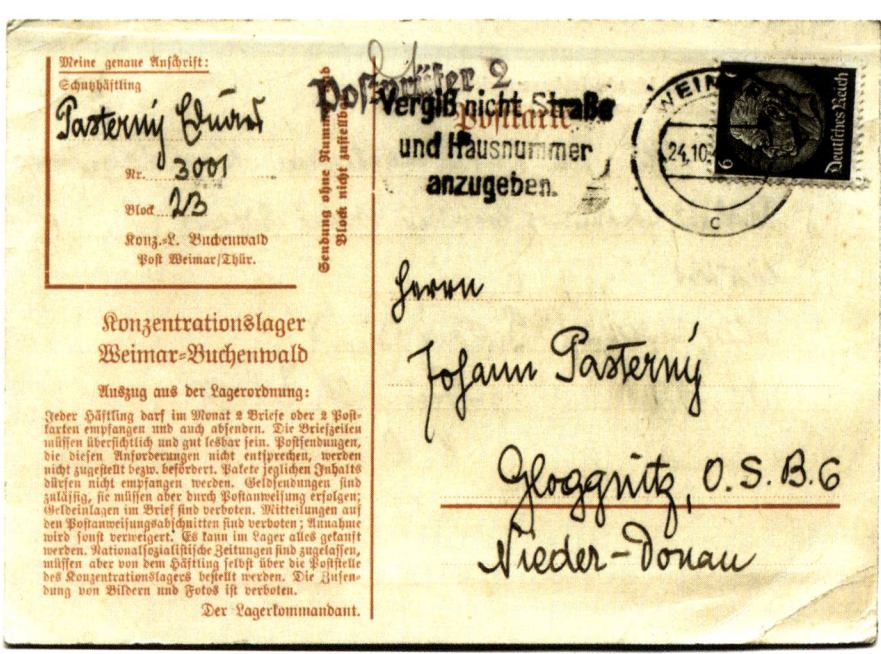

7.1.1940.

Liebe Olga und liebe Eltern! [...] Dank für die letzte Anweisung und die Worte von Euch, liebe Eltern. Nach wie vor bin ich gesund und wohlauf und hoffe dasselbe in gleichem Anbetracht von Euch meine Lieben. Die regelmäßigen [...] bitte in Hinkunft nicht über 10.- RM zu halten und bitte bald um eine solche Anweisung. Von dir liebe Olga erwarte ich schon sehnlichst nach Nachricht. Daß von [...] Nachricht vorliegt, hat mich gefreut. Hoffentlich kommen von den anderen Geschwistern auch in Bälde Nachrichten. In der Hoffnung bald den gewünschten Betrag und Nachrichten zu bekommen, nun bin ich mit innigsten Grüßen und Küssen Euer [...]

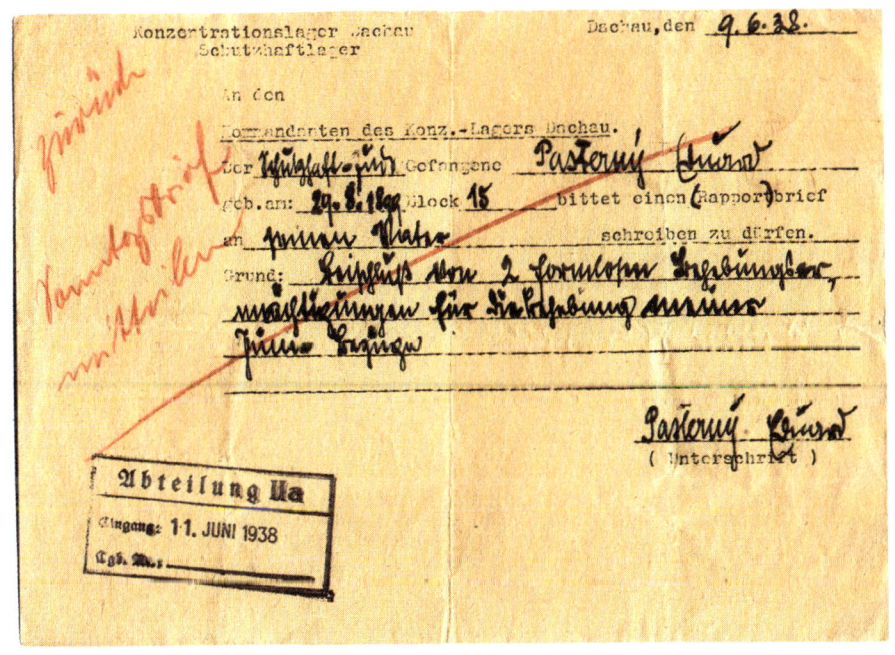

Konzentrationslager Dachau
Schutzhaftlager

Dachau, den 9.6.38.

An den

Kommandanten des Konz.-Lagers Dachau.

Der Schutzhaft- und Gefangene Pasternak [...]

geb. am 29.8.[...] Block 15 bittet einen Rapportbrief

an seinen Vater schreiben zu dürfen.

Grund: [...]

Pasternak [...]
(Unterschrift)

Abteilung IIa
Eingang: 11. JUNI 1938
Tgb. Nr.:

DOKUMENTATIONSZENTRUM
DES BUNDES
JUDISCHER VERFOLGTER DES NAZIREGIMES

1010 WIEN I, RUDOLFSPLATZ 7/III — TELEFON 63 78 732, 63 72 05

BANKVERBINDUNG

DRESDNER BANK FRANKFURT
KONTO NR. 983937
CREDITANSTALT-BANKVEREIN
WIEN - KTO. NR. 47-32608

Herrn
P. Born

Canisiusgasse 16

1090   W i e n

WIEN, 1o.7.1975
SW/A

Lieber Pater Born!

Ich habe leider zu spät erfahren, daß Sie noch am 26. Juni
Ihr 6ojähriges Ordensjubiläum gefeiert haben.

Ich bitte Sie, nachträglich meine allerherzlichsten Glück-
wünsche entgegenzunehmen.
Ich weiß zu schätzen, was Sie in der Zeit ohne Gnade für
meine Glaubensbrüder getan haben, und seien Sie versichert,
wir werden Ihnen das niemals vergessen!

Herzlichst Ihr

Simon Wiesenthal